湖南人文科技学院立项资助校企（校地）合作教材

心理健康教育课程设计与开发

XINLI JIANKANG JIAOYU KECHENG SHEJI YU KAIFA

主　编　李国强　谢平英
副主编　李永福　李　丽

湘潭大学出版社

图书在版编目（CIP）数据

心理健康教育课程设计与开发 / 李国强，谢平英主编. -- 湘潭 : 湘潭大学出版社，2017.11
ISBN 978-7-5687-0153-2

Ⅰ. ①心… Ⅱ. ①李… ②谢… Ⅲ. ①心理健康一健康教育一课程设计一中小学 Ⅳ. ①G479

中国版本图书馆CIP数据核字（2017）第270401号

心理健康教育课程设计与开发

XINLI JIANKANG JIAOYU KECHENG SHEJI YU KAIFA

李国强 谢平英 主编

责任编辑：王正杰
装帧设计：李　平
出版发行：湘潭大学出版社
社　　址：湖南省湘潭大学工程训练中心
电　　话：0731-58298960 0731-58298966（传真）
邮　　编：411105
网　　址：http://press.xtu.edu.cn/
印　　刷：长沙宇航印刷有限公司
经　　销：湖南省新华书店
开　　本：787 mm×1092 mm 1/16
印　　张：17
字　　数：373千字
版　　次：2017年11月第1版
印　　次：2017年11月第1次印刷
书　　号：ISBN 978-7-5687-0153-2
定　　价：36.00元

前　言

有效的教学设计是教学成功的必要条件，不重视教学设计工作，将直接影响教学的质量，教学活动将难以进行，心理健康教育课程也是如此。有效的教学设计将极大提高心理健康教育课程教学的效率，促进人才心理素质的提升，具有积极的现实意义和实用价值。心理健康教育课程的开设是学校心理健康教育的必然选择，但由于心理健康教育课程教学不同于其他学科教学，它较少采用静态知识传授的方式，而更多是通过各种活动来实施教学，这也决定了心理健康教育课程的教学设计不同于学科课程的教学设计。只有准确定位心理健康教育课程才能使课程的教学设计切实有效。

本课程组成员长期从事心理健康教育课程的研究与教学实际工作，对学生的心理健康状况和学习需求较为了解，深深意识到开展学校心理健康教育课程的教学设计与开发研究将极大地提高心理健康教育课程的教学效率，具有积极的现实意义和实用价值。基于以往的研究和实践基础，本教材在对心理健康教育课程的本质和特性进行深入探索的基础上，结合有关心理学、教育学的理论，对学校心理健康教育课程的教学设计与开发进行研究和实践，教材编写主要遵循如下理念：以学生的心理发展特点为立足点，以学生的心理需要为基础，以培养学生健康心理为目标，课程的组织以活动为中心，引导学生主动探究，注重学生在教学过程中的体验，侧重活动形态的课程设计与开发，避免以往教材理论比重偏高、受学科课程取向影响较大的弊端。

本教材适用对象主要是：(1) 地方本科院校应用心理学专业（心理健康教育方向）的学生；(2) 一线中小学心理教师；(3) 从事心理健康教育课程开发与设计的教育科研人员。

基于上述理念和诉求，本书内容体系分为如下三大部分：第一部分：第一章、第二章是关于心理健康教育课程的理论问题概述；第二部分：第三章、第四章、第五章是关于心理健康教育课程设计、教学过程和课程的实施与管理；第三部分：关于中小学心理健康教育课例与评析。

本教材有关章节的主要编写人员主要为教学一线骨干心理教师，教材主编为李国强、谢平英，副主编为李永福、李丽。具体分工为：李国强（第一章、第二章、第三章、第四章、第五章）；谢平英、李永福、胡志英、刘寒晓、李丽、谢爱华、胡小兰（第六章、第七章、第八章）。由主编、副主编拟定编写大纲和修订统改全书。

本教材是结合我们的教学实践和参考兄弟院校、有关权威学者编写教材所做的编写尝试，具有较强的“校本”意义和地方性特点。需要说明的是，本教材力图充分引入近十年来国内外学校心理健康教育课程最新的理论与实践成果，对于参考使用的有关材料所涉及的一些学界比较熟悉、普及性程度相对较高的内容可能没有一一注明引用出处，书中定有不少疏漏乃至错误之处，特在此表示歉意，恳请同行专家和广大读者批评指正。另外，关于如何充分应用现代教育技术开展心理健康教育设计、充分发掘传统文化资源开展心理健康教育课程设计、国外心理健康教育课程设计的经验和特点等问题在本教材中也未能充分阐述，为适应学校心理健康教育发展的趋势，今后将对教材逐步加以充实和完善。我们相信，点滴的探索努力是会得到有识同行专家进一步的鼓励与扶掖的。

本教材也是湖南省哲学社会科学基金项目“社会学视域下学校心理健康教育政策问题研究”（12YBB132）、湖南省哲学社会科学基金项目“农村留守儿童家庭社会资本重建的教育干预机制研究”（16YBA221）、湖南省教育科学“十二五”规划课题“社会转型背景下中学生健康人格培养研究”（XJK014BZXX037）等课题的相关研究成果。

本教材的编写得到学校有关领导、专家与基础教育一线各学校领导和行业教师的指导、支持与帮助，得到出版社有关同志的大力支持，在此一并表示诚挚的感谢！

编者

2017 年 8 月

目　录

CONTENTS

第一章　绪论

第一节　心理健康教育课程概述

一、心理健康教育课程的概念界定

学校心理健康教育课程是指学生在学校情境中获得的关于心理健康发展、心理素质提高等方面的全部教育经验（含群体经验和个体经验）。学校心理健康教育课程是由心理健康教育学科课程、心理健康教育活动课程、心理健康教育环境课程和融合型心理健康教育课程等部分组成。其中心理健康教育学科课程是基础部分，心理健康教育活动课程是核心部分，心理健康教育环境课程和融合型心理健康教育课程是必要部分。这些课程作为一个整体相互联系、相互促进、相互制约，共同影响和促进学生心理素质的发展。

学校心理健康教育课程是实现心理健康教育目标的主要途径和手段，是联结心理健康教育工作者和受教育者的中介和桥梁，是学校心理健康教育系统的重要组成要素，在心理健康教育系统中起核心、中介和桥梁作用。

二、心理健康教育课程的特点

心理健康教育课程以促进学生的心理健康与发展为宗旨，以体验性、校本化实施为特征，以学生的心理自助、互助为手段的发展性课程。其特征具体表现在：

1. 发展性。当代课程最核心的理念是：一切为了每一位学生的发展。学校心理健康教育课程的本质是以积极的人性观为指导，立足于学生心理的最近发展区，通过各种途径创造出学生新的心理发展基础，促进学生心理发展不断达到最佳水平，蕴含了一系列发展性的理念：一是可持续发展的理念，即帮助学生解决成长中遇到的各种发展性的问题，预防心理疾病的产生，调适好心态，增强社会适应能力，充分开发学生潜能，促进学生在原有基础上得到可持续发展；二是全体发展的理念，即教学对象的全体性，以集体教学为基本组织形式，以全体学生的心理健康水平和心理素质的提高为基本立足点和最终目标，要让每一个学生都得到发展；三是全面发展的理念，即促进学生的全面发展；四是潜能开发的理念，坚信每一个学生都会发展，都有发展的潜力，要最大限度地开发每一个学生的潜能。

2．体验性。体验是根植于学生主体的精神世界，着眼于自我、文化、社会、自然、教育之整体有机统一的人的超越经验。心理健康教育课是以学生为主体、以活动为轴心进行教学的；但学生不能为活动而活动，它追求的不是活动本身，而是借助活动这一载体来丰富学生的心理体验。只有经历学生主体内在的心理历程并使学生在情感的交流和思维的碰撞中产生深刻的情绪和情感体验的心理健康教育课程，才能真正促进学生的心理品质和心理能力的发展，才是有价值的课程。因此，教师应确立学生在课程中的主体地位，多营造、多创设各种能让学生亲身经历的实践活动，促使学生去探究、琢磨、体会、感受、感悟，从而促进心理的反思和构建，让学生充分地认同、体验和领悟课程，以促进学生心理的发展。

3．生活性。与学科课程相比，心理健康教育课程更关注学生当下的生活状态，关注学生的情绪生活和情绪体验，是以学生的现实生活为课程资源，其内容大致包括三个方面：一是与学习有关的心理健康教育，包括学习动机、学习策略与方法、学习能力、考试心理的教育与辅导；二是与生活有关的心理健康教育，包括自我意识、情绪、人际交往、休闲及性心理等方面的教育与辅导；三是与其生涯有关的心理健康教育，包括生涯规划和生涯决策能力，了解自我状况和澄清个人价值观、升学和就业、开发自我潜能等方面的辅导。为此，心理健康教育课应关注学生的现实生活，及时发现并帮助他们解决生活中遇到的各种问题，促使他们健康安全地、积极愉快地生活。

4．自助性。心理健康教育课是一个目的性很强的课程，它是教师培养学生的某种品格或增进学生的心理适应能力乃至为改变个体意识行为倾向而实施的操作过程，也是一个个体成长的过程。从心理健康教育课程教学的内在规律来看，这个过程是他助—互助—自助为机制的教育过程。换言之，心理健康教育课程是一种助人自助，学生首先是受助者，然后是助人者，终成自助者。在这个过程中，学生首先将他们在他助与自助中学到的经验内化成自己的人生技能，从而实现自助，进而达到自我完善和发展。

三、心理健康教育课程的意义

开设心理健康教育课程、开展学校心理健康教育是当前学校教育顺应社会转型发展的需要，有利于促进社会和谐发展、学生健康发展和家庭幸福。

所谓心理健康教育，是指根据心理活动规律，采用各种方法与措施，以维护个体的心理健康及培养其良好心理素质的教育活动。而从心理健康的角度来看，人们心理状态可以分为三种情况或状态：正常状态（常态）、不平衡状态（偏态）与不健康状态或病态（变态）。在中小学开设心理健康教育课程、开展心理健康教育，有着现实的意义。

1. 有利于青少年学生的身心健康成长。青少年正处在心理机能迅速发育成熟的时期，因此，开展心理健康教育，让学生了解和掌握维护心理健康的基本知识，有利于促进学生身心健康成长。

2. 有利于智力与个性的和谐发展。心理健康对于促进人的智力与个性和谐发展，发挥人类最大的聪明才智，培养人才具有重要意义。对于处在智力发展成熟和个性形成时期的青少年尤为重要。一个人重视心理健康，可使大脑处于最佳状态，更好地发挥大脑功能，有利于开发智力，充分发挥各种能力，有利于个性的和谐发展。

3. 有利于学习和工作效率的提高。健康的心理对于学习和工作的效率起着重要的作用。一个心理健康的人表现出朝气蓬勃，开朗乐观，学习和工作就有劲，效率就高。而一个心理不健康的人常常心神不定，思虑过多，不能集中精力于学习和工作上，既影响生活效率，也极大地妨碍创造才能的发挥。

4. 有利于心理疾病的防治。心理疾病的发生，有一个从量变到质变的过程。我们重视学生的心理健康，就会注意防止、消除或合理应对产生心理疾病的各种因素，以防止心理疾病的发生和严重化。人的心理疾病，大多数是在成长过程中受到各种社会因素的影响而积累逐渐形成的。如果发现学生有了心理问题的苗头，就应当及时采取适当措施，使它在量变过程中得到以终止和消失；如果确实患了心理疾病，应及早给予积极的治疗，使其尽快恢复健康。

5. 促进学生良好品德的形成。思想品德是一个多要素的综合系统，是人们在一定的思想的指导下，在品德行为中表现出来的较为稳定的心理特点、思想倾向和行为习惯的总和。它与一定的经济活动、政治活动、道德风尚及风俗习惯相联系，受到社会发展水平的制约。青少年时期，思想品德发展主要包括三个方面：一是发展自己的共产主义理想、政治观点和道德品质；二是培养自己正确的道德评价和自我教育能力；三是培养良好的道德行为习惯。

心理健康在某些方面可以说是优良思想和品德的基础，另一方面则是它们的直接组成部分。心理健康有利于青少年思想品德的发展。心理健康的人，一般容易养成健全的性格，正确地对待周围环境，热爱祖国，热爱集体，热爱人民，热爱劳动，热爱科学，热爱社会主义，艰苦奋斗，严于律己，宽以待人，助人为乐，与人为善。心理健康的人，更善于处理人与人、个人与集体、个人与社会的关系。这些都是良好思想品德发展的基础和组成部分。

6. 促进学生学业事业成功。心理健康教育首先是发展性教育，身心素质特别是心理健康素质已经被广泛认同为青少年适应未来发展必备的基础性核心素养。有目的有计划地培养学生形成良好的心理素质，这些心理素质是他们学业成功、事业成功的重要保证。

7. 帮助学生正常健康地生活与发展成人。开展心理健康教育，使学生心理处于健康状态，是其正常生活、正常地发展的前提与保证。近几十年的发展，随着社会变革而产生的一些变化或暂时不可避免地滋生的一些因素，都将对青少年心理状态产生消极影响。从家庭方面来看，家庭结构处于迅速的变化调整之中，离婚率不断增高，家庭气氛温馨减少，家庭对独生子女教育不当的管教方式等现象，都会对青少年心理健康产生消极因素；从学校方面来看，升学竞争激烈，压力增大，使青少年学生无止休地陷入紧张、焦虑、担忧、挫折等不平衡状态中；从社会角度来看，一些不良社会风气的出现、观念的多元化等，也将对青少年的心理健康产生不利影响。因此，在中小学开展心理健康教育不仅非常重要而且非常迫切，现实意义重大。

第二节　心理健康教育课程的类型

一、心理健康教育学科课程

心理健康教育学科课程是以课堂教学的形式来进行的，它的主要任务是传授给学生必须掌握的心理发展和心理健康的知识。具有如下性质和特点：

1. 知识性。心理健康教育学科课程具有知识性的特征，只能完成知识教学这一独特的任务，而心理品质的训练、陶冶和某一方面特殊心理品质的培养则更多的是其他心理健康教育课程的任务。

2. 基础性。心理健康教育学科课程传授给学生的是心理发展和心理健康最基础的知识。这就要把心理健康教育学科课程和专业的心理学课程加以区别。心理健康教育学科课程虽然涉及心理学的基础知识和基本理论，但两者对象不同、教学目的不同，因而内容的侧重点也不同。专业心理学课程着眼于专门人才的培养，要求学生全面系统地掌握这门学科知识，因此，它要求理论体系的完整和深刻；而心理健康教育学科课程则侧重受教育者心理素质的发展，主要是帮助学生了解人的心理发展，从而认识自己的心理，因此，它的主要内容是关于学生心理发展和心理健康的一般知识，而不涉及有关理论，也不需要学生全面掌握心理学的理论体系。心理健康教育学科课程的教学内容应以心理学、心理健康教育学等诸多学科作为依据，但是直接出现在课程中的并不是这些学科的直接结论和理论形态，而是经过处理得比较浅显的实际的生活化的阐释和形态。

3. 生活逻辑性。心理健康教育学科课程的内容选择和编排应遵循问题的逻辑性。这就要把心理健康教育学科课程和其他学科课程加以区别。心理健康教育学科课程应该是问题逻辑和生活逻辑的，要根据学生身心发展特点和成长中遇到的实际问题，来安排教学内容，确定叙述方式，构建教学体系。心理健康教育学科课程能否为学生所接受，在相当大的程度上必须依赖和借助于受教育者的主观体验，即学生通过自身生活经验和课程内容之间的相似性联系来认同和接受它。

因此应依据优化学生心理素质、健全人格、帮助成长、促进发展这一根本目的来确定此课程的内容。什么因素对学生的心理健康状况影响最大，它就应当成为此课程的主要内容。

二、心理健康教育活动课程

心理健康教育活动课程以现代活动理论为依据，寓心理健康教育于活动之中。人的心理发展是在人与人的相互交往、人与环境互动的活动过程中实现的，活动是将心理学知识转化为心理品质的中介环节。活动性是心理健康教育活动课程的突出特征，表现为教师根据心理知识并围绕学生生活组织相应的活动，使学生在活动中获得心理体验，提高心理素质。具有如下性质和特点：

1. 活动性。人的一切活动都必然有心理活动参与，都有培养某方面心理品质的作用，但人的心理品质是一个整体，通过单项或某类活动难以解决全部心理品质的培养问题，同时各科教学与各种教育活动都有其特有的教学与教育目的和训练内容，它们不能代替以提高学生心理素质为直接目的的心理健康教育活动课程。在这个意义上，心理健康教育活动课程是以学生活动为主，不同于以普及知识为主的心理健康教育学科课程。

2. 系统性。心理健康教育活动课程是一种有计划、有组织、有系统地安排与实施的活动，其内容是由许多主题按一定顺序结合而成的，活动时间也是事先安排好的，具有系统性和组织性。它有明确的活动目的和系统的活动内容且需教师指导，不同于临时组织的班级活动以及学生自发性的游戏。根据马克思主义活动理论，人的活动具有客观现实性、社会历史性和主观能动性。这为科学地设计活动课程提供了理论依据。在设计心理健康教育活动课程时，要把社会的需要和学生心理素质的全面协调发展统一起来，要有明确的活动目的，不能为活动而活动；活动的内容应该丰富多彩，形式应多种多样、生动活泼，适应学生成长的多样性要求。

3. 主体性。根据现代心理学理论，人的心理活动来源于客观世界，强调认识起源于主客体之间的相互作用，活动是主体认识的中介。心理健康教育活动课程是以活动为中介的课程形式，通过课程实施让每个学生在活动中感受、体验，接受训练和启示，让学生在活动中找到认识的来源，确立个性的位置。实施活动中，强调学生的参与意识、实践意识和主动意识，学生始终是以主体活动者的角色出现，充分发挥学生的主体性是心理健康教育活动课程的优势所在。

4. 互动性。心理健康教育活动课程是以群体动力学为基础的一种集体心理辅导模式。群体动力学理论认为，影响人的行为的因素有环境和个性两大方面，而且人际环境尤为重要。人与环境的相互作用将直接影响行为的产生，学生间良好的人际环境必然有利于学生良好行为的产生和良好个性的形成和发展。学生间由于年龄相近，心理特点相仿，往往有更多的共同语言，容易相互理解和沟通。

心理健康教育活动课程能调动学生自身的教育资源，在平等协商和对话中有效地培养温暖感、信赖感和亲切感，形成互相尊重、独立自主等人际关系和良好人格，发挥积极的双向、多向互动的人与人之间的群体动力效应。

三、心理健康教育隐蔽课程

学校心理健康教育隐蔽课程的概念是基于当前心理教育实践的需要，从一般意义上的隐蔽课程概念引申出来的。基于心理健康教育实践的需要，目前人们对于心理健康教育隐蔽课程的意义、心理学原理、心理健康教育隐蔽课程的目标、设计原则、内容等问题已有一些初步探讨，但对于心理健康教育隐蔽课程的内涵似仍缺乏全面深入的界定。我们认为，根据目前的一些认识，如果不太挑剔的话，学校心理健康教育隐蔽课程是指，在学校进行的各种教育、教学活动中，通过学校的环境、制度、文化、教师、学校心理氛围等施加于学生，使学生基于无意识的接受暗示、模仿、感染、熏陶、认同等方式而塑造健康人格、改善心理机能、开发个人潜能的一种心理教育课程类型。简单来看，它可从如下方面得到初步的理解：

1. 在作用方式上，具有潜在性、隐蔽性。常常以潜隐的、暗默的方式作用于学生，使学生通过内化学校情境中隐藏着的心理健康观念、价值、知识、美感，塑造学生的认知、情感、态度、人格，从而影响其心理品质，使学生在潜移默化中产生心理变化。

2. 从范围上讲，具有广域性的特点，即所涉内容与范围广泛、表现形式多样。根据目前一些学者对于一般的学校隐蔽课程的认识，我们认为大致包括三个层面：物质－空间层面的隐蔽课程，即学校的建筑、校园的规划、学校地理位置、教室的布置等物质－空间环境等对学生心理健康产生的潜移默化的影响；组织－制度层面的隐蔽课程，即学校的组织制度、管理制度、评价制度、课程制度、德育制度、心理教育制度等广泛意义上的制度对学生心理健康的潜在隐蔽性影响；文化－心理层面的隐蔽课程，即通过学校各类显著课程实施过程中的隐蔽信息、师生关系、师生行为心理、学校的校风、教风、学风等对学生心理健康产生的各种隐蔽性影响。为了分析的客观需要，如本文后面的分析，我们认为，学校心理健康教育隐蔽课程目前可以进一步区分为值得关注的三大方面：一般性学校隐蔽课程对学生心理健康的影响、心理健康教育实施过程中的隐蔽课程、网络心理健康教育隐蔽课程。

3. 从功能上看，兼具有正面与负面功能。它既可能具有正面功能，即对学生心理健康水平的提高产生积极有效的影响，也可能具有负面功能，即对学生的心理健康产生负面的、消极的影响。其功能的发挥主要取决于有关隐蔽课程的性质、内容和作用方式。

4. 从课程性质与形式上看，它是一种非正规的心理健康教育课程。它是非学术性的，不直接指向心理学学科内容，没有被纳入正规的学校心理健康教育、教学计划中去，难以明确进行量化评估和有效控制。在与正规的、显性心理教育课程的关系上，既可能是相辅相成的，也可能是有抵触的，它本身也可能就是显性心理教育课程的“副产品”。

四、心理健康教育融合课程

（一）融合型心理教育课程的含义与特点

所谓融合型心理教育课程，是指在学校常规教育和教学活动中，在传递知识、掌握技能、形成良好行为习惯的同时，注重挖掘学科课程和活动课程的内在资源，并引入心理学的方法和技术，帮助学生提高认知和技能、情意特质和人格素养，从而完善心理机能的一种课程形式。所谓“融合”乃是有机的结合，是课程内在的联通，更是一种一体化的契合，心理教育作为一门导引学生心灵成长发展的课程领域，其主体应是发展性、塑造性的，即在常规教育、教学活动中培育学生的心理素质，学校的语文、数学、物理、化学、音乐、美术等学科课程以及班会活动、团队活动、文体活动等活动课程都隐含心理教育资源，如能充分挖掘其隐性的教育价值，就能达成融合型心理教育课程目标，当然，融合型心理教育课程依赖学校各类学科课程和活动课程的实施，只有在充分达成学科课程与活动课程目标的基础上才能达成心理教育目标。融合型心理教育课程是一涉及面很广的课程领域，包融在学校的所有课程及常规教育、教学活动之中，具有隐性课程的特点，这里为了更好地说明这一独特形态的新型课程，并未纳入隐性课程的范畴来分析。一般而言，融合型心理教育课程可分为学科课程的融合、活动课程中的融合与隐性课程中的融合三种类型。融合型心理教育课程的特点主要如下①：

1. 整合性。从融合型心理教育课程的内在机制来看，它是一种整合型课程，即心理教育的目标是有机融入教育、教学活动之中的，而不是“人为的”“强加的”，当然，这种整合各科教学与活动对心理教育的整合，使心理教育目标内化为学科与活动课程的子目标，即通过挖掘各学科与活动课程的内在教育价值来整合心理教育目标。

2. 内隐性。融合型心理教育具有隐性课程特点，它不是径直地传递心理教育内容，而是以暗默的方式作用于受教育者，影响其心灵的成长；或者说是在各学科教学与活动中，在形成学科教学与活动所要传递的知识、技能的同时，在潜移默化中塑造学生的心理品质。

3. 异体性。从融合型心理教育课程的实施来看，它依附于各科教学与活动，

① 沈贵鹏：《论融合型心理教育课程》，《现代教育论丛》，2000（3），第16—20页。

不同的学科与活动有相异的“体”与“质”，人文课程、自然课程与技能课程都会以其特有的方式载负心理教育信息，但各自又能达成共同的“用”的目标，即为心理教育所用，共同提升学生的心理素养。

4. 合目性。融合型心理教育不是一种附加的教育，从课程的本然来看，心理教育与各学科教学和活动也不是相斥的，二者是融合的、合目的，在各学科教学与活动中融入心理教育的目标并不是教育、教学目标的“膨胀”“超载”，而是各学科教学与活动目标的进一步分化、提升。

关于学校心理健康教育课程的开设，小学低、中年级以心理训练以及在各科教学和各种教育活动、环境中渗透心理健康教育为主，小学高年级应适当增加一些心理健康教育的知识，中学则采取基本知识教育和心理训练并重的原则。这种安排，有利于中小学心理健康教育的衔接，便于按螺旋式上升的原则安排心理健康教育的内容，既保证了心理健康教育的连续性，又突出了不同年龄阶段心理训练的重点，有利于中小学生接受。再加上中小学课程较多，很难安排很多的心理健康教育课程，开展心理健康教育融合课程，是符合实际且便于普及和推广的。

第三节　心理健康教育课程的结构体系

一、心理健康教育课程目标

根据教育部《中小学心理健康教育指导纲要》，心理健康教育的总目标是：提高全体学生的心理素质，充分开发他们的潜能，培养学生乐观、向上的心理品质，促进学生人格的健全发展。心理健康教育的具体目标是：使学生不断正确认识自我，增强调控自我、承受挫折、适应环境的能力；培养学生健全的人格和良好的个性心理品质；对少数有心理困扰或心理障碍的学生，给予科学有效的心理咨询和辅导，使他们尽快摆脱障碍，调节自我，提高心理健康水平，增强自我教育能力。

从目标层次来看，一般心理健康教育目标体系应涵盖三个不同的目标层次：初级目标是防治心理问题的目标体系，主要通过心理教育活动解除和预防学生心理障碍，减少心理问题的发生，使他们有健康的心理生活；中级目标是完善心理调节目标体系，使学生正确对待自己、接纳自己、化解冲突情绪，保持心理的内部和谐；高级目标是发展每一个体所有心理素质的目标体系，要求全体学生的智力和人格等方面的心理素质都得到更好的发展，是心理教育最高层次的目标。心理教育三级目标是一个有机整体，彼此之间相互联系、相互影响、相互制约，遵循从低级到高级，再用高级目标的实现来进一步调节心理、防治心理问题这一目标规律。在实际的心理健康教育中，由于受传统心理教育文化的影响，往往更多地关注了初、中级目标，而忽视了高级目标的引领。

心理健康教育课程是中小学课程体系的重要组成部分。心理健康教育课程目标是指一定阶段内的心理健康教育课程所要达到的预期结果，从根本上服从于心理健康教育的目标，它规定着教学活动的方向，也是确定心理健康教育内容，编写教材、运用教学方法和评价的重要依据。有研究指出，现行的中小学心理健康教育课程目标存在诸多问题，中小学心理健康教育课程目标应该要明确、系统，注重可操作性和可发展性。①

二、心理健康教育课程内容

心理健康教育课程内容主要指具有心理健康教育功能的学校相关课程门类及其关系，包括相对独立的心理健康教育专门课程和相对泛化的与心理健康教育有关的其他学科课程、活动课程和隐蔽课程。心理健康教育课程结构蕴涵有丰富的社会学意义，如心理健康教育课程地位问题、心理健康教育隐蔽课程问题。

根据教育部《中小学心理健康教育指导纲要》，心理健康教育的主要内容包括：普及心理健康基本知识，树立心理健康意识，了解简单的心理调节方法，认识心理异常现象，以及初步掌握心理保健常识，其重点是学会学习、人际交往、升学择业以及生活和社会适应等方面的常识。同时城镇中小学和农村中小学的心理健康教育，必须从不同地区的实际和学生身心发展特点出发，做到循序渐进，设置分阶段的具体教育内容。就基础教育学龄阶段青少年而言，主要分阶段的教育内容如下：

小学低年级的教育内容主要包括：帮助学生适应新的环境、新的集体、新的学习生活与感受学习知识的乐趣；乐于与老师、同学交往，在谦让、友善的交往中体验友情。

小学中、高年级的教育内容主要包括：帮助学生在学习生活中品尝解决困难的快乐，调整学习心态，提高学习兴趣与自信心，正确对待自己的学习成绩，克服厌学心理，体验学习成功的乐趣，培养面临毕业升学的进取态度；培养集体意识，在班级活动中，善于与更多的同学交往，健全开朗、合群、乐学、自立的健康人格，培养自主自动参与活动的能力。

初中年级的教育内容主要包括：帮助学生适应中学的学习环境和学习要求，培养正确的学习观念，发展其学习能力，改善学习方法；把握升学选择的方向；了解自己，学会克服青春期的烦恼，逐步学会调节和控制自己的情绪，抑制自己的冲动行为；加强自我认识，客观地评价自己，积极与同学、老师和家长进行有效的沟通；逐步适应生活和社会的各种变化，培养对挫折的耐受能力。

高中年级的教育内容主要包括：帮助学生具有适应高中学习环境的能力，发

① 黄俊霞，姚本先：《中小学心理健康教育课程目标：概念、问题及策略》，《中小学心理健康教育》，2012（3），第8—9页。

展创造性思维，充分开发学习的潜能，在克服困难取得成绩的学习生活中获得情感体验；在了解自己的能力、特长、兴趣和社会就业条件的基础上，确立自己的职业志向，进行职业的选择和准备；正确认识自己的人际关系的状况，正确对待和异性伙伴的交往，建立对他人的积极情感反应和体验；提高承受挫折和应对挫折的能力，形成良好的意志品质。

三、心理健康教育课程实施

主要涉及心理健康教育课程实施过程中的师生互动与课程重构、心理健康教育课程实施的管理机制、心理健康教育中的方法运用、活动形态的心理健康教育课程的实施等内容。从社会学视角来看，心理健康教育课程实施过程明显或隐蔽的方式，体现了社会通过学校而实现的社会控制——以对学生的心理发展影响为基础的控制。

四、心理健康教育课程评价

主要涉及与心理健康教育课程评价相关的问题如心理健康教育课程评价的社会意义与影响因素、课程评价的主体，课程评价对象、课程评价标准与方法、心理教育课程评价的管理等。心理健康教育课程评价中，会受到社会特性（权力、控制、利益等）的影响。

第四节　心理健康教育课程的缘起、现状与趋势

一、心理健康教育课程的缘起

我国的心理健康教育课程发端于 20 世纪 90 年代初期，教育工作者认识到，学校开展心理健康教育不能只关注个别有心理问题的学生，更要面向全体学生，培养学生健康的心理品质。我国学者班华教授曾指出：设置心育（心理健康教育）课程是教育改革深入发展的必然趋势，是教育现代化的必然要求，也是社会现代化的要求。早在 1997 年 4 月，我国教育部颁发了《九年义务教育小学思想品德和初中思想政治课课程标准（试行）》的通知，明确规定在初中对学生进行良好心理品质的培养与教育，内容包括：正确看待自己、磨炼心理品质等，课时安排为每一个内容 4 学时。要求自 1998 年秋开始在部分省市进行实验，取得经验后自 1999 年秋开始在全国实施。教材选用主要是各省自编，没有全国统一教材。虽然各省市、学校越来越意识到开设心理健康教育课程的重要性，但在具

体实施中还存在着问题。[①]

二、心理健康教育课程的现状

心理健康教育课程是提高学生心理素质和心理健康水平、学会积极乐观面对生活的主要途径。目前，各级各类学校都非常重视心理健康教育课程，但教学中仍有一些问题和不足亟待解决[②]：

一是教材体系与教学内容不明晰。在各学校心理健康教育课程中，教材通常由教师自行编制或选择，因每一套教材遵循的体系不一样，加之心理健康教育的内容本身又很宽泛，因而教学内容自然依据教师本人的感觉和经验选择进行授课。如果教师对课程没有很深的理解，就往往会使心理健康教育课程的内容有欲说还休即点到又道不尽的感觉。

二是课堂教学设计不透彻。当前大部分学校的心理健康教育课程均是以课堂讲授为主，有条件的学校兼有心理团体活动课程，而心理健康教育的理论与团体实践活动是一体的，也就是说，团体体验活动以理论为基石和支点，当教师对这两块主要内容的设计不匹配或匹配不当时，往往有深入不尽兴、快乐不酣畅的感觉。

三是教学条件不完善。心理健康教育课程比较特殊，其教学的一些主要设施，如测试问卷、咨询设备、团体活动室、音画设备等条件还亟待完善。这样的状况使得课堂上如果教师以理论教学为主，虽然可操作性强，但会造成学生出现意兴阑珊的状况；而如果以现场教学为主，则教学条件设施又不能完全满足，教师往往有力不从心、有劲没处使的感觉。

四是师资力量投入不足。尽管很多学校都开设了心理健康教育课程，但师资力量薄弱，专职任课教师不多，以致学校只能安排一部分思想政治教师或分管德育工作的领导为学生上课。在教师队伍建设方面，学校心理健康教育课程的教师数量少、质量低、结构不合理，学生心理健康教育只重形式和过程，不重实效。教师往往有遗憾、搔不到痒处的感觉。

三、心理健康教育课程的趋势

1. 重视心理健康教育课程的建设。国家教育部、卫计委等部门将进一步制定完善相应的制度来保障心理健康教育课程的开展，进一步将心理健康教育纳入国家的法规，使心理健康教育课程系统化和规范化。学校对心理健康教育课程的管理，首先体现在保障心理健康教育课程课时方面。《中小学心理健康教育指导

---

① 黄俊霞：《我国学校心理健康教育课程的现状、问题与展望》，《中小学心理健康教育》，2007(23)，第9—12页。

② 李海萍：《学校心理健康教育课程的建设思考》，《教育理论与实践》，2013（31），第49—52页。

纲要》指出：“课时可在地方课程或学校课程时间中安排。”学校领导对开设心理健康教育课程的意义的认识、重视程度以及合理的制度是课时保障的重要条件。其次是选定或组织编制符合本校学生实际情况的教学大纲和参考教材。学校管理层应根据本校的实际情况，选定合适的主要参考教材。

2. 体现学生的主体性，进一步凸显“以人为本、全面发展”的价值理念。心理健康教育的根本问题是人的心理问题，心理健康教育的功能理所当然应直指人的心理成长、发展与自我实现。把人视为自身心理发展与建设的主人，把人的主体性发展作为“目的”而不是手段，一切着眼于人的心理需求发展，一切为了人的心理健康健全地发展，一切服务于人的心理潜能开发，一切着眼于人的全面发展，重视人的生命和生活，关怀人的价值和使命，关照人的精神和信仰，真正确立“人”在我国心理健康教育课程建设中的中心地位。在教材内容选择上，要坚持以“实”为本，即联系实际、体现实用、突出实践、注重实效。根据不同年龄阶段学生心理发展的特征和心理健康教育的阶段目标来确定适当的教材内容。在教材编写组织上，宜采取“多元优化、积极整合”的策略。心理健康教育教材建设应以心理化取向为基础，以教育化取向为主干，以生活化、问题化取向为依托，建构整合化、网络式的心理健康教育教材编写趋向。

3. 注重课程的可操作化。心理健康教育课程目标的可操作性，是指在目标明确的基础上，将目标化为可以观察评定的和可以训练培养的行为特征。我们不能泛泛地将“完善自我，培养高尚的情操、健康的心理”作为心理健康教育课程的单元目标或课时目标，而应该把这些抽象的、笼统的概念具体化，把行为目标作为单元目标的细节，从而真正强调以学生发展为本，目标集中指向学生心理的健康发展。在这种目标价值观的引领下，课程应当提供适当的心理情境，使学生在情境中获得积极的、愉快的心理体验，并由此滋生出积极的个人心理意义。课程内容强调与学生生活相适应，以促进学生在学校的成长；注重与社会生活相适应，以满足学生未来发展的需要；强调学生的自我教育，关注学生的自主发展和健康心理的自我构建。

4. 倡导评价的全面性。心理健康教育课程的绩效具有内隐性、长期性、个人化等特点，很难像其他学科一样制定硬性、统一的考核评估标准。心理健康教育课程的成效主要反映在学生身上，因此对学生的评价是一个重点。从学生的内部看，学生的心理是一个有机的整体，是知、情、意、行密切联系在一起的心理过程，以及心理状态和个性心理特征交互影响的结果。学生的心理状况与他的整个人生观、世界观、价值观也有密切的联系，生理因素和心理因素也相互作用、密不可分。只有对学生进行全面综合的评价，才能真实地反映出他们此阶段的心理健康教育状况和精神面貌。

关于学校心理健康教育课程的建设和发展趋势，国内研究者还提出了其他一些值得参考的意见。有研究认为，当前学校心理健康教育课程建设存在理念错位、价值取向偏差和实施滞后等问题。学校心理健康教育课程要走出困境，就必须明确自身的属性。学校心理健康教育课程是一种体验性、以学生为本位、生成性、回归生活世界的课程。学校心理健康教育课程的设计要遵循“以学生为中心、以情境为中介、以经验为起点、以活动为核心、以过程为重心、以合作为主线”的原则。[①] 也有研究认为，心理健康教育不是知识性的教育，也不是具体操作上的教育，而是让心灵得以滋养、修复、强壮的教育。建设学校心理健康教育课程应从以下三个方面进行：在整体中建构心理健康课程教学的脉络；在发展中流动心理健康教育课程教学的神韵；在和谐中丰盈心理健康教育课程教学的生命。[②] 还有研究认为，当前，心理健康教育课程开发的发展趋势表现在以下几个方面：第一，从强调学科内容到强调学习者的经验和体验；第二，从强调目标计划到强调过程的价值；第三，从强调教材单一因素到强调教师、学生、教材、环境四因素的整合；第四，从只强调显性课程到强调显性课程与隐性课程并重；第五，从只强调学校课程到强调学校课程与校外课程的整合；第六，从只强调“实际课程”到强调“实际课程”与“空无课程”并重。[③]

① 方双虎：《学校心理健康教育课程建设的困境与出路》，《中小学心理健康教育》，2007（8），第53—55页。

② 李海萍：《学校心理健康教育课程的建设思考》，《教育理论与实践》，2013（31），第49—52页。

③ 王希永：《心理健康教育课程开发简论》，《首都师范大学学报（社会科学版）》，2002年增刊，第57页。

第二章 心理健康教育课程的理论基础

第一节 心理健康教育课程的课程论基础

课程是指学校学生所应学习的知识经验的总和及其进程与安排。广义的课程是指学校为实现培养目标而选择的教育内容及其进程的总和，它包括学校老师所教授的各门学科和有目的、有计划的教育活动乃至其他一切教育性影响。狭义的课程是指某一门学科。

一、现代课程理论的主要流派

纵观现代国外课程的发展，由于教育目的、哲学观点、对现实看法及对儿童看法的不同，形成了各种不同的课程观或课程理论，可谓流派林立，学说各异。概括起来，在众多课程理论流派中，最具影响、有代表性的课程论流派主要可以分成四大类①：

（一）知识中心论课程

知识中心论也称学科中心论、科目中心论或教材中心论，它主张从有关科学领域中选择部分知识作为学科的内容，并按一定的结构、顺序把这些知识组成各种不同的学科。这是一种有着悠久思想渊源的课程论，历史上学校课程基本上可以说是以知识为中心的。我国古代第一个提出分科教学的是孔子，在欧洲当首推亚里士多德。17 世纪捷克的夸美纽斯曾提出要把一切知识领域中的精华和总和灌输给儿童的思想，后来德国的赫尔巴特又主张学校要开设多种学科对学生进行教学。这些思想经过不断完善和发展，形成了以知识为中心的课程理论，一直左右着欧美各国的课程设置。其特点是各门学科并列编排，学科体系的逻辑性较强，便于传授文化遗产和科学技术成果。这种课程组织形态以学生获取一定数量的知识和技能为目标，在教学方法上采用以教师讲授、灌输为主的方式。在漫长的历史发展过程中，知识中心论这种课程观有各种不同流派，其中最典型的流派是永恒主义、要素主义和结构主义课程。

---

① 白彦茹：《国外课程理论流派述评》，《黑龙江省教育学院学报》，2000（6），第 48—51 页。

1. 永恒主义课程。永恒主义课程也叫古典文科教育、古典人文主义传统等，它的现代代表人物是美国教育家赫钦斯（R・M・Hutchins，1899—1977）和法国教育家马利丹（Jacques Maritain，1882—1973）等。其主要观点有以下几点：（1）中小学课程过去、现在和未来都应当是“不变的学问”，教育的内容是“包含有关人类思想的永恒价值的理念和原理”，主张用永恒的科学进行理性训练；（2）认为过去卓越的东西是不变的、永恒的，坚持主张卓越的东西是历代伟大思想家的古典著作，要把它作为课程传授给年轻人，让他们继承下来，传播下去；（3）传统学科即永恒的学科可以使人的灵魂、人性达到完善，具有发展学生智力、实现教育目的的价值;；（4）认为学科知识是对生活的最好准备，因为教育就是生活准备，而不是生活本身，这是它的理论基础。

2. 要素主义课程。主要代表人物是美国学者巴格莱（W・C・Bagley，1874—1946）等，认为“学校是保存传统的价值，使之适应于社会的一种机构”。主要观点有：（1）知识是社会的宝贵遗产，它包括在自然科学、社会和道德规范之中。这些知识构成人类社会文化的要素，为了具备这些知识，学校课程要以传递共同的、不变的文化要素为核心，就要传授具有严谨学术体系的各门学科。（2）继承社会遗产所必需的，它的主要特征是继承性。是继承传统的社会遗产，必须把这些规定在课程里，这样通过学习，就能继承遗产，为未来生活做好准备。认为普通学校课程要以读、写、算为重点学科，严格要求学生学好规定的教材，强调心智训练。（3）在教学方法上，主张用严格的学校纪律、处罚、表扬、服从为手段，使学生接受知识。（4）知识是科技激烈竞争所必需，要学好基础知识，成为有学识、有知识的人，这样才能在竞争中立于不败之地。

3. 结构主义课程。结构主义的代表人物是瑞士心理学家皮亚杰（Jean Piaget，1896—1980）。结构主义课程论是以结构主义心理学为依据的，它的代表人物是美国的布鲁纳（J・Bruner，1915—）。它是要素主义课程论的新发展。主要观点有：（1）强调学习学科的基本结构。认为所谓学科的基本结构，就是每门学科的基本概念、基本原理及其相互联系，每门学科的基本结构不但包括其“一般原理”，还应包括这门学科的态度和方法，即不但要包括知识内容，而且要包括知识的获得过程，是内容与过程、知识和方法的统一。学科的基本结构是课程的核心，学校要以学科的基本结构来设计课程、组织教材。（2）强调在课程设置时要把学生的智力发展阶段与学科结构有机地结合起来。认为儿童的智力发展经历了动作式再现表象、图像式再现表象和符号式再现表象三个阶段。儿童发展的每个阶段都有自己观察世界和解释世界的独特方式。课程设计就是要把课程内容根据儿童智力发展阶段的特点予以剪裁和组织，使之与儿童智力发展的阶段相适应。如果能做到这一点，那么，任何学科都可以有效地教给任何发展阶段的任何儿童。

学科中心课程都是把学科作为组织教育教学活动的中心，以知识为中心来设计课程的。它具有很强的生命力，具备以下优点：

1. 有利于按照教育目标的要求来确定课程内容。学校课程是实现教育目标的主要手段，按教育目标的要求来编订课程、选择教材，是实现教育目标最简便易行的方法。

2. 有利于让学生继承和掌握人类文化传承的精华。学科知识是人类智慧的结晶，也是人类集体智慧的反映，通过学校课程来传递知识，易让学生掌握人类文化遗产的精华，推动社会进步。

3. 有利于传授系统的文化科学知识。以知识为中心编订的课程具有很强的学术性，其特点是逻辑性强，结构严谨，理论周密，有利于学生掌握各门科学的原理和规律，经济高效。

知识中心课程也有它的缺点，主要表现在：

1. 以知识为中心编订课程容易把各门知识割裂开来，不能在整体中、联系中进行学习。

2. 各学科易于出现不必要的重复，造成学生精力浪费，加重学生学习负担。

3. 忽视学生的学习兴趣和需要，容易理论脱离实际，不能学以致用。

（二）儿童中心论课程

儿童中心论的思想渊源也很早。如人本主义者较早就提出过重视儿童、重视学习者、重视发展儿童个性的主张。捷克夸美纽斯提出的适应自然的原则、法国卢梭的自然教育论，都反映了课程要适应儿童身心发展这条教育规律。明确提出儿童中心论的是 19 世纪末 20 世纪初的美国实用主义教育家约翰·杜威（J·Dewey，1859—1952）。所谓儿童中心论课程，就是围绕儿童个人的需要和兴趣组织教学，而不是按学科内容进行施教。杜威反对以学科为中心，主张课程、教材和教学都要以儿童活动为中心，所以这种课程又称“活动课程”，其基本观点如下：

1. 课程设置应以儿童的活动为中心，而不是以学科为中心。杜威认为儿童身上有四种本能，并相应地表现为四种活动，即语文和社交的本能和活动、制造的本能和活动、艺术的本能和活动、探究的本能和活动。课程设置就应当以这些本能为基础，并尽量满足这些本能。

2. 主张以儿童的直接经验作为教材内容。杜威极力强调教材的源泉应当是儿童自己的活动所形成的直接经验。

3. 教材的编制应注意儿童的心理结构。杜威认为，教材的逻辑分类和排列的抽象原理同儿童富有情感的生活实际相反，因此，按逻辑性组织的学科内容不是儿童学习的内容。他主张教材应当心理化，应当把各门学科的教材或知识恢复到原来的经验，变为儿童个人的直接体验。

4. 强调在课程教材中要突出知识的获得过程。杜威认为，独立的知识领域是不可思议的，因为除了知识的获得过程以外，没有什么知识可言。

与学科课程论相比，活动课程论具有如下合理点：

1. 重视学生学习活动的心理准备，在课程设计与安排上满足了儿童的兴趣，有很大的灵活性，调动了学生学习的主动性和积极性。

2. 强调实践活动，重视学生通过亲自体验获得直接经验，主动去探索，有利于培养学生解决实际问题的能力。

3. 强调围绕现实社会生活各个领域精心设计和组织课程，而不是脱离社会实际，有利于学生获得对世界的完整认识。

活动课程论主张一切以儿童当前的兴趣和需要来确定课程的内容，完全以儿童的需要为出发点，相对夸大儿童个人经验的重要性，这存在着很大的片面性，忽视了知识本身的逻辑内在联系与顺序，不利于掌握系统的文化知识，降低了学生的知识水平，而让学生靠事事都探索来获取知识也是不经济的、不可能的，甚至是不必要的。各国的实践也表明，杜威的活动课程太强调适应、兴趣和个性发展，忽视了重要的、学术的学科，导致了教学质量的下降、因而受到了批评。儿童中心论虽然难以普遍实行，但它在课程理论历史上的价值是不能一笔抹杀的，它给我们的启示是编制课程要坚持面向儿童、面向生活的原则。

（三）社会中心论课程

社会中心论课程是为了克服儿童中心课程论的片面性提出来的，强调以社会问题为中心。它认为设计课程要通过对社会问题的分析来确定教育目标，主张打破传统的学科课程界限，但不按学生的活动来组织课程，要兼顾儿童的年龄特征，但不主张以学生的兴趣和动机作为编制课程的基本出发点，而提出要以社会现实问题作为课程设计的核心，所以社会中心课程又称核心课程。社会中心课程产生于20世纪30年代的美国，它有两派，即社会适应派和社会改造派。

社会适应派认为，社会变化是个人发展的决定因素，“学校是社会的代理机构”，社会在发生变革，设置课程和选择教学内容应为学生了解不断变化的世界并求得社会生存服务。

社会改造派认为，社会在变化，把社会问题作为课程设计的核心，其宗旨不是为适应社会，而是把学生培养成为“社会改造的工具”，帮助他们积极投入社会改革之中，成为改革者。因此，它要求根据改造社会的需要来设置课程，把课程及其内容的选择和安排与社会的改造联系起来，围绕社会改造的“中心问题”组织学校课程。这一理论提出的课程组织结构是十分独特的。课程的结构是车轮状的，轮子的轴心代表某些关键性的问题，轮辐是由讨论、知识和技能的学习、职业训练等组成的各类课程，它们是解释和解决轮轴中关键问题的重要前提和支持，最后是轮胎，它将涉及轮轴问题的所有相关课程统一了起来，使这个车轮得到了有机联系。按这种结构设计的课程有两种形式：

1. 核心课程。它介于学科中心课程和活动中心课程之间，打破了学科界限，从问题出发，把两三门学科结合起来。一般由一个教师或几个教师组成的教学小队，通过一系列活动对一个班进行教学。每次教学活动是在一个连续的单位时间（如二、三节课）内进行的。

2. 以生活问题为中心课程。这种课程内容侧重于生活问题，每次活动不必安排在一个连续的时间内进行，一个班的指导工作不是由一个教师来担任。

这种课程强调直接经验，而不是知识本身的逻辑系统，强调个人研究，而不重视教师的系统讲授。以改造社会为中心，不在学习各种知识，而在于通过对社会各方面问题的综合学习，以达到改造社会、改造传统的目的。社会适应派和社会改造派两者有分歧，但都强调社会实践活动和解决社会问题的能力，社会中心论课程的真正价值和革新意义，也就在于此。社会中心论课程的主要优点表现在：

1. 重视教育与社会、课程与社会的联系，以社会需要来设计课程，有利于为社会需要服务。

2. 重视各门学科的综合学习，有利于学生掌握解决问题的方法。

这种理论的不足表现在以下三点：

1. 它片面强调社会需要，忽视制约课程的其他因素，如科学本身、学生本身的系统性及需要。

2. 忽视各门学科的系统性，不利于学生掌握各门学科的系统知识。

3. 夸大教育的作用，许多社会问题是由于社会造成的，单靠教育是不可能解决的。

（四）折中主义课程论

近年来许多学者反对把课程安排绝对化，既反对按学科中心设计课程，也不主张完全按社会中心、儿童中心的思想来编制课程，而提出要把这三方面因素综合起来加以考虑。目前这种发展趋势愈来愈明显。可以把这种理论称之为折中主义课程论，它的主要流派有情境中心论和问题中心论。

1. 情境中心论。情境中心论是以培养儿童适应未来情境为中心来编制课程的理论。它的代表人物是英国的丹尼斯·劳顿（D. Lawdun），他吸收了知识中心论、儿童中心论和社会中心论三者的长处，主张教育要发展儿童的自主能力，使他们学会适应在步入社会时所面临的各种情境。因此学校课程要针对学生毕业离校后世界将要发生的情况，培养学生适应未来社会的能力；既要求他们获得各种必要的知识，也重视他们自身获得某种经验的价值，使他们不会受环境的支配，而且能对环境施加某些影响，因此主张综合课程，以保证学生在获得丰富广博知识的同时，了解国际形势、自然科学和社会科学的发展趋势，认识当前世界存在的问题及合理解决的途径。

2. 问题中心论。问题中心论课程是以解决问题为中心来编制课程，最早是杜威提出来的。它在实施时往往采用活动课程的一套方法，如：师生共同研究学习的方案，从事实验、制作、调查、研究等活动，只是学习的问题不是由学习者或者教师预先确定的。问题中心论课程的实施，需要经过完整的解决问题的过程：发现问题、分析问题、提出假设、检验假设、做出结论。假如问题中心论课程的学习问题着眼于学习者当前的兴趣和需要，并且由儿童提出来，那就同儿童中心论课程或生活中心论课程没有什么区别了。

现代课程理论的流派很多，很庞杂，因为每一派哲学家都有他的教育思想，也就有他的课程理论。不同课程观的分歧或区别主要表现在对课程与知识、儿童、社会这三类资源关系的不同理解。各种课程观的共同特征和不足之处在于，抓住这种或那种资源，加以过分地强调，同时，忽视或否定其他资源。我们应当用马克思主义的立场、观点和方法来观察、分析和研究外国的课程理论，取其精华，去其糟粕，有所借鉴，从多角度考虑，建立起我国面向21世纪更为科学、全面、合理的课程观。

二、现代课程理论的主要特点

现代课程理论主要具有如下特点或发展趋势[①]：

1. 强调人本性，批判“技术理性”。在现代社会中，高度发达的科学与技术正在成为某种统治力量。它一方面不断在改变着世界，使世界发生日新月异的变化；另一方面也导致了人们对科学技术的过度崇拜和盲目信仰。德国思想家哈贝马斯曾尖锐地指出，现代科学技术已经在执行意识形态的功能，因为科学技术凭借着它的客观合理性，实现了对社会的统治和对人的统治。不仅社会的发展取决于科技的进步，而且人的全部生活都受着科学技术的控制，使人类失去了自由。与其说技术为人服务，不如说是人为技术服务。这便是现代意义上的“技术理性”，它已经处于人性的对立面，改变了“理性”的本义。技术理性通过标榜其纯粹的客观性和合理性，拒绝其他一切价值、利益或人类旨趣的存在意义。在学校教育领域，技术理性的典型表现是只重物质不重精神、只重事实不重价值、只重认知不重情意。按照技术理性的价值体系来衡量，知识便有了高下优劣之分。直接反映科学技术成果、以培养人的科学素养为宗旨、所谓“价值中立”的理性课程，因其最合乎“理性”标准，成为最受青睐的“真正的”知识。而其他以价值判断为主的科目，因其缺乏客观性，被置于相对次要的地位。这样，人文学科就成了学校可有可无的一些点缀课程而已。

受“技术理性”统治的社会非但不是一个令人心满意足的社会，反而会使

① 吴增强，蒋薇美：《心理健康教育课程设计》，北京：中国轻工业出版社，2007年版，第35—37页。

人类陷入更加严重的生存困境之中。由于科学技术决定人的一切思维方式和行为方式，人最终会丧失自由，沦为科学技术的奴隶，受其控制和束缚，并注定要吞食科学技术发展可能带来的一切恶果。

现代课程正是在对技术理性批判的基础上建立起来的。如人本主义课程就是这样一种现代课程。产生于20世纪60—70年代的人本主义教育，旨在缓和乃至消除当时年轻一代的精神迷茫和弥漫于整个西方社会的价值危机。人们认为，正是科学技术的进步带来了高度富裕的物质生活，使人的低级需要普遍得到满足，以致造成精神家园的荒芜。人本主义教育试图承担起价值重建的使命，其核心思想便是对自我的肯定和对人性的肯定。学校教育以人性的健康发展和潜能的充分实现为目的，课程的功能就是为学生提供有益于自我发展的经验，促进其人格健全发展。

成功的人本主义课程不仅努力提供与学习者需要密切相关的课程内容，甚至允许学习者自己选择学习内容、自己控制学习过程、自己评定学习成果，以达到自定的学习目标，学习活动成为一个自发、自律、自我指导的过程，这便是罗杰斯所倡导的“非指导性教学”。

2. 着眼可持续发展，批判功利主义。现代社会的一个重大特征就是以相互竞争谋取最大利益为目标。从19世纪以来，与“物竞天择、适者生存”的达尔文主义相呼应，功利主义已经使人们生存的世界变成了一个竞技场。学校教育作为社会的一部分，尤其是作为一个可以为实现人们的功利性目标服务的有用工具，它的每个方面几乎都可以被打上功利主义的烙印。功利主义学校教育的特点包括：只问目的不问手段、只问结果不问过程、只问效率不问公平、只问竞争不问合作。升学主义压力、分数第一，使得学校教育成为训练考试机器的场所，学生个性受到压抑。

为了克服功利主义的弊端，相互理解尊重、合作互助的学习方式开始受到人们的重视。20世纪70年代以来，各门科目纷纷将学会交往与合作、领导和参与作为课程目标的一个重要组成部分。例如，美国小学社会科的课程目标中，在情意领域，不仅要求学生“发展自我控制、自我指导意义和独立意识，对个人行为负责”，而且要求他们“尊重他人的思想和感情”。在技能领域，既要培养个人的学习技能和工作习惯，同时还要掌握小组工作和社会交往的技能，包括：第一，在小组内共同工作，担任各种角色，如作为主席、秘书或普通组员；第二，参与小组讨论和领导一场讨论；第三，参与小组决策。作为学习内容一部分的合作经验，是学生在以往以个人为学习单位的教育体制中不可能获得的。然而，这种经验对于人格的成长则是不可缺少的。

要消除现代社会的种种危机，首先必须解决人与人之间以及人与自然之间的紧张关系。这些紧张关系无不来自人们急功近利的观念和行为。20世纪70年代以来的环境教育、多元文化教育、国际理解教育等新的教育主题和课程的出现，正是着眼于协调人与周围世界的关系，强化人对世界的整体意识和责任意识，从而培养出能够超越眼前功利的、有助于增进国际交往与协作、促进人类和平与发展的一代新人。

在传统教学中，教育者强调对学生提出统一的、标准化的要求，而忽视了学生的个性发展，这阻碍了学生的健康发展。课程现代化对这一现象进行了改革，它重视学生之间的个别差异，不同的爱好和特长，让学生充分发挥其个性特征，促使其个性健康发展。

同时重视课程与社会生活、学生实际的联系。课程的现代化强调课程与社会生活、学生日常生活的联系，这样可以使课程内容更符合实际，更适合现代化的要求；同时，它还强调课程结构与社会、个人的目标相协调，把学校课程同职业生活等密切联系起来，使课程适应学生自身的发展。

3. 强调民主性，批判权威主义。德国著名社会学家马克斯·韦伯（M·Weber，1864—1920）认为，有社会组织的地方就有统治和管理，有统治和管理就得有统治的道理，人们服从统治的道理就构成了权威。任何一种组织，都是以某种形式的权威为基础的。权威能消除混乱，带来秩序，实现组织目标，推进社会发展。他对权威进行了历史的考察，认为正当的（或称为合法的）权威不外乎三种历史形态，即传统型权威、魅力型权威、法理型权威。他认为在现代社会，组织与权威的关系密切，任何一种形式的组织都以某种形式的权威作为基础，没有权威，组织就失去了其存在的条件，这就是著名的权威理论。现代学校体系也同样是按照科层化的方式组织起来的。教育与其说是要帮助人们摆脱权威的奴役，不如说是在训练人们习惯于学会适应这个权威主义的社会。与教师的权威、纪律的权威相比，更具有控制力、威慑力的是课程内容标准方面的权威，即知识的权威。在功利主义的社会中，以书本知识考试分数为基准的学业成就关系到个人的前程和学校的声誉，这就使课程标准拥有更大的权威性。就知识范围而言，学校课程排斥一切教材以外的文明成就，大大限制了学生的知识面和求知欲。

为了帮助学生克服对权威的依赖，课程改革的一个重要环节就是向学生提供尽可能多的选择机会，使之从自身的兴趣、需要、责任感出发，自主地做出决定。英国的“开放教室设计”，不按学生的年龄或能力划分班级、指定教室，而是同时提供若干精心设计好的学习环境，如阅览室、实验室、戏剧舞台、讨论会、咨询角等，学生可以从中随意选择，各自学习不同的内容，采用不同的进度和方式。这种设计多用于幼儿园和小学低年级，它使学生从学习一开始就进入了一个“自主学习者”的角色。中学阶段则广泛采用选修课形式，并尽可能扩大选课范围，使学生有可能组建自己独特的知识结构。

4. 消解主客对立，强调课程的“整合”。课程现代化的实质，是实现课程范式从“主客二分”向“整合”的转型。从古至今已有的课程范式都把儿童与教育内容置于对立的位置上，使课程中出现了主客二分，它们实质上均属于“主客二分”课程范式。而当代“课程改革”的理想，从一开始就立意超越“主客二分”而走向“主客统一”。这表现为，追求作为客体的“学科结构”与作为主体的“认知结构”在课程里的整合；进而追求课程实现儿童的“认知”与“情意”的整合，实现儿童的认知发展和情意发展与文化发展的整合。这样的课程范式与已有的“主客二分”型课程范式是截然不同的，它是崭新的“整合”型课程范式。

5. 梳理文化意识，重视课程的文化内涵。课程是文化的缩影，它包含着一个国家优秀的传统文化和当代文化。课程现代化就注意到了这一点，挖掘课程中的文化内涵，提高其教育价值。

现代课程改革的基本特征是教师参与决策。只有当教师成为课程改革者，参与课程的决策和实施，课程改革才有可能取得成功。为此，20 世纪 90 年代以来，许多西方国家兴起了“学校本位课程开发”运动，这是以学生为主体的、扎根于基层的课程开发方式，强调课程的多样化和地方性。在这类活动中，教师身兼二任，既是课程开发者，又是实施者，教师所期望的课程、所感知的课程、所实施的课程以及学生所获得的课程高度一致，并使课程开发成为一个连续的、渐进的过程。

三、心理健康教育课程的基本理念

结合现代课程理论的流变和心理健康教育的实践，可以得到启示和树立如下理念[①]：

1. 经验比知识更重要。由心理健康教育课程的界定和内涵可见，它的课程属性是经验主义课程，因为它是以解决学生成长中的问题为主线，促进学生人格发展为宗旨，它更强调学习者的经验，而不强调心理学知识的获得。尤其是人本主义课程的许多内容，如“自我觉醒和自我发展的课程”，也是心理健康教育课程的主要内容。当然，它对于其他课程的长处也是兼收并蓄。如“生涯教育”的许多设计也是心理健康教育课程中“职业辅导”模块的内容。满足学生的心灵世界与生活世界的需求，成为 21 世纪课程改革的主题。现代课程理论的变革，使我们认识到，对现代社会“技术理性”的批判，是对人文精神的呼唤。面对人类的价值危机、青年人的精神迷惘，现代课程要承担重建人类精神家园的文化使命。心理健康教育课程从帮助学生心智成长方面，反映了这种时代精神。

2. 着眼于自我教育，发扬教育的民主性。现代课程批判权威主义，因为权威主义压抑人的个性与生命的活力，扼杀人的创造力。民主主义的教育主张张扬

① 吴增强，蒋薇美：《心理健康教育课程设计》，北京：中国轻工业出版社，2007 年版，第 38—39 页。

学生的个性，尊重学生的人格，并相信学生自身具有教育力量。心理健康教育课程的主要目标之一，就是帮助学生认识自我、悦纳自我、完善自我，应该更加需要发扬教育的民主性。按照心理辅导的原则，通过帮助、互助，最后达到自助，自助就是学生的自我教育。在辅导过程中，教师不再是知识权威的角色。而应该是学生的朋友，与学生一起探讨儿童青少年成长的课题。

3. 建立和谐关系，为幸福人生奠定基础。现代课程批判功利主义，强调可持续发展。面对现代社会的急功近利所造成的种种恶果，人与人的和谐，人与自然的和谐，越来越受得人们的重视。如前所说，环境教育、国际理解教育、多元文化教育等课程都体现了建立和谐关系的思想。心理健康教育课程主要是帮助学生建立个体生命与自我的和谐、个体生命与社会的和谐。个体生命与自我的和谐，就是指人的身心健康。自我是个体生命不断发展的重要组成部分，人因为有了自我，才会觉得自己是独特的、与众不同的生命体。正因一个独特的自我，才会构成我们这个串富多彩的生活世界。同时生命的发展离不开社会环境，自然人是通过社会化的过程，才能成为社会个体。个体生命融合于社会之中，生命才会有意义，生活才会更精彩。生命与社会的和谐关系，是指个性化与社会化的协调、个人自由和社会责任的协调、个人与他人关系的协调。

4. 关注价值导向，帮助学生树立正确的人生观。现代课程呼唤人文精神，人文精神的本质是对人的生命价值和意义的追求。青少年正处于人生观、世界观、价值观逐步形成的时期，尤其是我国在当前社会转型期面临的新情况、新挑战，引导青少年学生对社会主流价值观的认同，是现代学校教育的基本要求。心理健康教育不能像对待成年人心理咨询那样，坚持所谓的“价值中立”，需要引导学生建立积极的价值观，建立积极的人生态度，鼓舞学生走向社会。学生积极的人生态度是心理健康教育课程的基本目标之一。

第二节 心理健康教育课程的心理学基础

一、心理学理论与心理健康教育课程

从历史唯物主义的角度看，任何理论都是在一定的历史条件下产生的，是时代精神的产物，是一定历史条件下某一领域历史任务的实现，对于它所产生的时代最具现实意义。目前心理健康教育的主要理论包括精神分析、行为主义、人本主义、认知理论等，这些心理学理论，作为今天我国心理健康教育加以借鉴的基本理论，都是在西方文化背景下产生的，这既具有历史的特殊性，也具有文化的特殊性。当我们在运用这些理论时，必须结合本土文化特点、时代特点对其进行发展和创新，才有可能产生良好的效果。因此，心理健康教育理论创新的实质就

是要实现西方心理健康教育理论的本土化问题。[①] 有关心理学理论因已多见于相关课程，这里不再一一赘述，仅分析有关理论对心理健康教育的启示。

（一）精神分析理论对心理健康教育的启示

根据精神分析的理论，开展心理健康教育应重视如下方面的要求[②]：

1. 优化青少年人格构建的初始环境。人格，是人的内部生理和心理特质的外化，是人在处理和应付各种外界矛盾时表现的人的素质、能力和性格的基本特征。人格健全是心理健康的集中体现，儿童时期的人格教育对将来人格的形成和完善具有重要的意义。精神分析理论强调童年经验在人格形成中的重要性，认为个人生活的不幸可以在其过去的经验尤其是童年时期的经验中寻找根源，即大多数心理疾病患者，究其病因，往往都可追溯到童年时的环境和教育因素。开展心理教育课程，要善于营造有利于学生成长的良好心理氛围和释放学生不良情绪的环境。

2. 引导青少年建立健康的心理防御机制。如何培养儿童健康的人格，弗洛伊德的防御机制理论为我们提供了一种心理健康教育的途径。防御机制是自我应付本我的驱动、超我的压力和外在现实的要求等的心理措施和防御手段，以减轻和解除心理紧张，求得内心平衡。在生活和学习中，个体经常会体验到挫折，这是正常的现象，能忍受挫折并保持人格完整和心理平衡，这是心理健康的表现。相反，如果潜意识中蕴藏了过多的痛苦经验和被压抑的冲动，超过了意识管理的能力，那么个体的人格完整就会被破坏。可以通过心理健康教育课程，努力创造条件，克服和改变环境中的种种不利因素。例如，升华作用就经常是一种积极的适应方式。当一些本能的冲动或者欲望不仅是意识所不能接受的，而且由于与社会道德规范或法律相违背，就可以将它们加以净化和提高，使之成为某种高尚的追求以保持心理的平衡，使受挫折的动机得以升华，使自身仍然获得成功的满足。

3. 倡导儿童游戏，重视情绪疏导。情绪是影响个体心理健康、导致心理异常的一个主要中介环节。这是因为由生理、心理变化以及环境刺激等因素而造成的各种情绪反应，可以导致包括神经系统和内分泌系统在内的生化系统的变化，使机体、心理活动和行为方式也发生相应的变化。游戏是建立积极情感、调整消极情感的途径。弗洛伊德认为游戏也有潜意识的成分，游戏是在幻想面纱下的真实事物，游戏能补偿个体现实生活中不能实现的愿望，把想象中的事物与现实中

---

① 韩国海：《心理健康教育的理论基础初探》，《辽宁大学学报（哲学社会科学版）》，2002（5），第123—125页。

② 林菁：《弗洛伊德的人格发展理论对儿童心理健康教育的启示》，《福建师范大学学报（哲学社会科学版）》，2001（2），第133—137页。

的事物联系起来，并从中获得快乐。游戏又能再现那些难以忍受的体验，宣泄和抒发情感，缓解心理紧张，使儿童能克服困难，减少忧虑，发展自我力量，从而能应付现实的环境。

4. 构筑适合儿童年龄特点的道德观念。弗洛伊德认为，儿童在和环境的交往中，不仅发展了“自我”，而且还知道了什么是对的和什么是错的，能够对正确与错误做出判别，这就是人格中的“超我”，它对维护儿童的心理健康具有重要作用。如何发展儿童健康的“超我”，最重要的是通过心理健康教育课程，合理构筑适合儿童年龄特点的道德观念。

（二）行为主义理论对心理健康教育的启示

依据行为主义理论，认为人的心理和行为障碍大多是在后天环境中习得的，同样也可以通过学习正确的行为模式而加以克服，用好的行为习惯代替不好的行为习惯。学校辅导教师的任务就是为这种学习创造适当的条件，包括选择、设计合理的行为程序，提供强化并监督实施等。如角色扮演法，指扮演与来访学生问题有关的特定人物，将其可能出现的行为表现出来，以启发来访学生对人际关系及自我情况有所觉知。该方法多用于社会技能训练，也用于改变来访学生的旧有行为，并进而改变他们对某一问题的看法。程序为：（1）找出典型事例（如某女生希望能够以比较成人化的方式与母亲交流）；（2）鼓励学生尝试几种不同的交流方式，此时辅导教师根据来访学生的情况介绍，扮演其母亲；（3）交流分析刚才的扮演情况并选择一种合适的比较成人化的与母亲交流的方式；（4）重新扮演并商讨交流过程中可能遇到的各种情况，以锻炼与母亲交流的技能。在扮演过程中还可进行替换练习，即由来访学生来扮演母亲，以帮助其增强对对方角色的体验。角色扮演可以在来访学生与辅导教师之间进行，也可以在小组中进行（参见第三章的相关进一步介绍）。

（三）认知主义理论对心理健康教育的启示

基于认知主义理论发展起来的认知疗法，于 20 世纪 60—70 年代在美国产生，是根据人的认知过程影响其情绪和行为的理论假设，通过认知和行为技术来改变学生的不良认知，从而矫正并适应不良行为的心理治疗方法。认知疗法的基本观点是：认知过程及其导致的错误观念是行为和情感的中介，适应不良行为和情感与适应不良认知有关。认知疗法常采用认知重建、心理应付、问题解决等技术进行心理辅导和治疗，其中认知重建最为关键。认知疗法的主要着眼点，放在学生非功能性的认知问题上，试图通过改变学生对自己、对他人、对事物的看法与态度来改变所呈现的心理问题。因此，认知疗法的策略，在于重建认知结构。最具代表性的方法是理性情绪疗法（参见第三章的相关进一步介绍）。

（四）人本主义理论对心理健康教育的启示

根据人本主义理论的基本立场，开展心理健康教育，就要充分尊重学生的主体地位，重视激发学生的积极性，引导学生发觉自我发展潜能。

1. 以学生为本，促进学生学习。对学生进行心理健康教育，应从学生的身心发展和实际需要出发，并以最终达到提高学生的心理健康水平为目的。实现这个目标需要充分调动学生学习的积极性和主动性，激发学生本身的兴趣和需要，促进学生自主学习。罗杰斯认为，每个人都有一种内在需求和动机，都有提高和自我实现的愿望。因此，课堂的内容能否满足学生的心理需要，是选择学生心理健康教育的内容时首先要考虑的问题。在课堂教学中，要以学生的实际情况为出发点，不断丰富与修改课程内容，使课程内容和学生心理需求紧密联系，帮助学生在适应环境、自我意识、人际交往、交友和情绪调节等方面的困惑，解决实际生活中所面临的难题，提高学生学习心理健康课的兴趣和动力，促进其主动学习。

2. 构建新的学习方式，实行探究式学习。传统的心理健康课上课时多采用讲授法，讲授法是一种接受性学习方法，这种教学方法在教学效果上有一定的局限性。根据罗杰斯的人本主义学习理念，心理健康课可采用探究式学习方法，探究性学习是通过学习者亲自探究进行的学习，可以总结为“做中学”的学习模式。“做中学”学习模式的具体思路是让学生首先在实际情境中发现问题，并且通过积极思考提出可能解决问题的方案，然后用行动来检验方案的正确性。以“学生社交能力训练”为例，可以先让学生了解自己在社交方面存在的问题，然后启发学生积极思考，构思解决问题的方案，并提供具体的情境如心理剧、朋友聚会等，让学生在具体的问题情境中检验自己想法的合理性和可行性，学习和掌握社交技巧，促进其将学到的技能内化为自己处理人际交往的能力。探究式的教学方法已经成为备受重视的教育方法，这种教学方法充分体现了学生的主动性和能动性，使学生积极主动地参与到教学中，在参与活动中体验感悟，从而促进了心理成长。

3. 改革传统的教学评价，提倡“反思性教学”评价。由于人的心理具有内隐性，所以，心理健康教育课程的教学效果也具有内隐性特征。一些学校采用以卷面考试作为评价学习效果的手段，这种评价手段容易使学生只重视理论知识的学习，而忽视内在心理健康素质的培养，影响了教学效果。根据罗杰斯的人本主义学习论观点，课程的评价可以采用“反思性教学”评价。“反思性教学”评价是指在教学中教师反思性教与学生反思性学的有机统一。具体是指教师与学生在教学整个过程中各自进行反思和相互交流、沟通和整合，它是个体经验性反思与集体科学性反思的有机统一。这不仅有利于提高教师的教学能力和水平，还能从根本上保证学生成为学习的主人，促进学生为自己的学习和成长承担起责任，以使学习更加主动、有效和持久。

（五）积极心理学理论对心理健康教育的启示

根据20世纪90年代以来兴起的积极心理学理论，要努力建构学校积极心理健康教育理念，主要是在建构积极的心理健康观和学生观的基础上，确立积极心理健康教育的目标和内容。学校积极心理健康教育理念主要包括：学生的心理问题是社会建构的，而非客观存在；学生的角色是社会建构的，而非本质的；学校积极心理健康教育目标应以“关系”为中心，在积极的“关系”中建构积极的意义，而非以“问题”为中心；积极的人格与积极的环境，是学校积极心理健康教育的主要内容，应让学生积极认知自我，积极认知环境，积极适应环境，积极影响环境。①

心理健康教育课的目的从主观层面来说，是让学生在授课过程中产生积极的主观体验，正确地看待自己的过去和展望未来，这种体验能够帮助学生在以后遇到相同的情景时学以致用；从个人层面，提高学生的学习能力和人际交往能力，发展自己的积极品质和才能，这些在以后的生活中都会产生深远持久的影响；群体层面是通过打造良好的课堂和班级风气，让学生的成长环境是安全健康的。群体环境包括了教室课堂氛围、学校环境，也可以延伸至学生的家庭，多方面环境的塑造帮助学生建立全面的社会支持资源。所以，从积极心理学的研究领域与方向来看，可以给心理健康课程实践提供相关的指导与帮助。②

1. 课堂上以学生为主体。学生的自主学习是以自己为主体，同时教师教育也是以学生为对象。心理健康课程要取得实际效果，就需要学生积极主动地参与进来。与人本主义颇有渊源的积极心理学也强调学生的主体性，而心理健康教育教学的任务就是创设一种有利于学生学习潜能发挥的情境，让学生主动地在这种情境中发掘自己的潜在能力。在心理健康课程中，教师要做到以学生为中心，从而使学生大胆地释放自我，呈现出一个真实的自我。这样就使心理健康脱离了其他学科的教学方式和中心，不是以教师的教授为主，而是以学生的参与为主。让学生能够发挥自己的潜能，看到自己内在的力量，认识到自己的强大资源。

2. 应重视学生的主观体验。积极心理学重视研究个体如何看待过去、现在和将来的生活中获得的感悟与收获，包括人类的快乐、幸福、美好，等等；强调人对待生活应该是感恩的，是充满希望与幸福的，由此形成丰富多彩的人生感悟。具有这种感悟的人会以“积极”为主要目的，即“用积极的视角发现和解读问题的积极方面、用积极的途径培养积极的品质、用积极的思想浇灌积极的心

---

① 张秀敏，杨莉萍：《学校积极心理健康教育理念的建构》，《教育评论》，2014（1），第21—23页。

② 刘学，王莉：《基于积极心理学理论的心理健康教育课程分析》，《吉林省教育学院学报》，2015（11），第41—42页。

灵、用积极的过程提供积极的情感体验、用积极的反馈强化积极的效果、用积极的态度塑造积极的人生”，形成豁达、宽容、大度的生活态度。

有关心理健康的活动特点是以目的明确、计划详细、可行性强的活动为主，在活动中需要让学生都参与进来，使学生在活动中有所体验与收获，再从切身的体验中领悟一些道理或精神上的成长。同时，活动场景还可以帮助学生建立在某些生活情景下的行为反应，这样就可以与生活中的实际情景进行对比，并可以把这种行为反应应用到不同的生活情景中。这种形式的课程注重学生的参与、认真领悟、专心体验和技能的操作训练。

3．课堂授课内容和氛围都应是积极的。以积极心理学为基础的心理课堂应强化通过“积极”这条主线来开展课程，教学的目标也始终围绕着“积极”设定。在当代心理学的范畴中，“积极”一词应该是正向或充满活力的含义。因此，基于积极心理学理论的心理健康课程也应该是充满活动的，具有正能量。从情绪心理学的角度来说，人们对恐惧的负面的事印象更深刻，而积极心理学更重视传授学生正面的内容。

在课堂教学的过程中，一方面，心理健康教师在选取案例时应该是正面的案例多一些，虽然一些心理问题的事件可以教会学生如何解决和应对这方面问题，但是负面案例的介绍容易强化学生内在的恐惧；另一方面也应在情绪情感方面引导学生向好的方面发展，更加重视学生内在良好品质的发展和心理能量的强大。以积极为主旋律，用丰富健康的内容与合理的方式塑造学生健康向上的心理状态，让学生对未来的期望是乐观的、富有希望的。在活动中的体验也是积极正向的，这样就激发了学生内在成长的积极动机。

4．重视课堂环境与外部环境的相互作用。积极心理学重视学生周围环境的变化，认为人格是社会活动的外部表现，在一定生理条件的影响下，以积极体验为中介，由外而内，转为个体内部的一种稳定的心理特征，也就是说人格是个体内化社会活动的结果。因此，心理健康教育课程除了在课程内部，通过课程自身的特点帮助学生内在潜能的发现与发挥，还需着力营造积极的外部环境，包括课堂、学校乃至家庭。以积极心理学理论为导向，从影响学生开始，带动学校家庭的全面发展，由点到面的整体环境得到改善，而好的环境又给学生以强化，形成一个良性循环。这样走出心理课堂，学生也能继续保持在课堂上积极的情绪体验，久而久之，能帮助学生人格的健全与发展。

二、发展心理学与心理健康教育课程

（一）心理健康教育与青少年心理发展关系密切

心理健康是成长的基础。心理健康教育所关心的是学生适应环境，适应社会，以及适应人际关系等操作性能力。在社会实践和学校生活中通过心理训练并反复强化，形成并内化为个人的行为习惯。心理发展就是个体的心理过程和个性心理在一生中随年龄增长而出现的变化，是在各种先天，后天，生理和心理因素的交互影响下，个体一生成长过程中的变化。要重视心理健康教育与个体心理发展的相互影响，努力在教育实践中促进心理发展。

发展心理学是对人的心理现象各个方面的发展与变化的研究探索，主要探讨个体从出生到死亡之间，随着年龄增长而出现的所有心理变化。包括动作、认知、情感、人格，以及社会性等方面的变化。发展心理学研究的意义在于正确地描述和解释人的心理发展的现象和规律，从而对个体的心理发展做出预测，积极地促进个体的心理发展。这些问题的探讨过程，为更深入地认识心理学，认识人类自身提供帮助。

心理健康教育是一种有目的、有计划、有组织的对个体的影响活动。它是由心理健康教育方面的专业人员根据个体心理发展的特点，根据预先设想的目的，通过系统的、有组织的教学设计和实施，有意识地对个体产生影响的活动，对个体的社会适应能力进行有益的调节。

心理健康教育是促进心理发展的重要力量。发展心理学研究的直接目的就是为心理健康教育提供科学依据，帮助我们理解心理健康教育中的现象，提高认知水平，促进青少年的心理积极、全面的发展。心理健康教育的实施过程不仅有利于青少年心理健康水平的提高，而且丰富了发展个心理学学科本身。

（二）心理发展规律与心理健康教育课程

心理健康教育课程活动的开展需遵循青少年心理发展规律。以小学生为例，童年被视为人生一段非常关键和特殊的时期，在成长的奠基阶段，个体的生理与心理逐渐发育，进而不断完善。其心理健康水平关系到个体的学习兴趣、认知水准、生活方式、行为习惯、心理素质、思想品德、自我意识与交往能力等，生理与心理因素相互影响，构成了每一个体极为复杂的成长过程。儿童心理在各个具体的年龄段呈现为不同的表现形式。总体而言，儿童心理具有敏感性、可塑性、阶段性以及差异性等特征，心理健康教育应遵循这些规律开展。①

首先，儿童心理具有敏感性。儿童处于人生的初始阶段，对成人有着极强的依赖性，心智发育尚不成熟，他们具有较强的学习知识与行为的能力，因而心理发展十分迅速。倘若忽略儿童心理的敏感性，则会错失促进其心理发展的最佳时期，使其心理健康出现障碍或问题。儿童心理的敏感性存在着个体的差异，其出现的时机与持续的时间都可能有所不同，需对每一个体酌情对待。通过了解儿童心理的敏感性，能够更好地观察他们的行为，了解他们的需求，为其发展提供适

---

① 王丽新：《试论小学心理健康教育与儿童心理发展》，《吉林省教育学院学报》，2016（2），第34—36页。

时适当的条件。

其次，儿童心理具有可塑性。这种可塑性由最初的情感认知逐渐发展为日趋成熟的思维体系，以及无尽的好奇心与极强的探索精神。儿童具有十分丰富的情绪，感受力极强，推动着其智力的发展与进步。当儿童的感知与情绪有所成长，才能促进其心理的成长，进而实现认知力的提升，逐渐实现身心的整体成长。因此，要尊重儿童的情绪与情感需求，尊重儿童的好奇心，同时要培养儿童多方面的认知力，使其在心理健康的各个层面都有所长进。

再次，儿童心理具有阶段性。儿童心理发展是渐进的过程，其发展过程具有显著的阶段性。不同发展阶段之间既存在各自不同的特征，也存在各个阶段间的衔接性与渐进性。每个阶段之间有着密切的联系，同时每个阶段的前后次序不能颠倒或超越。通过了解儿童心理发展各个阶段的具体特征，掌握它发展的基本规律，有利于有目的、有计划、有组织地发展儿童的智力水平与个性特征，适当推动儿童心理发展的进程。

最后，儿童心理具有差异性。每个儿童作为独立的个体，其心理发展的特征都是不同的，甚至是独一无二的。尽管儿童在各个年龄段普遍表现出相似的成长特征，但究其身心发展水平，依然存在个体的差异性。同时，在内外因素的共同作用下，每个儿童都面临着不同的心理发展条件，这意味着既存在心理健康发展的助力，也存在心理问题出现的契机。因此，要尊重儿童心理的差异性，根据每个儿童的具体情况进行个性化教育，既保证其心理发展的自由度，也要保证其成长环境的积极性。

因此，应重视个体的年龄、性别、性格等特征，使心理健康教育有的放矢、循序渐进。小学阶段涉及儿童早期、中期及后期直至青春期的开始，在个体发展的不同阶段，心理健康教育的重点也应有所不同。应重视学生的个性发展、协调发展、全面发展。

三、团体动力学与心理健康教育课程

通常的心理健康教育活动课程是以班级为单位，借助团体心理辅导及其相关的理论和技术为指导，以解决学生成长中的问题为目标的集体心理辅导活动形式。学生个体在班级团体的互动中会形成新的特质，而班级团体则会对学生个体的心理和行为产生重要的影响，这些变化和影响的来源可以称之为“团体动力”。因此，团体动力学理论是设计与实施心理健康教育活动课程活动方案不可或缺的依据。①

---

① 钟志农：《论团体、团体动力与心理辅导活动课》，《中小学心理健康教育》，2009（2）（下半月刊），第7—9页。

（一）团体的特征

作为一个团体，必须有两人以上的结合，作为一个班级团体，则一般应有30—50 人结合在一起。但人数只是一种形式，判断一个团体是否为真正意义上的“团体”，除了人数之外，还必须具备以下三个基本特征：

1. 有共同的目标。这是团体形成的先决条件和根本原因，也是团体的重要特征。几个临时围坐在一张阅览桌旁的 6 个学生并不是团体，但是如果他们是为了共同编写一个校园心理剧本，那就是一个团体了。这就是说，一个团体中的成员是为了一个共同的目标而集合在一起的，他们或者是为了完成一定的任务，或者是为了构建一个共同的关系网络，或者是有共同的理想、兴趣、爱好和价值观，而志同道合走在一起的。

2. 有一定的结构与规范。团体是组织化了的人群，每一个成员在团体中“都占据一定的位置，执行一定的角色，承担一定的义务并享有一定的权力”。团体还会形成一定的规范，规定了成员可接受的内隐或外显的行为规则，群体成员之间的互动和各种活动都会受到这些团体规范的约束。

3. 有成员之间的互动。团体的成员有相互靠拢的感觉，会产生一种归属感，并形成团体的凝聚力，使他们愿意分享共同的信念、态度，对团体产生心理上的依赖。团体成员之间还会发生一定的互动关系，这种互动可能是相互支持、信任、欣赏、鼓励、合作的正向互动，也有可能产生相互拆台、欺骗、指责、攻击的负向互动。

（二）团体的功能

团体能够影响个人的成长，这是团体自身功能决定的。当然，这种影响可以是积极的和愉快的，也可以是消极的和痛苦的。

1. 团体提供了不同信息及多元反馈。团体的成员各有不同的成长背景与生活经验，因此在讨论问题时，往往能够从不同的视角发表意见，提供多元化的解决问题的方案。心理教育活动课之所以能够为学生的成长起到促进作用，正是由于团体的多元互动开阔了学生的视野，满足了学生大量吸收不同信息的需要，可以有效地弥补这一年龄段学生认知上的片面性带来的各种偏差和不足。

此外，团体还给成员提供了接受回馈的机会，只有在团体中，个体才可能有如此多的机会听到他人对自己的看法。团体中他人的建议、反应和看法都是很有价值并具有冲击力的。因为当你只听到一个人的回馈性意见时，你可能并不在意；但是当有五六个、七八个人对你都有相同的看法或反应时，你就很难去否认或者不予理会了。

2. 团体能改变自我概念并增进对他人的了解。在一个良性互动的团体中，每一个成员都可以将其他人看作是自己的一面“镜子”，因此便有了可以比较、对照的对象；而别人给你的反馈性意见，也能使你对自己在平时所没有察觉的自我个性有一个比较清晰的了解。这样便使自我概念的结构趋于更加客观与合理，同时也使个体对他人有了进一步的了解，有助于和他人建立良好的人际关系。

3．团体能使成员之间产生共同的感受或体验。当个体遭遇困难或情绪不佳时，常常会感到无助、孤独、失望，并误以为自己是“最不幸的人”。这些负向的情绪，有时在个别辅导的情境中会显得久拖不决、难以消除，但若是放在一个团体情境之中加以处理，却可能有意想不到的效果。因为在团体的互动分享中，个体会发现与自己类似境遇的人其实很多，于是他的孤独感便会大大降低，而应对困难的办法也会从团体中得到启发。

4．团体创设了模拟现实生活情境的机会。团体是社会的缩影，是社会生活的真实反映，所以西方有学者称团体为“迷你社会”或“小小社会”。在学校里，班级团体同样是社会生活的缩影，学生之间的矛盾冲突，异性交往中的嫉妒吃醋，学习问题上的竞争合作，师生之间的关系协调……无一不反映着社会生活的真实面貌。所以，如果身处班级团体之中，却缺少参与团体中坦诚的互动，那么一旦离开学校，进入社会的真实世界时，就会无法适应社会生活的复杂关系与各种具体矛盾。

（三）团体的动力

团体动力是指在任何时间内，发生在团体里的各种驱动性的力量，包括被人们觉察到的（如人际间的互动、相互间言行的影响、团体认同的规范等）或者未被人们觉察到的一些现象（如团体的风气、舆论、潜规则等）。由于这些动力的存在，团体的运作才得以开始并持续下去。

1．团体动力存在于成员互动的行为世界之中。任何一个团体一定都包含着一个“人与人相处的行为世界”，任何一个“人与人相处的行为世界”都建立在互动双方或多方如何认识外界现象或信息，以及互相之间如何对待、如何回应的基础之上。这样一个“人与人相处的互动世界”，就是我们每个个体所能知觉的“生命空间”。这就是说，团体就是每个成员所共享的生命空间，个体的生存、适应与发展都与这个共同构建的生命空间有着密切的关系。

2．团体动力是团体中“力的磁场”。“力的磁场”这一理论是美国心理学家勒温提出来的，它指团体中一种相互牵动的关系。概括地说，团体动力是由团体内部要素之间互动而产生的影响团体运作的社会力。这种社会力是动态的，会随着时空有所变化；这种社会力是有强度的，在不同的团体中，它会呈现出差异来；这种社会力是有方向的，它有着一定的运作趋向；这种社会力是可以感知的，它可以由身处其中的人所体会及知觉到；这种社会力是有影响的，它会影响到个人行为及团体的效能，与心理辅导活动课的操作实务息息相关。在心理辅导活动课上，团体动力主要表现在团体凝聚力、团体气氛、团体规范、团体活动的参与度及成员互动水平等几个方面。

3．团体动力强弱的标志是团体气氛。团体气氛指的是一种团体的社交气氛，它是团体动力强弱的标志。班级团体的气氛可以反映在与群体互动相关联的情感或言语氛围、对班级群体的反应态度、学生的自我概念等方面。研究表明，对于中学生来说，直接影响其成就和心理发展的因素就是学校特别是班级的气氛。中学生总是将群体视为一个参照系，积极主动地建构自我，所以，班级气氛（实际上是一种“群体压力”）在一定程度上也强制“塑造”自我，这一点在心理辅导活动课中往往表现得相当明显。心理辅导活动课的现场为学生提供了一种较之平时更为广泛的社会化交往，使中学生得以利用一个新的更大的信息来源，这些信息包括价值观、可供考虑的选择、性别作用、社会规范、发展可能性等。这些信息通过群体中的互动对学生的成长发挥着潜在的影响。但是，这些群体互动通常会产生哪种效果呢？它会是积极的，抑或是消极的？这与班级的气氛有很大的关系。班级气氛影响参与者的心态，参与者的心态影响讨论的方向和结果。教师要营造一种真正民主的班级气氛，打消班级成员的消极防卫心理和消极从众心理，使得每一个成员在活动中都敢于展示自我、说出自己的真心话。这是心理辅导活动课能否真正取得实效的极为重要的一环。

4．团体动力的要素。团体成员的互动会产生团体动力，构成团体动力的要素分别扮演不同的角色：

（1）领导者。这是团体的核心且是最有力量的人，他的想法影响所及，不论团体成员或整个气氛都因此改变。领导者可以协助保持团体的内外关系，促进成员间的互动，以达成团体目标。他能提供计划、组织、协调、沟通、指导、激励、团结、考核等多项功能；

（2）团体目标。任何团体的形成，都有其团体存在或发展的目标。明确的目标能指引团体的方向，使成员共同投入时间及精神。反之，如果目标不明，容易使成员因灰心而离开团体，甚至于破坏团体。

（3）成员个别化特质。团体的形成必须由个别的成员组成，个别成员皆具备不同的背景、生活环境、人格特质、价值观。当个别成员加入团体后，在团体中与其他成员的互动，方能使团体的生命力源源不绝。

（4）环境。团体所处的环境，不论物理环境、心理环境或社会环境都会对团体产生影响。其中物理环境主要指空间大小，心理环境主要是安全感，社会环境则是团体中的次文化或小团体以及团体外的城乡风土民情。这些因素都或多或少影响团体成员及团体的发展。

（5）团体结构。团体的结构可由几个向度来看：①大小。团体越大，成员的意见越容易分歧，团体规范也就越重要；团体越小，成员间的联系越紧密，成员彼此的互动越多，团体气氛也较易营造，成员个别的需求较易满足。②规范。是在团体或社会情境，共同认为适当的期待、想法或行为，也就是领导者及成员必须共同遵守的行为准则。吸引力，又称为团体凝聚力，包括四个因素：亲和、安全需求；团体的资源及诱因，如团体目标；成员对团体有益及重要结果的期待；比较此团体与其他团体的结果。

（四）团体动力学理论对心理健康教育课程的启示

1. 班级凝聚力的营造。新生开始可以说是团体的初始阶段，需要使用较多的团体动力技巧或概念来营造上课气氛。当班级的团体凝聚力高时，一般辅导活动教师并不需要花太多力气就可以很快地使全班学生一起配合做活动。教师的班级经营技巧非常重要，而班级经营的好坏也会直接影响该班的团体凝聚力。

2. 活动目标的设计。所选活动的目标需符合团体的整体目标。心理健康教育活动课程面对的是整个班级，不是解决个别学生的个别问题，团体目标中至少要有一项以上符合团体成员的需求，才能吸引成员的投入，真正激发团体的能量，共同向目标努力。因此，选择活动目标要更多地倾向发展团体信任、学会自我接纳、容忍别人、学习做出决定并接受其结果、澄清自己的价值观、增强关怀别人的能力、学会善解人意、尝试改变自己的行为等共性目标。当团体目标有问题时，应实时作修正，方能使团体的凝聚力重新强化。

3. 活动场所的合理选择与布置。目前虽然有部分学校心理健康教育活动课程有专门的团体辅导室，但大多数学校心理健康教育活动课程依然在班级内进行。因此，活动的场所是否恰当需要认真考虑：（1）空间大小。大空间可以安排活动性课程，空间小就得尽量安排相对静态的课程。建议学校应准备专门的活动课教室，教室布置要让学生感觉到放松、无拘束，区别班级中的沉闷和格式化。（2）座位安排。分组而坐容易讨论，但容易聊天，适合 30 人以下的团体；一排一排的座位较易专心上课，但学生容易觉得无聊。建议小组座位应该以 3—6 人的小组弧形排列、圆形排列、马蹄形排列为主要形式，再以这些小组为单位，组合成全班的圆形、方形、扇形、弧形、梅花形、散点式、对抗式、鱼缸（内外两圈）式等人际交流互动模式。小组组合的方式应该是随机的，例如采用数字抽签分组、动物抽签分组、拼图分组、诗句分组、英文字母分组、扑克牌分组、以组长为核心自由分组等，其目的就在于让每个学生在每次活动中都可以结交到新的伙伴，以便将团体的互动功能发挥到极致。（3）心理环境。主要是安全感，不论团体大小，领导者与成员间彼此的相互信任是相当重要的，这样才能营造安全的气氛，教学或活动方能进行。

4. 活动环节的设计。精心设计好活动形式是辅导成功的关键。一个好的活动设计往往可以激活整个团体，使学生中各种潜在的成长困惑浮出水面，而各种解决问题的方案、策略、观点也会从团体中容易生发出来。在操作上，要注意将它与一般的心理健康教育讲座加以区分。班级心理辅导课必须精心设计好一个又一个基本的活动板块，在辅导过程的每一个环节上真正让学生动起来。

5. 活动课规则的合理制定。成功的心理活动课没有规则是不行的。但规则有时又是“双刃剑”，越严谨的团体，其团体规范越严格，成员所受到的束缚感越重，个别自由较低，但因规范程度高，领导者反而较轻松，可以降低其个人权力及控制。反观松散的团体，其成员自主性高，意见表达自由而充分，但常得花更多的时间来沟通，以达成共识。如何创建既有益于学生的热情参与，又能保证活动顺利进行的规则，需要教师在实践中总结和“平衡”。

6. 对心理教师（领导者）的要求。心理教师应该熟悉各种团体的性质，例如：辅导性团体、咨商性团体、治疗性团体的不同；也需明白团体的历程，在前、中、后的不同团体阶段，都能随时调整自己，修正自己，以团体目标为导向，以团体成员的利益为优先，使团体活动能顺利进行。因此心理辅导教师应强化自己的领导能力，并兼顾团体大部分成员的利益及团体成立之宗旨，对其个人及团体而言都是相当重要的。

选择好的而且是正确适合的活动，对团体全体成员而言是莫大的幸福，所以领导者应慎选或设计适合的活动方式。总之，团体动力学理论不仅为心理健康教育提供了理论依据，而且为活动过程中团体气氛的创设，教师的作用等提供了重要的研究成果。

四、群体心理学与心理健康教育课程

（一）课堂群体

课堂里的学生通过相互交往，形成各种群体。所谓群体，是介于组织与个人之间的人群结合体。具体是指在组织机构中，由若干个人组成的为实现目标而相互依存、相互影响、相互作用，并规定其行为规范的人群结合体。它的基本特征是：（1）群体由两个以上的个体组成；（2）具有共同意识到的群体目标；（3）具有共同认同的群体规范；（4）相互交往，协同活动。

课堂内存在的各种群体，会对个体的行为产生巨大的影响。群体对个人活动可以起到促进作用，也可以起阻碍作用。具体起何种作用，取决于四个因素：一是活动的难易；二是竞赛动机的激发；三是被他人评价的意识；四是注意的干扰。

（二）正式群体与非正式群体

正式群体是由行政部门明文规定的群体，其成员有固定的编制，职责权利明确，组织地位确定。班级、小组、少先队都属于正式群体。正式群体的发展经历了松散群体、联合群体和集体等三个阶段。松散群体是指学生只在空间和时间上结成群体，但成员间尚无共同活动的目的和内容。联合群体的成员已有共同目的的活动，但活动还只具有个人的意义。集体则是群体发展的最高阶段，成员的共同活动不仅有个人意义，而且还有重要的社会意义。

在正式群体内部，学生会在相互交往的基础上，形成以个人好恶、兴趣爱好为纽带，具有强烈情感色彩的非正式群体。课堂里的非正式群体主要是同辈群体，比较常见的同辈群体有朋友与小集团。非正式群体对个体的影响是积极的还是消极的，主要取决于它的性质以及它与正式群体目标的一致程度。课堂管理必须注意协调非正式群体与正式群体的关系。

首先，要不断巩固和发展正式群体，使班内学生之间形成共同的目标和利益关系，产生共同遵守的群体规范，并以此协调大家的行动，使班级成为坚强的集体。其次，要正确对待非正式群体。对于积极型的非正式群体，应该支持和保护；对于中间型的非正式群体，要持慎重态度，积极引导，加强班级目标导向；对于消极型的非正式群体，要教育、争取、引导和改造；而对于破坏型的非正式群体，则要依据校规和法律，给予必要的惩戒。

（三）群体动力

影响群体与每个成员行为发展变化的力量总和称为群体动力。包括群体凝聚力、群体规范、群体气氛以及群体成员的人际关系等。教师在课堂管理过程中要善于利用这些群体动力，实现课堂管理的促进功能。

1. 群体凝聚力。群体凝聚力是指群体对每一个成员的吸引力。它可通过群体成员对群体的忠诚、责任感、荣誉感、成员间的友谊感和志趣等来说明。群体凝聚力对课堂管理功能的实现有重要影响，常常成为衡量一个班级集体成功与否的重要标志。教师应采取措施提高课堂群体凝聚力：（1）全面、及时了解群体的凝聚力情况；（2）帮助课堂里所有学生对一些重大事件与原则问题保持共同的认识与评价，形成认同感；（3）引导所有学生在情感上加入群体，以作为群体的成员而自豪，形成归属感；（4）当学生表现出符合群体规范和群体期待的行为时，就给予赞许与鼓励，使其行为因强化而巩固，形成力量感。

2. 群体规范。群体规范是约束群体内成员的行为准则，包括成文的正式规范和不成文的非正式规范。正式规范是有目的、有计划地教育的结果。非正式规范的形成是成员们约定俗成的结果，受模仿、暗示和顺从等心理因素的制约。美国心理学家谢里夫的研究表明，群体规范的形成经历三个阶段：（1）相互影响阶段；（2）出现一种占优势的意见；（3）由于趋同倾向而导致评价、判断和相应行为上的一致性。群体规范会形成群体压力，对学生的心理和行为产生极大的影响。在群体的引导或压力下，成员有可能放弃自己的意见而采取与太多数人一致的行为，即从众。群体规范通过从众使学生保持认知、情感和行为上的一致，并为学生课堂行为划定了方向和范围，成为引导学生行为的指南。但也可能影响到学生的创造性思维的激发和个性的展现。

3. 课堂气氛。课堂气氛是班集体在课堂上所表现出来的心理气氛，通常是指课堂里某些占优势的态度与情感的综合状态。具体而言，是指课堂活动中师生相互交往所表现出来的相对稳定的知觉、注意、情感、意志和思维等心理状态。一般认为，课堂气氛是由教师的教风、学生的学风以及教室中的环境作用所形成的一种心理状态。我国学者将课堂气氛划分为三种类型：(1) 积极的课堂气氛。这是恬静与活跃、热烈与深沉、宽松与严格的有机统一。也就是说，课堂纪律良好，学生注意力高度集中，思维活跃。师生双方都有饱满的热情，课堂发言踊跃。(2) 消极的课堂气氛。常常以学生的紧张拘谨、心不在焉、反应迟钝为基本特征。(3) 对抗的课堂气氛。实质上是一种失控的课堂气氛。教师失去了对课堂的驾驭和控制能力。学生在课堂学习过程中各行其是，教师因此有时不得不停止讲课来维持秩序。课堂气氛影响学生的学习效率和人格发展。教师是课堂教学的组织者、领导者和管理者，良好课堂气氛的营造需要教师精心组织与主动创设。教师的课堂运作能力、移情能力、期望、焦虑等条件会影响课堂气氛。

4. 课堂人际交往与人际关系。课堂人际交往是教师和学生凭借一定的符号系统（语言和非语言）在课堂里实现的传递信息、沟通思想和交流情感的过程。人际关系是人与人之间在相互交往过程中所形成的比较稳定的心理关系或心理距离。它的形成与变化，主要取决于交往双方满足需要的程度。吸引与排斥、合作与竞争是课堂里主要的人际关系。

（四）班集体与心理健康教育课程

1. 班集体的内涵与特征。班集体不同于班级。班级是校内行政部门依据一定的编班原则把几十个年龄和学龄相当、程度相近的学生编成的正式群体；班集体是按照班级授课制的培养目标和教育规范组织起来的，以共同学习活动和直接性人际交往为特征的社会心理共同体。在学校教育中，良好的班集体对学生健康成长是非常重要的，班集体建设是班主任的中心工作。班集体具有如下特征：第一，班集体是一个以学生亚文化为特征的社会群体，它传导和积淀着班级制度的社会文化基因（教育目标、规范和组织模式）；第二，班集体是一个以教学为中介的共同活动体系，它以课堂教学为中介，整合学校、社会、家庭的教育影响，社会化的共同学习活动是班集体形成和发展的主要整合因素；第三，班集体还是一个以直接交往为特征的人际关系系统，正是交往和人际关系，动态地反映了集体与个体、个体与个体、集体与环境的相互作用，标志着集体形成的过程；第四，班集体是一个以集体主义价值为导向的社会心理共同体，集体心理的统一性和社会成熟度综合反映了集体主体性的水平。

2. 班集体发展的阶段。班级从其初步形成到巩固成熟是一个连读的动态的过程，一个优秀学生班集体的形成，一般要经过如下过程：

(1) 组建阶段。学生初进学校，同学们尽管形式上同属一个班级，实际上都是一个个孤立的个体。班集体靠教师组织指挥，靠行政手段组织班级。班集体的目的任务都来自教师个体自身要求。

（2）形成阶段。同学之间开始相互了解，在班主任的引导培养下，涌现出了一批积极分子，班集体有了核心人物，开始协助班主任开展各项工作。但是，班集体受班主任的组织指挥，正确的舆论与良好班风尚未形成。

（3）发展阶段。这一阶段班集体已成为教育主体。不仅学生干部，多数学生也能互相严格要求。教育要求已转化为集体成员的自觉需要，也无须外在监督，已能自己管理和教育自己。同学之间团结友爱，形成强有力的舆论与良好的班风。勤奋学习，各项活动表现良好。

（4）成熟阶段。这一阶段是班集体趋向成熟的时期，集体的特征得到充分的体现，并为集体成员所内化，全班已成为一个组织制度健全的有机整体，整个班级洋溢着一种平等、和谐、上进、合作的心理氛围，学生积极参与班级活动，并使自己的个性特长得到发展。

班集体不是自然形成的，任何一个班集体的形成，都会经历组建、形成、发展的过程，这实际上也是一个教育培养与社会化的过程。

3. 班集体心理健康教育。实现学校心理教育目标，光靠心理辅导教师的个别咨询是难以完成的，需要探索集体辅导的模式。充分发挥集体教育在学校教育中的能动性，是我国教育的传统特色之一。教育传统优势与现代教育理念相结合，可以达成班集体建设和心理教育的双赢。①

所谓班集体心理健康教育，是在班集体建设过程中同时对学生进行心理教育，即以班集体教育理论与团体心理辅导及相关的理论、技术为指导，以班级为单位的集体心育活动，寓心育于班集体建设之中。

班集体心育不同于一般的班级主题活动。班集体心育的范围比较集中，主要围绕学生的心理发展与健康，其活动设计需要有系统的心理辅导理论框架和专门技术为支持，以学生的成长需求为出发点，并以此作为活动主题。如学习困扰、人际交往问题、自我意识等。班级主题活动包括德育、智育、体育活动和社会实践活动等，其设计不一定有理论结构，既可以围绕学生个人，也可以围绕社会，由于它是学校德育的一种形式，往往更具有社会取向。

班集体心理教育也不同于团体心理辅导，虽然班集体心育以团体心理辅导理论为依据，但两者在形式上有很大的不同。团体心理辅导的规模比较小，团体成员的构成可以是同质的，也可以是不同质的；辅导目标可以是发展性的，也可以是矫治性的。一般需要专业人员来承担。班集体心育则主要是发展性的，可以由受过一定培训的班主任教师来承担。

从内涵上讲，班集体心育同班级心理辅导课更相近，所不同的是，班级心理

---

① 刘贵祥：《班集体心理教育的理论思考与实践探索》，《教育理论与实践》，2005（12），第24—26页。

辅导课是以“课”的形式对全班进行心理辅导，而班集体心育既可以在课堂上进行，也可以在课堂以外进行，在时间和空间上更为灵活。

班集体心育体现了“以人的发展为本”的教育理念。现行的学校教育存在许多压抑学生自主发展的弊端。例如：学科取向的课程体系强调系统的学科知识体系、划一的教学目标，难以顾及个体发展的差异性和特殊需要。班主任工作以灌输和说服教育为主，有时甚至是压服。引进心育以后，转变为以有针对性地开展有意义的活动为主，通过学生参与、体验和感悟，帮助学生认识自己，开发自己的潜能，获得自助能力，极大地调动学生的主动性。

第三节　心理健康教育课程的社会学基础

一、心理健康教育课程的社会学理论

教育社会学的百年历程中形成了三大流派，即功能理论、冲突理论、解释社会学，它们从不同的角度透析了学校课程。[①] 有学者概括，及至20世纪80年代初，课程社会学形成有四种研究范式：功能主义范式、解释论范式、新马克思主义范式、结构主义范式。[②] 之后，又出现了一些新的社会学理论取向，如后现代主义的社会学理论、女性主义社会学理论、反思社会学理论等。我们可以尝试基于有关理论分析心理健康问题及心理健康教育课程的社会学意义。

（一）结构功能论的观点

功能理论又称结构功能主义、和谐论或均衡论，形成于20世纪30—40年代，鼎盛于60年代。代表人物有法国的涂尔干、美国的帕森斯、墨顿等人。该理论强调社会系统结构和功能，强调社会各部分都是在协作的基础上有秩序地为实现社会的需要而发挥作用，重视社会稳定的意义。功能主义以“结构与功能”“整合”“稳定”“和谐”等概念和原理为立论基点，强调社会整合、共同的价值观念和社会稳定。在教育社会学领域，重视教育与社会机构的关系，无论是教育的社会化功能还是选择功能，都较注重教育机构发生作用及产生影响的环境，引导人们去注意社会阶级、种族、性别等因素对学生成绩的影响；重视考察社会文化、环境、家长职业等因素与学生学业成败的关系。以此为理论基础，在课程观上认为：课程目的是使学生社会化，主张通过考试来敦促和检验学生社会化的结果。课程的功能应是一种促进学生的行为有助于维持社会结构，保持社会平衡

① 鲁洁主编，吴康宁副主编：《教育社会学》，北京：人民教育出版社，1990年版，第636—656页。

② 吴康宁：《教育社会学》，北京：人民教育出版社，1998年版，第307—309页。

的手段。

根据结构功能主义的立场，心理健康问题乃是一种社会事实，是“社会失调”的结果。基于法国社会学大师涂尔干、美国社会学大师帕森斯等人的观点，认为社会的每一部分都对总体发生影响，由此维持了社会稳定，当结构的差异和变化打破了社会的功能平衡、导致社会现有格局瓦解与整合功能失调时，个人就无法找到安全的社会位置，这就会造成人们的情感缺位和紧张焦虑。换言之，是由于“社会失调”而导致出现紧张、焦虑、疏离感乃至疯癫、自杀等严重心理问题，而且这种现象在社会急剧转型期、社会的失范状态下有急剧上升的趋势。从我国的现实状况来看，当下转型时期的政治、经济和文化系统显然存在着一些功能缺失与功能失调现象，如社会保障功能的滞后使得一些弱势群体得不到及时有效的社会支持；教育功能的偏差使得人的情志品质和适应力得不到应有的锻炼与培养；社会关怀功能的缺失使得人的精神焦虑和心理创伤得不到充分抚慰；社会监督制衡功能的失效导致各种腐败、歧视、越轨和不公平现象，等等。所有这些都会对人的心理造成负面的冲击和影响。①

涂尔干从社会本位论观点出发，认为教育的全部作用就在于使受教育的青年一代社会化，首提教育的根本功能就在于使个体“社会化”与“专门化”，认为社会应该关注具体的，客观的社会事实，要对作为集体生活之结果的人类行为的各要素予以假设，观察和检验。个体社会化是社会和个体的共同需要，教育的目的在于使“年轻一代系统的社会化”，具体说就是加强个体间的社会凝聚力，最好的方法是把集体的意识灌输给个体，使他们顺应社会生活方式。② 相应地，学校课程必须使学生适应他们必定要生活在其中的社会环境。如前面第一章所分析，促进个体的心理社会化是心理健康教育课程一个重要的目标。在国家心理健康教育的各种政策文本中，明确指出要在教育中培养个体的心理素质、服从道德教育的根本目的。在心理健康教育课程中应当多关注青少年社会性的发展，将课程寓于游戏，活动，生活等各个方面，渗透在家庭，社区、校园等多个环境中。在课程实施的过程中注重老师，家长和青少年的交流，以及青少年同伴之间的交往，关注青少年的行为表现。

帕森斯主张：（1）把学校、班级和家庭都看作一种社会体系，社会体系具有被其成员共同分享的价值体系；（2）教育作为一种社会机构，主要是传授基本的价值观念和技能，从而帮助学生进入适当的社会位置，教育决定个体的角色

---

① 周丽丽：《关于心理问题及其建构干预机制的社会学分析》，《理论学刊》，2006（5），第72—73页。

② 张人杰，王卫东主编：《20世纪教育学名家名著》，广州：广东高等教育出版社，2002年版，第23—35页。

及活动方式；（3）学校为所有的学习者提供平等的机会。[①] 因此，心理健康教育课程作为属于社会子系统——学校中的有机构成部分，应当从社会核心价值体系出发，订立适合青少年发展的目标，以此来确定相应的课程和活动目标，使青少年在课程结束后达到一定的学习效果。应当根据青少年的普遍发展规律，考虑青少年的整体发展水平，尽可能地促进心理健康教育的公平性，同时也要因材施教，考虑青少年的发展水平也存在一定的差异。

美国学者墨顿提出人类学有三个功能论假设：（1）社会功能一致性假设：社会功能具有某种功能统一性；（2）功能普遍性假设：所有标准的社会的或文化的形式都有其积极功能；（3）功能不可或缺性假设：某些社会功能不可或缺，否则社会或个人无法生存，为实现这些功能，某些社会形式或文化结构不可或缺。[②] 这三个假设及其欠缺所带给我们的启示是：要将功能论的认识方法运用在心理健康教育课程上，探讨其在教育、社会、文化、个体发展以及对整个教育课程体系的影响等各个方面的功能（包括不能忽视或需警惕不当心理教育的负功能），以此合理把握心理健康教育课程的价值与意义。

可以认为，心理健康教育课程的功能贯穿于整个教育之中，且其多重性功能对人的发展和社会的发展是至关重要的，因此，我们要重视心理健康教育课程，确立正确的心理健康教育课程价值取向，与时俱进，不断促进心理健康教育课程的改革。

应该看到，结构功能论也存在一些弊端，如往往引导人们去注意社会阶层、种族、性别等因素对学生成绩的影响，考察社会文化、环境、家长职业等因素与学生学业成败的关系。导致忍受考试和接受考试的结果视为学生受教育过程中不可缺少的方面，而忽视了考试后面的不公平现象和现代社会的“考试地狱”现象对学生身心造成的巨大伤害。功能论还强调“整个教育活动在某种程度上都应该服从国家所施加的影响”——把纪律、忠诚、自制归结为德行三要素，视学科和进行具有道德性质的教学为道德规范内化的主要途径。这种认识会导致在心理健康教育课程中也会将关注将青少年的道德教育摆在一个重要的位置，但也可能由此造成以道德教育凌驾于心理教育之上或简单地以道德教育的方法处理心理教育问题的做法。功能论还忽视了课程与其他社会事实的冲突以及课程本身诸要素之间的冲突，导致不能看到或忽视不当的心理教育造成的负面效果，忽视心理教育过程中隐蔽的社会公平问题等；甚至按照功能论的逻辑，学校课程的目的是要使学生社会化，理解并接受自己在社会中的位置，按照这种观点，如果社会上的一些重要人物认为数学和自然科学是重要的科目，音乐和美术不那么重要，

① 鲁洁主编，吴康宁副主编：《教育社会学》，北京：人民教育出版社，1990 年版，第 640—641 页。

② 谢立中主编：《西方社会学名著提要》，南昌：江西人民出版社，2000 年版，第 179 页。

那么学生和家长便只得面对这种现实。学生只要数学和自然科学成绩好，就可以多接受些教育，并被训练成在社会上扮演支配者角色的人。而那些学习成绩不佳者，则不用接受更高级的教育，将来在社会上扮演受支配的角色，而我们知道，音乐和美术这些在“应试”教育环境下的所谓“边缘”课程，恰恰对于丰富学生心灵、促进学生心理健康有着不可替代的作用。

（二）冲突论的观点

如果说功能主义强调社会整合、共同的价值观念和社会稳定，那么冲突论则强调社会矛盾、权力差异和社会变化。由此也导致他们对学校课程的一系列不同的观点。冲突理论产生于20世纪60年代，代表人物有美国的柯林斯、包尔斯、华勒等人。冲突论也常常被追溯到德国学者韦伯。韦伯否认社会机构具有任何行动的能力，或本身具有什么力量。它们不过是人们社会行动的产物。[①] 一般而论，冲突论认为，社会本身是特定阶级为了保持对从属阶级的控制而构建的。每一个群体都试图维持或提高各自的社会地位，所以各群体之间的目标是相互矛盾的。各群体之间的这些连续不断的权力斗争，导致了一个始终变化的社会。

依据冲突社会学理论，对心理健康问题的理解与功能论恰恰相左。如柯林斯指出，人们总是力争最大限度地提高自己占有的稀缺资源的数量，而那些已占有较多资源的人又总想使用各种手段巩固自己的既得利益与地位，这就必然形成了社会冲突。可以认为人们对有限资源的争夺是社会变迁以及众多社会问题产生的主要根源，社会竞争与不公平分配等所造成的冲突和紧张，也是引发各种心理问题的首要原因。因此，从社会冲突的角度来认识和解决心理问题，是一个值得重视的思想方法。[②] 有研究介绍，在20世纪60年代和70年代，人们开始从社会生活的角度研究心理疾病的成因，其中“压迫理论”的代表人物——美国的精神病学教授托马斯·萨兹提出“根本不存在心理疾病”这一著名论断，为人们广泛引用。认为现代西方精神病学专家所说的各种心理疾病，并不是像生理疾病那样的严格意义上的疾病，而不过是人们所做的一种价值判断。有些人不愿遵守社会准则，行为背离了社会公认的标准，于是精神病专家和社会就会采取行动，把这些违背社会准则的人隔离开来，对其进行强迫治疗，直至他们按社会准则行事。认为这种心理疾病的治疗纯粹是一种多数人对少数人的歧视和压迫，是不公正不人道的。认为个体行为的偏离和异常并不等于心理疾病，他们在生理和解剖上是健全的。从最终原因来看，这种行为的偏离是在社会，特别是家庭环境的压

---

① 谢立中主编：《西方社会学名著提要》，南昌：江西人民出版社，2000年版，第27页。

② 周丽丽：《关于心理问题及其建构干预机制的社会学分析》，《理论学刊》，2006（5），72—73页。

迫下形成的。[①]"压迫理论"及后面要介绍的标签理论纠正了20世纪以来对心理疾病的夸大化和神秘化的倾向，认为心理疾病并非人固有的，而是环境挤压和社会所贴标签造成，这有利于人们认真地去思考这一社会与心理问题。

因此，根据冲突论的基本观点，心理健康问题往往是"社会冲突"的结果与表征。社会各群体、各阶层由于利益的争夺而引发的紧张会成为诱发心理健康问题的持续原因，在某些情况下还会以较为极端的心理事件与行为表现出来。如社会弱势阶层、社会地位迅速下滑的群体或个体会因为所处的弱势地位而引发极度的心理失衡心理、相对剥夺感心理乃至绝望心理、习得性无助、较为严重的心理障碍、反社会人格倾向等。中等以上社会阶层的群体或个体也会因为激烈的社会竞争引发诸如焦虑、紧张、失眠、强迫症等身心问题。

进一步来看，在教育社会学领域，冲突理论把学校看成是社会上不断变化的相互作用的焦点，注重分析冲突、变化、压迫、学校内部以及学校与社会之间的权力关系。以此为理论基础，冲突理论将课程视为统治阶级传递意识形态、进行阶级关系再生产的工具，同时也是经济与文化上的权力群体与希望课程更能反映自身文化与政治传统的普通阶级之间冲突的结果。如柯林斯认为，学校的主要作用在于传授社会支配集团的身份文化，学校教育发展的动力来自于不同身份集团之间的冲突。[②]他们通常把价值体系、思想观念和道德标准等看作是为权力集团合理化服务的。不是从个人特征的角度，而是从个体在社会结构中的位置来看待权力的。例如，教师在课堂上拥有支配权，是由于他或她是教师，而不是由于他们的个人特征。[③]或者说，认为课程知识标明的是一种身份文化，即标明某种身份的语言、衣着方式、价值标准、意识形态等；学校的课程实施就是传递这种特殊的身份文化；在课程的类型上也重视潜在课程、揭露课程系统中隐蔽的意识形态信息；课程的设置反映了权力集团的关系。[④]

基于冲突论的基本观点，以及根据前面第一章的分析和本章后面对学校心理教育隐蔽课程的分析、第四章对心理教育过程的分析，现代学校教育往往成为复制不平等文化形态的工具。现代学校心理教育发起于以美国为代表的西方社会，在参与复制现代社会的文化意识方面，学校心理教育也莫能例外。社会力图通过心理健康教育课程在内的心理教育来缓解社会内部运行中因竞争和冲突带来的紧张和压力；同时在心理教育课程中也会传递隐蔽的价值观，也会存在课程教学过程中的强制与抵制等现象；还有，冲突论者强调社会变革，但这种变革并非学校

① 陈孝大：《心理疾病的社会成因论："压迫理论"与"标签理论"》，《心理学探新》，1988（1），26—27页。

② 鲁洁主编，吴康宁副主编：《教育社会学》，北京：人民教育出版社，1990年版，第491—515页。

③ 李德显：《课程的社会学分析》，《现代教育论丛》，2000（5），第22—23页。

④ 雷欣欣等：《课程发展的社会学思考》，《新疆教育学院学报》，2009（1），第44页。

教育，更非学校课程所能达到，因为根本的问题在于社会制度的问题。由此，群体意义上心理健康问题的根本改善，并不能仅仅寄希望于心理教育，还有待社会的发展和运行机制的完善；在学校自身，心理教育人员与其他学校教育人员、心理教育人员内部也会在课程地位的确定、课程话语权的表达、课程编制、教材的使用等方面产生利益的冲突。

（三）解释论的观点

如果说功能论和冲突论是宏观社会学，那么解释理论则是一种微观社会学。解释理论包括知识社会学、符号互动论、民俗方法论等。解释理论主要关注社会微观层面的人际互动及其建构的社会意义，认为探询社会及教育不平等的主要原因，应该到社会生活、学校教育的实际内容与实际过程这种实质方面的问题中去探求。[①]

解释论关于心理健康问题侧重微观动态的理解。根据解释理论的基本理念，所谓心理健康问题，在社会学意义上，是一种是“社会互动”的结果，是“贴标签”的结果。如互动理论中著名的标签理论，代表人物是美国社会学家托马斯·斯凯弗（Thomas Scheff），他在1966年出版的代表作《心理疾病的社会学理论》中认为，心理异常不过是由他人对某种行为的反应形成的。他认为一个人的心理疾病的形成要经历一个过程。这个过程的第一个环节是自己做出各种异常行为，并非所有的异常行为都会被视为心理疾病的表现，事实上只有很少一部分人因异常行为而被称作心理疾病的患者；要成为心理疾病患者须经一个社会贴标签的环节，这是第二个环节；第三个环节是自我认可和强化的环节。这种分析对解释心理疾病由轻度到重度是比较合乎实际的，在这个过程中，社会舆论起了重要的作用。[②] 按照这一理论，近期有研究提出，近年来，留守儿童的心理问题已成为人们特别关注的社会问题。然而，在这种关注下，“农村班”的划分悄然而生，留守儿童被视为问题儿童日趋成为人们认识的一种常态。这种对留守儿童“标签化”的现象严重影响了留守儿童的心理健康，更造成了留守儿童发展的举步维艰。[③] 2007年1月15日至16日，在全国网络成瘾矫治专家高峰学术研讨会暨“虹”计划科研成果发布会上，北京军区总医院青少年心理成长基地主任陶然等也呼吁：不要给孩子乱贴“网瘾”标签。“真正有‘网瘾’的只是少数，家

---

① 鲁洁主编，吴康宁副主编：《教育社会学》，北京：人民教育出版社，1990年版，第650—656。

② 陈孝大：《心理疾病的社会成因论：“压迫理论”与“标签理论”》，《心理学探新》，1988（1），第27—28页。

③ 郭文良：《“标签”观照下的留守儿童心理问题探析》，《思想理论教育》，2009（24），第65—69页。

长、社会不要随便给孩子贴上‘网瘾’的标签。”①

进一步来看，解释理论还论及与学校课程密切相关的知识社会学。在知识社会学家看来，撇开学校教育的实际过程和课程内容去研究教育与社会的关系，充其量不过是把学校教育当作一个“暗箱”，因而主张对学校课程内容进行研究。②如互动论社会学流派认为社会是一个以符号为媒介，由个体互动形成的动态实体。互动论教育社会学课程观相应地认为，课程是一个既包含了静态的符号形式又包含了动态的互动过程，课程是一个具有符号作用的媒介，以课程参与者互动为推动力的动态发展过程，关注“课程的互动过程”。③ 互动论教育社会学课程观是一种综合的、互动的课程观，主张以课程为符号中介，必须在课程参与者之间建立一种课程的普适因素，促进课程的互动。课程也不是静止的、孤立的，而是一个产生、发展、完善的动态循环过程。要看到课程的互动性，保证各个环节的顺利互动，提高课程编订质量，促进教师对课程的有效加工，保证学生对课程理解的可能性。

心理健康教育课程的建设与实施无疑也有着各课程要素复杂的互动关系，特别是师生互动、学生同辈互动过程决定了其实际的效果。如从互动论中的角色理论来看，人们的互动过程也就是扮演不同角色的过程。社会化也是一个人学习社会角色、获得角色、胜任角色的过程。学生心理问题的产生，从社会学的角度分析，可以归结为角色扮演的不成功。一些学生由于不能成功地扮演一种或多种角色，从而导致心理问题的出现。有的是因为角色学习的不够充分；有的是因为社会的角色期望与角色实现的不一致；有的是由于在扮演多重角色时发生冲突所致；有的则是因为对自我角色期望的不合理、人格发展的不健全所致。④ 心理健康教育就是建立在“角色扮演理论”之上，通过积极引导学生的角色扮演，来促进学生的社会适应和人格完善。

（四）后现代主义社会理论的观点

20 世纪 80 年代以来，西方兴起后现代主义思潮，这是一种反思、批判并力图超越传统现代化的新兴文化思潮，作为学术思潮不是狭义的思想转型，而是包括方法论和认识论在内的范式转型，包括女权主义、后殖民主义和后结构主义等。“后现代”的教育社会学的可能性之一，便是倡导一种教育批评的教育社会

---

① 《中科院心理所公布“虹”计划研究成果 专家呼吁：不要给孩子乱贴“网瘾”标签》，《中小学信息技术教育》，2007（3），第 61 页。

② 李德显：《课程的社会学分析》，《现代教育论丛》，2000（5），第 23—24 页。

③ 梁明月：《互动论教育社会学流派的课程观》，《内蒙古师范大学学报（教科版）》，2007（4），第 60—62 页。

④ 苏永恒：《从角色理论探析学生社团在大学生心理调适中的作用》，《民族教育研究》，2006（3），第 66—70 页。

理论，它的意义便是在批评中“变熟为生”，发掘出新的问题意识和新的认识问题的途径，以求最终达到对人类生存意义的终极性关怀。①

后现代主义对心理健康问题的解释不同于以往的现代性支配下的理论观点。以其中建设性的后现代主义而言，其特点有：一是主张把创造性视为人性的一个基本方面，与生俱来，蕴藏于人的潜能之中；二是对多元思维的鼓励；三是倡导对世界的关心爱护。相应地心理健康标准的后现代趋向主要体现为：重视人的创造性本质的发掘；主张多学派心理健康观在心理健康标准中的体现和整合；主张心理健康标准的确立必须考虑民族的文化背景；注意心理健康标准的多层次化和心理健康所包含的内容的广泛而又全面；“否定”现代心理学中的独立自我观，取而代之以关系性的自我观等。② 依照后现代主义的观点，现代工业社会是一个社会结构断裂、行为文化混乱的社会，理性主义和市场逻辑的全方位扩张必然造成了人的阶级分化、关系紧张和心理失调，它在给人类带来巨大财富的同时，也衍生出了一系列的负面效果。“理性”的膨胀与主体性的凸显是造成现代性扭曲和异化的主要根据，要克服现代化弊端，就必须对其相应的主体性、理性等文化观念进行批判。主张通过建立人与人、人与自然的“和谐”关系，以改变传统现代性所引发的人与物、人与人的那种紧张、尖锐的冲突状态。因此，革新现代化模式，走以人为本、注重公平与和谐的新型现代化道路，成为缓解社会心理问题的一条现实途径。③

在课程问题上，后现代主义对传统课程社会学的挑战主要体现为否认知识的客观性，将知识的客观性与社会性相对立，放弃了功能分析和阶级分析的传统，发生了明显的转向。主要体现在以下三个方面：第一，教育知识不具有客观性，教育知识的客观性与社会性是相互对立的。否认知识之间的差异具有客观的社会基础。第二，知识等同于经验。后现代主义鼓吹被现代知识遗忘和边缘化的日常经验和个体感知，也是知识的重要构成部分。第三，知识是利益和权力的反映。与第二种立场一脉相承的是，从现代社会的权力格局中解释知识的生成机制，认为知识从本质而言是权力和利益的反映。④ 值得关注的是，受后现代主义影响的女性主义社会学强调必须从女性的视角看社会，因为过去的社会学以研究男性为主，隐含了男性话语霸权，漠视女性切身的领域和议题。就课程研究而言，课程

---

① 贺晓星：《零度的写作与零度的课程——论“后现代”教育社会学之意义与可能》，《南京大学学报（哲学·人文科学·社会科学版）》，2004（2），第96—107页。

② 何树德：《关于后现代心理健康标准的思考》，《四川文理学院学报（自然科学版）》，2007（2），第75—78页。

③ 周丽丽：《关于心理问题及其建构干预机制的社会学分析》，《理论学刊》，2006（5），第72—73页。

④ 闫引堂：《后现代主义对课程社会学的挑战：实质和超越》，《教育研究与实验》，2009（4），第11—15页。

开发已经成为女性主义关注的基本问题，试图通过课程改革来提高女性团体在教育上的成就和在社会中的地位，其研究多集中在课程决策的性别不平等、学科选择的性别偏见、教科书中的性别歧视、课堂互动的性别差异等。这些研究为课程社会学研究提供了新的视角，即新的观察方式及重心、思考方式和问题意识。①

从后现代课程范式来审视和思考心理健康教育，应主张：心理健康教育课程的形态的多元化、心理健康教育课程结构的生态化、心理健康教育课程实施的基本形式是活动性、心理健康教育课程运作设计的生成性（而非预成）、心理健康教育课程中师生关系的民主、平等、协作。② 换言之，在心理健康教育与辅导乃至心理治疗工作中，应充分重视社会关系、文化环境对人的影响；不应该回避文化的差异，而应把注意力放在对文化的分析和评价上；重视心理教育与治疗范式的多样性、防止对人类行为进行标签式的描述；避免教师（治疗师）简单地以专家的身份去发现心理问题的"真相"，以权威者的身份去对待学生（或患者），学生（或患者）始终处于从属和被支配的地位，而应重视师生或咨访关系的平等化，且重视语言沟通。心理健康教育应更人性化、社会化，更具有创造性。要关注每一个学生（或来访者）的心理问题产生的文化、情景、个体的特殊性与差异性。但也应看到，后现代主义只重视解构、不加分析地完全否定客观性、经验性及实证研究，不去解决现实问题，仅仅改变人们建构现实的方式，具有回归认知主义的倾向，导致理解知识的延续性与发展性的困惑，同时也有否定作为生物人的共同特性的嫌疑等。③

二、心理健康教育课程的社会学属性

1. 课程的本质在于实现社会控制。课程的本质在社会学意义上是社会（统治阶层）对其未来成员（学生）加以控制（亦即社会控制）的一种中介。这里所谓社会控制是指依据规范、价值、信仰等社会力量调整人们行为的过程。种种社会力量在不同的社会阶段有时是和谐的、标准趋同的，有时是冲突的。当相互冲突时，则需一种统一的社会力量来实施社会控制。因此，课程有时是社会力量和谐的产物，有时是社会力量冲突的结果，只是因特定社会、不同时期的各种社会力量所表现的和谐和冲突的程度不同而异。英国教育社会学家艾格莱斯顿（Eggleston J.）曾经将课程与社会控制的问题分为两个层面：一是"社会对课程的控制"，其成功的标志是符合社会主流价值取向的课程最终编制成形；二是"通过课程而实现的社会控制"，其成功标志则是课程知识最终被学生内化为其

① 吴永军：《当代西方课程社会学的新发展》，《国外社会科学》，2006（1），第5页。

② 程迪：《后现代课程范式下的心理健康教育课程建构》，《教育评论》，2005（1），第37—39页。

③ 马莹：《后现代主义思潮对心理治疗影响之介评》，《渭南师范学院学报》，2004（4），第67—69页；鲁钦汉：《后现代主义心理咨询与治疗》，《西安社会科学》，2010（1），第105—106页。

文化结构的有机成分。[①] 前者是课程形成过程，直接参与这一过程的主体主要包括教育行政机关的课程决策者、课程计划制定者、课程标准编订者及教科书编撰者等；后者是课程实践过程，直接参与这一过程的主体主要包括学校的课程管理人员、教师及学生等。前面章节已经揭示，心理健康教育在现代社会的社会控制方面发挥了一定的作用，作为心理健康教育的主要载体，心理健康教育课程具体体现这一功能，相应地也发挥着促进个体社会化的功能。

2. 心理健康教育课程的目标、内容与国家意志相一致。“课程目标”是国家主流意识形态在教育知识中的一种价值宣言。“课程标准”中的“目标”（教学目的）部分明示着作为国家主流意识形态代言人的课程编制者对于课程的价值定位，其“内容”“纲要”及“要点”之类的部分则显示着课程被锁定的价值取向的基本架构。课程目标是在价值观念上与国家主流意识形态之间吻应程度最强的一个课程范畴，其吻应程度远超过“课程结构”“课程内容”及“课程授受”等其他课程范畴。[②] 而课程内容主要表现为教科书，是根据“课程目标”编撰而成的一种系列文本。教科书的编撰者在选择或撰写这种文本时不可能随心所欲，而是必须遵循课程目标所规定的价值要求，选择那些能够体现国家主流价值观念的材料。这样，教科书便成了国家主流价值观念的载体，履行着“意识形态的守护职能”。[③] 心理健康教育的课程目标与内容也是如此，我国的学校心理健康教育课程总体上是与有中国特色社会主义价值体系相一致的，政府部门在相关文件中甚至明确将其纳入德育的范畴。当然要注意到，课程内容的另一方面的社会学意涵，在于它在价值观念上同课程目标及国家主流意识形态之间可能存在“偏离”，其原因与教科书编撰者自身的价值取向的偏离、个体文化的较为强固的定式影响、教科书文本本身可能存有多义性等有关。心理健康教育课程实际上也可能存在这种现象，如一些教材存在机械照搬国外理论、缺乏辩证分析的情况。

---

① 吴康宁:《简论课程社会学研究的功用》,《课程·教材·教法》, 2000（11），第18页。

② 吴康宁:《价值的定位与架构——课程目标的一种社会学释义》,《教育科学》, 2000（4），第22—24页。

③ 吴康宁:《“课程内容”的社会学释义》,《教育评论》, 2000（5），第20页。

第三章　心理健康教育课程设计

学校心理健康教育课程的设计是指心理健康教育教师在进行教学活动之前，根据学生身心发展的特点和社会需要，依据团体动力学原理，结合课程的性质和目标要求，综合运用系统方法，对参与教育活动的诸多要素进行分析和策划的过程。

第一节　心理健康教育课程设计要求

一、心理健康教育课程的设计依据

1. 心理健康教育课程内容的选择依据。心理健康教育课程的设计思路应贯穿学生整个学习生涯，而不是狭隘地把心理知识拼凑在一起，忽略了学生的年龄特征、对知识的接纳程度与运用方式。学生心理发展随着年龄的增长从不成熟向成熟逐渐发展变化。一般来说，随着年龄的增长，学生的心理由低级向高级，由简单向复杂，由不完善向完善发展，具有阶段性和连续性的特点，不同年龄阶段的学生具有不同的心理年龄特征，而且即使是同一阶段学生的发展水平也存在差异，导致学生在成长过程中遇到的心理困惑和产生的心理问题也有所不同，实际需要也不同，因而心理健康教育课程要实现课程的目标，就应考虑学生的心理发展特点，有针对性地选择课程的内容。同时，教育心理学的理论也同样为课程内容的确定提供了依据，教育心理学认为，教育具有促进学生心理发展的的作用，但教育要发挥其应有的作用，必须尊重学生的心理特点，按照学生心理发展的特点和身心发展规律进行有的放矢的教育，只有这样，才能有效地促进学生心理的健康发展。心理健康教育课程应以学生中存在的实际问题为主要内容，强调根据学生的心理特点和身心发展规律有针对性地开展活动。

心理健康教育课程的设计不仅要结合学生的心理年龄特征、接纳知识的方式，还要考虑整个课程体系的连贯性与规范性，才能避免同一主题的心理知识在不同学龄阶段出现同一层面上的知识重复又或知识脱节的现象，确保每位学生对于心理健康知识的获取与运用合乎时宜，才更利于学生健康全面地成长。

2. 心理健康教育课程采用的活动形式。一般心理健康教育课程采用活动课的形式，以活动为载体，将课程的内容内化为学生的心理品质。为什么必须采用活动的形式，其深层次的原因可以从现代心理学理论中进行发掘。心理学家皮亚杰认为活动是一切认识和心理产生的源泉，将活动视作其整个认识理论的逻辑起点和中心范畴，从心理学的角度论证了个体的认识产生于主体的活动，活动时主体认知结构不断形成、丰富和发展。他认为主客体的相互作用、主客体的分化都离不开活动这一中介物，借助于活动，主客体得以不断地互为建构，体现了主体的能动性和认识发展的无限性。苏联心理学家列昂节夫的活动理论主要观点认为：人的心理的产生离不开活动的发展，活动是心理学研究中具有发端性的基本范畴；活动是主客体间的相互作用、相互转化的中介物；活动可以分为外部实践活动和内部心理活动两大类，它们之间可以不断地相互转化，既有活动的内化过程也有活动的外化过程。所谓内化就是将外部物质性对象的外部形式的过程转变为在智慧方面、意识方面进行的过程，而外化则是指心理活动向外在的实践活动的转化。活动是意识和个性的开端，人的意识和个性是在活动中形成和发展的，同时又通过活动表现出来，反过来，人的个性、意识的发展又能促进活动的发展，二者是相辅相成的。这些观点都为心理健康教育课程采取活动的形式做出了说明，都把活动作为心理学最重要的开端，都强调活动是主客体相互作用的终结，都肯定了活动的内外化说，都在一定程度上揭示了心理活动于个体心理品质形成、个性发展等的作用，进而为心理健康教育课程必须通过活动来促进学生发展尤其是心理品质发展的构想提供了重要的理论依据。

3．心理健康教育课程组织形式的选择依据。当前我国心理健康教育课程以班级集体教学为主要组织形式，这种形式的教学可以充分发挥合作学习的优势，同时也较为适应当前我国学校教育中以班级授课制为主的现状。美国著名心理学家库尔特·勒温（K·Lewin，1890—1947）关于团体对个体行为的影响的团体动力学说，为当前心理健康教育课程的合作学习提供了理论依据。团体动力学理论着重从本质上探索团体内各种潜力的交互作用，团体对个体行为的影响等内容，认为团体并不是互不相干的单个个体的集合，而是一个由互相联系的个体所构成的一个有机整体；由于团体成员对共同目标的追求和对团体内一定价值规范的认同和遵守，使得团体内具有个体所没有的动力特征及团体凝聚力；团体凝聚力的形成，有助于团体成员安全感的满足及对团体的认同感和归宿感的产生；在具有内聚力的团体中，团体个体成员将自己的动机、需要与团体目标紧密地连接在一起，自觉地为实现团体目标而努力工作，促使个体成员的思想、行为与其他团体成员趋于一致。可见，在一个具有内聚力的班集体中进行心理健康教育的效果要比单个教育学生的效果好。

4．心理健康教育课程教学应以教师为主导、以学生为主体。从本质上说，人的发展实际上就是人的主体性的发展，教学是由教师的教与学生的学所构成的双边活动，因而，教学过程应以教师为主导，以学生为主体，要求教师尊重学生的主体地位，激发学生的主体意识，充分发挥学生学习和活动的积极性、主动性、能动性和创造性，以促进学生的综合素质得到全面的提高。在心理健康教育课程的教学中，为促进学生良好的心理素质等全面素质的提高，推动学生主体性的发展，就必须通过教师积极引导学生主动参与各项认识和实践活动，这是素质教育理论在实践中的深化和发展，它为心理健康健康教育课程的教学设计提供了科学的教育学理论依据。此外，现代心理学如人本主义心理学强调以人为本，认为人身上都有巨大的潜能，具有自我指导的能力，人人都具有自我实现、自我完善的倾向。学校心理健康教育课程强调信任、尊重学生，重视发挥学生在活动中的主体作用；强调学生在适当的情境中，通过自我教育实现自己的潜能，提高自己的心理素质。这些无一不是人本主义心理学理论的体现。而建构主义理论则强调应以学生为中心，要求学生由外部刺激的被动接收者和知识灌输对象转变为信息加工的主体、知识意义的主动建构者；要求教师由知识的传授者、灌输者转变为学生主动建构意义的帮助者、引导者、促进者。无论是素质教育还是现代心理学的理论都要求心理健康教育课程的教学应以教师为主导，以学生为主体。

5. 心理健康教育课程教学的策略和方法设计依据。建构主义理论认为建构过程要引导学生发现原有知识结构与新知识之间的不协调性，然后主动去改变它，学习的认知建构发生在具体的情境中，才能够使学生感受到知识的意义。该理论强调对情境的认知，以创设情境引起学生的认知不平衡，在活动中体验认知冲突，进而在原有认知结构的基础上重新构建，达到其最近发展区。因此，创设情境成为心理健康教育课程重要的教学策略，也是提高学生认知的重要途径和方法。同时，建构主义理论中支架式教学、抛锚式教学、随机性教学等教学方法的提出，又为心理健康教育课程的教学提供了丰富多彩的方法的选择。社会学习理论则认为，人的行为是其动机、本能、特质等内在因素与环境相互作用形成的，人的大部分社会行为是通过观察他人、模仿他人而学会的，观察他人的行为结构对其自身行为会起到替代强化作用，同时个人对自己的认识会起到自我强化作用。社会学习理论为心理健康教育课程教学采用的角色扮演、空椅子技术以及一些行为训练等心理健康教育的方法提供了直接的理论支持，而根据社会学习理论，在课程的教学中为学生创设充满理解、关爱、信任的环境，为学生提供良好行为的模仿榜样。可以引导学生行为的改变。

综上所述，心理学和教育学的理论从整体上奠定了学校心理健康教育课程的理论基础，为其教学设计的整体框架提供了理论支持和可操作的策略与方法。

二、心理健康教育课程的设计原则

要达成目标，良好的心理健康教育课程设计需要遵循以下原则①：

---

① 张微，郑梦涵：《心理健康教育课程设计原则》，《中小学心理健康教育》，2009（9）（下半月刊），第21—22页。

1. 课程设计以心理学理论为基础。心理健康教育是一项科学性、实践性很强的教育工作，应遵循一些基本原则，其中首要的原则是要根据学生心理发展特点和身心发展的规律，有针对性地实施教育。也就是说心理健康教育必须有理论依据。同样，心理健康教育课程的设计必须以严谨的心理学理论为指导，以促进成长为目标。心理学理论应体现在心理健康教育课程的各个环节。主题的确定、团体组成的技术、单元的设计、实施的程序、活动形式的选择、互动分享的策略，都是经过深思熟虑并由特定的理论指导的。那些能够对心理健康教育课程产生影响的心理学理论来源甚广：在班级辅导中，为促进心灵互动、诱发成长，心理咨询和辅导的基本理论，如人本主义的心理咨询技术、心理动力学的观点及TA 沟通分析等都可以是支撑课程的基础；在主题选择及单元设计上，则要依据发展心理学的理论及教育心理学的理论来确定；针对特定的辅导领域，则要以特定的辅导理论为基础。例如在对中学生进行职业辅导时，在设计相关的心理健康教育课程时可以依据 Holland 职业兴趣理论、Super 的生涯发展理论、Gottfredson 职业抱负发展理论以及认知信息加工理论（CIP）的重要观点和技术，而在以促进学习动机为主题的辅导课程中，成就动机、成败归因等相关理论可以发挥作用。

2. 主题的适宜性。主题适宜对于心理健康教育课程的成功至关重要。主题不能脱离实际，高高在上，不能太抽象化，一定要贴近学生，与学生息息相关。学生的心理发展有其自身的规律和特点，他们在每一阶段都有所要面临的主要问题。小学阶段是人格塑造、学习习惯的养成、勤奋感的获得以及基本人际关系的培养的关键阶段。而到了中学，学生开始出现人际交往困惑、青春期困惑、情感困惑、家庭冲突、职业抱负等问题。因此作为心理健康教育课的教师，在选材时必须考虑到学生所处的年龄阶段的人格发展状况以及可能会出现的问题，有针对性地引导学生，充分发挥他们的潜能、塑造健全人格。另外，在选取主题时还要结合本学校和本班级学生的实际情况，合理地充实一些贴近学生实际的教学内容，密切联系学生的生活，目的是要切实处理学生现实生活中面临的困惑和冲突，促进学生更好地适应。

3. 主题的连续性。针对某一个特定领域的辅导，均由一个综合性的主题和一系列的单元主题构成，系列主题之间衔接性强，相互促进，都是大主题的特定构成方面。每一个小的单元主题需要在一次心理健康教育课程中完成。单元主题与综合性主题可以是总分的关系，也可以是其中的一个环节，但单元主题要更加明确具体。例如，对于考试的心理健康教育辅导，其系列单元主题可以依次设计如下：（1）战胜复习逃避；（2）做一个勤快的复习者；（3）大目标与小目标；（4）你所害怕的事情正是你的潜能所在；（5）考前看不进去书怎么办；（6）拥抱紧张情绪；（7）学会放松——系统脱敏训练；（8）考试遇到难题如何应对；（9）如何防止考场上的粗心大意；（10）如何排除考场上的干扰；（11）如何克服考前失眠。

4. 内容的科学性。由于心理健康教育课程在形式和内容上比较自由，这与传统课程相比有很大的差异，但必须遵循科学原则，要“言之有理”。心理健康教育课程的实施流程包括创设情境、心灵外化、情感体验、交流分享、重新调整、行为实践、泛化延伸。而在交流分享和重新调整的环节往往格外需要把握内容的科学性。学生的交流分享得出的很多观点、思路和建议并非完全正确，对于一些“大是大非”的问题，心理教师更应该及时介入，加以纠正。所谓的“价值中立”倾向也是有一定限度的。另一方面，学生之间的个体差异甚大，而且不同年龄段之间的差异也很大，这就可能导致一些看似正确的法则对于某些人或者某个年龄层次的群体不一定适用。再者，心理教师在获取信息时，一定要仔细考证，同时也要通过合理的渠道获取资料，以保证内容观点的准确性，对于一些模棱两可的知识点，尽量不要引入课程教学中，或者至少是批判地接受。

5. 内容的精炼性和理解性。作为一门课程，心理健康教育课一般只有短暂的45 分钟时间，而需要完成一个单元主题的辅导，这就要求教师要把握主题的核心要素，切忌重复啰唆，灌输知识。心理健康教育课程的重点在于体验，所以评价此课程的重要标准不是“知多少”，而是“懂多少”。例如，在“心理银行”的课程中，增加“心理银行”的储蓄方法极多，而在一次课中，教师只需提取几种重要的方法加以演练。心理健康教育课的理解性是要保证知识的浅入深出，符合学生的理解和接受能力，尤其是不能过多地引用心理学的专业术语，应该采用较为通俗的形象化的语言来描述。当然，也并非完全排斥专业术语，有时，好的专业术语的使用能起到更好的效果，前提是必须建立在学生充分理解的基础之上。同样以“心理银行”为例，为了促进学生对人际关系中的互惠互利的理解，课程的题目就是“我的心理银行”，“心理银行”的存款即自己在他人心中的价值地位，可以通过利他行为而增值，通过损人自私行为而消费，课程的目的是要让学生了解“心理银行”，并学会增加“储蓄”。

6. 互动活动与主题的切合性。互动活动虽然在心理健康教育课程中举足轻重，但其本质上是要通过互动使心灵外化，以更好地进行交流分享，获取体验，并得到升华。有些教师为了增强心理健康教育课程的趣味性，为活跃气氛而用很多活动及游戏，但这些活动或游戏针对性并不强，甚至活动与所教主题毫无关联。结果是为了活动而活动，不能烘托主题，娱乐性超越了价值性，学生收获少。所以，如何选择与主题很好吻合的互动活动、如何开展互动、互动的时间如何控制都是值得思考的。

7. 知识的系统性。心理健康教育课没有统一规范的教材，实际上也很难有，因为很多情况下融入了校本文化的因素，往往还要考虑到学生当时所处的环境和发生的事件。心理教师对课程内容的设计有很大的自主性。作为教师，选材时必须十分注重知识的科学性、连贯性以及系统性。另外，心理健康教育不是某一分支学科理论的具体应用，而是对许多学科的综合运用，包括教育心理学、发展心理学、临床心理学、社会心理学、咨询心理学等，只有将心理健康教育课程的知识体系系统化，才能更好地服务于中小学生的心理健康教育。

总之，尽管一堂心理健康教育课程并没有严格的实施操作流程，但以上原则在心理健康教育课程的设计与实施上是非常重要的。

三、心理健康教育课程设计的步骤

从整体上来说，学校心理健康教育课程的教学设计应该按照学生的年龄特征、心理特征及当前遇到的主要焦点问题，将课程的总目标分解为不同的目标层次。同时，结合学生学习、生活实际，从学习、生活、适应社会等方面着眼，设计不同的主题；按照主题的内容，又分为多个相关或同类的单元，而每一个单元又都要落实到每一堂课的教学上，课堂教学即是心理健康教育课程教学的最小单位，因而，学校心理健康教育课程教学设计就应按照以下环节进行：

1. 按照学生的实际需要确定课程的目标。教学目标的确定是课程教学设计的首要环节。确定心理健康教育课程的目标，就是确立心理健康教育课程的出发点和所欲达成的最后结果，只有心理健康教育课程的目标是科学、合理的，才能正确指导课程内容、教学方法、教学手段等的选择与运用，课程的实际效果才能得到保证。

心理健康教育课程的教学目标又可以分成课程总目标、主题或单元课程目标、课堂教学目标三个层次。课程总目标是对课程教学的目的和期望，主题或单元课程目标是某一主题或某一单元的教学目的。根据心理健康教育的特点，可以在课程教学中根据教学内容的需要，把课程分为不同的主题，主题由多个教学单元组成，每一主题或单元都有其相应的教学目标，每一堂课教学又有相对独立的目标，共同构成课程总目标。需要指出的是，虽然从理论上把心理健康教育课程目标分为三个层次，但在实际执行中，三个层次的目标相互联系，互为作用，共同构成学校心理健康教育课程的目标体系。

学校心理健康教育课程以发展性目标为主，以防治性目标为辅，因而课程以提供科学、有效、实用的心理学技术与方法，提高学生的自制力，促进学生的心理成长与潜能开发，增进学生的社会适应能力，健全学生人格，从而在整体上提高学生的心理素质并维护学生的心理健康为目标。当然，由于不同年龄学生心理发展需求不同，各个阶段心理健康教育课程的目标也不同。

2. 根据课程目标确定活动的主题。明确各个阶段课程的目标后，就应根据这些目标，选择相应的课程内容。课程内容是课程目标的载体，是课程目标的具体化，学校心理健康教育课程的教学目标必须通过课程内容来体现。由于心理健康教育课程教学通常都是以活动课的形式开展，课程内容就常常包含在一个个的活动主题中。

值得注意的是，学校心理健康教育课程某一方面的内容设计成一个活动主题即可，而有的内容包含的东西较多，较为复杂，就可以设计成一个大的活动主题，在此基础上再把这一大的活动主题分解为不同的单元，每一单元又有自己的主题和目标。

3. 根据主题活动需要选择适宜的教学形式和方法。实现课程目标有许多的方式，教无定法，教学应根据活动主题的需要和实际条件选择适宜的方式。有时，一个活动主题中可能采用多种的形式和方法，要注意不要光是为了活动而活动，光图表面的热闹，而应考虑活动之间的层次递进性；不论哪种形式的活动，都要服从活动的主题，配合主题的需要来安排。如有的课程教学活动性很强，学生游戏做得兴高采烈，结果游戏的时间拖得过长，课堂讨论的时间被挤占了；或者在课堂讨论时学生还沉浸在做游戏的兴奋中，迟迟难以投入较为理性的后期讨论中，不利于课程活动主题的深化，也难以真正实现心理健康教育课程的目标。

4. 选择、利用相应的教学资源。心理健康教育课程的教学中，为了营造良好的心理氛围，给学生提供更为生动、直观的情境，应有效选择和利用各种教学资源。如通过 CAI 课件将录像资料剪接，自制录像和配乐幻灯等多种媒体编排组合运用，实现语言媒体、文字媒体、现代媒体的最佳组合。用大量录像、图片资料显示事实延伸学生的视觉，提供更多感性材料创设情景，突出重点，便于把感性的知识提升为理性的认识；自制卡通画有利于激发学习兴趣，活泼、简洁、清晰地配合心理健康有关知识的讲解；自制采访录像，提供了熟悉的人物和情境，延伸了学生的视听觉空间，熟悉的人的事迹更能打动学生；配乐电脑幻灯将文字媒体、画面媒体和背景音乐结合在一起，调动学生多个感官参与活动，烘托了气氛，将课程推向高潮。通过教学媒体的运用，可以有效地展示教学材料，使学生更为了解和掌握教学材料中蕴含的意义，同时极大地激发学生的学习兴趣，有利于学生主体性作用的发挥。

除了选择和利用现代化的教学媒体外，在课程教学中，可能涉及的心理教育原理很多，此外，学生的案例资料也很多，在教学设计中，应列出某些具体的资料作为参考，并注意运用这些相关的资料，以利于教学的顺利实施。此外，由于心理健康教育课程的活动空间可突破教室、校园等的限制，延伸到校外的自然环境、家庭、社会以及网络中，因此，还要根据实际情况选择恰当的场所和做好必要的联系与沟通工作以有效利用这些教学资源。

5. 把握课堂教学活动的具体步骤及要求。在以班级授课制为主要教学组织形式的今天，一般心理健康教育课程是以课堂教学为单位来组织教学的，其组织程序可分为三个阶段：准备阶段、实施阶段和结束阶段，其具体步骤为：

（1）准备活动。在活动开展前必须做好准备工作，以利于活动的顺利进行。具体包括调查了解学生的心理状况以达到教学的有的放矢；做好主持人的挑选与培训工作；编好心理剧脚本，做好角色分配与排练工作；准备好心理游戏等所需道具；准备好讨论的主题或辩论的辩题；布置好心理健康教育课的场所等。准备阶段在课程的组织中是一个不可缺失的重要步骤，在教学设计中应详细列出要做的准备工作，以利于课程的组织实施。

（2）活动实施。第一，活动起始阶段。这一阶段又称暖身阶段。主要是创设一种团体活动的良好氛围，增进学生间的了解，激发学生参与活动的兴趣和探究的愿望。教师在进行这一阶段的教学设计时，应具体说明采用哪种方式进行。课前的暖身活动有多种形式，如身体放松运动、拍掌活动（即学生随口令由慢渐快的拍掌）、礼节操（即让学生面对面，微笑注视对方，点头问好，握手问候和拥抱拍肩）等，其目的都在于使学生减少紧张焦虑，进入放松的情绪状态。第二，教学活动实施阶段。这一阶段是心理健康教育活动的核心，直接关系到教学活动的成败与否。教师应先通过多种形式的活动（心理测量、案例呈现、小品表演、情景剧等）帮助学生认识自我心理发展水平、心理发展现状，认识某种心理品质的重要性，找出差距，从而产生缺失感或共同感，由此自然引入活动的主题，并在此基础上发现问题。接下来，教师可以实施一系列与某种策略有关的活动（角色扮演、小组讨论等），引导学生在参与活动的过程中感受、体验并掌握解决问题的策略，这是心理健康教育是否有效的关键，也是教学中学生是否能真正将心理健康教育的知识内化为自身心理品质的关键。

（3）活动结束。某种心理调控策略和方法能否有效而快速地内化为一种心理品质，还应该重视学习过程中的反思总结与体验，所以活动结束阶段，教师应留有充足的时间让学生自由畅谈活动的感受，通过经验分享使学生将他人的体验与自我体验加以整合，提升认识的高度，深化教育的效果。此外，要将策略真正转化为行动，还需要课后的行为实践及在实践中不断地反馈和调整，布置适当的心理作业可以鼓励学生拓展在课堂上学到的成果。因此，这一阶段一般以回顾展望、祝福道别、唱歌、布置心理作业等方式进行，不仅使学生对活动留下深刻印象，而且激发学生参加下一次活动的兴趣，实现对课程教学成果的巩固与拓展。

总之，心理健康教育课程的教学一般应遵循个体心理发展—自我认识—动情晓理—策略导行—反思内化—形成品质的规律，按照引入主题—发现问题—解决问题—反思体验的程序进行操作。

第二节　心理健康教育课程目标设计

一、心理健康教育课程目标构成

目标是对心理健康教育活动的预期效果，是集体活动的导向。明确心理健康教育课程教学的目标是课程教学设计的核心。目标的制定不仅影响活动内容的选择与设计，而且影响活动的实施及效果的评估。

心理健康教育课程的教学不同于一般学科的教学，课程的目标不是单纯掌握心理学知识，而是针对学生实际，通过具体事例，使学生懂得认识自我、发展自我的道理，培养自信、自省、自我认识、自我调节的能力，实现优化心理品质的目的。课堂上应当发挥学生的自主性，让学生充分参与，通过情景体验、讨论分析、谈话沟通、行为训练、心理陈述等方式，使不良情绪得到控制，不良心理得到矫正。

心理健康教育课是以班级活动为主要形式，面对全体学生的教学活动，它的总体目标是以全体学生为对象，根据学生心理发展的规律和个性心理特点，有目的、有计划、有步骤地全面提高学生的心理品质，激发潜能，健全人格，增强承受挫折和适应环境的能力，使学生能全面地认识自己，客观地认识他人，能够充分地发挥自我的潜力，社会适应良好，会学习、会做人、会生存、会创造的个体。总体目标又可以分为三个层次：

1. 预防性目标。预防学生成长过程中可能存在的心理问题或者纠正一般偏差行为，心理健康教育可以使学生对自己的心理健康水平进行自我评估，并有自我保健的意识和心理调适的能力，这是心理健康教育的短期目标。

2. 适应性目标。培养学生具有正确的自我意识，对学习、人际关系和社会环境做出适当的反应，并在此基础上，培养他们独立自主的能力，建立正确的人生观和积极健康的生活方式，这是心理健康教育的中期目标。

3. 发展性目标。使学生的能力得到充分、自由地发挥，以积极、健康的心态对待学习、工作和生活，达到自我完善、自我实现的最佳境界，这是心理健康教育的最终目的。从心理健康教育课堂教学的主要矛盾来看，它主要不是解决学生知与不知、会与不会的问题，主要不是让学生“知道”什么是心理健康，而是要实际地影响他们的心理健康，这个目标的达成必须依赖于学生积极主动地参与。

二、心理健康教育课程目标设计要求

课程目标的确立是课程设计的首要环节。只有心理健康教育课程的目标是科学的、合理的，才能正确指导课程内容、教学方法、教学手段等的选择与运用，课程的实际效果才能得到保证，课程才具有其存在的价值。正因为如此，课程目标的确立也是心理健康教育课程设计的核心问题。心理健康教育课程目标必须是学生能够理解和接受的，必须是具体的、可评估的①：

1. 课程目标要明确。明确的课程目标具有导向和调控作用。要实现目标的明确性，必须做到以下几点：第一，对课程目标的描述要明确、不能含糊，不能

① 黄俊霞，姚本先：《中小学心理健康教育课程目标：概念、问题及策略》，《中小学心理健康教育》，2012（6），第8—9页。

引起歧义。第二，课程的一般目标与课程单元目标以及课时目标分开。单元目标与课时目标是一般目标的细化分解，课时目标包含在单元目标之内，单元目标包含在一般目标之内。因此，制定单元目标和课时目标时要具体。

2. 课程目标要系统。布鲁姆的课程目标分类系统值得我们借鉴。教育是改变人们行为规范的一种历程，而这种行为的变革可以进行分类和分层次，层次是积累性的，人学习的行为过程总是由易到难，由简单到复杂，一步一步地前进。目标分层有助于学生学习的循序渐进，保证学习的效果。从横向看，不同学生达到的目标在层次上也存在个体差异。人生来具备多种智力潜能，每个人的智力优势和整合方式各有不同，不同智能的组合表现出的差异性导致了人在兴趣志向上的差异，因此，在学习行为过程中也表现出不同层次性。课程目标要根据受教育者的不同的学段，制定出不同层次的课程目标，如小学阶段、初中阶段、高中阶段的心理健康教育课程目标应具有层次性，每一阶段的不同学年、每一学年的不同单元也应具有层次性，各个层次的课程目标从易到难、从简到繁，形成纵向层次结构；同时还需注意要将一般目标和具体目标衔接好。

3. 课程目标要有操作性。心理健康教育课程直接把情感、意志、个性等当作教学目标，关注的焦点不在于认识目标的达成，而在于将观念的东西转化为学生实际可行的、可训练的行为。因此，抽象的心理学概念、原理应当具体化为各种行为表现及特征，变成可观察的、可以通过一定测验和方法来评估的，并且可以通过一定的教育手段和措施来加以训练和改造的行为目标，这样心理健康教育课程才不会流于形式。

4. 课程目标要有发展性。心理健康教育课程的总目标与国家的教育目的是一致的，即让受教育者全面发展。而总目标要通过一系列具体目标，经历一个从简单到复杂、从低级到高级、由不自觉到自觉的发展过程来实现。课程目标要随着学生的心理发展而不断更新和提高，从小学阶段到初中阶段，再到高中阶段，后一阶段的目标应在前一阶段基础上有所发展，水平从低到高有所变化。因此，必须根据不同年龄阶段学生心理发展的特点及规律，制定各年级的具体目标，只有这样才可以循序渐进地促进学生心理的健康发展。

第三节　心理健康教育课程内容设计

一、心理健康教育课程内容的结构要素

学校心理健康教育课程教学内容的结构，主要包括五个基本要素，即认知经验要素、意志品质要素、情感经验要素、社会经验要素和生活经验要素[①]：

---

① 吴增强：《现代学校心理辅导》，上海科学技术文献出版社，2008 年版，第 215 页。

1. 认知经验要素。学校心理健康教育课程要把认知经验要素摆到突出位置。在教育活动中让学生学会正确地认知，懂得哪些是非理性的认知，主动得到老师或同伴的疏导，建立合理的、健康的认知。这是一个健康人最基本的条件，也是使人得到发展的最基本的条件。

2. 意志品质要素。意志品质要素是人的精神力量的标志，是人取得成功的动力维持系统。学生所有的学习生活都可以有目的地进行意志品质的训练。学校心理健康教育课程要结合学生日常的生活，以及各种随机发生的问题，把它们作为课程训练的内容，从而达到训练意志品质的目的。

3. 情感经验要素。这是衡量人的心理健康的重要指标。一个正常的人不仅有积极、健康的情绪，而且能自觉地调节自己的情绪，使之及时恢复正常。心理健康教育课程旨在通过各种活动和情景，让学生体验各种情绪反应，学会调节和合理宣泄不良情绪，建设起追求美好、追求真理的情感动力。

4. 社会经验要素。教育就是要把学生培养成为社会的人。学校心理健康教育课程必须组织学生参与社会活动，在了解社会、适应社会、服务社会中懂得热爱工作、热爱生活、热爱生命，勇于克服困难，善于与人合作，在社会活动中培养学生独立处理问题和解决问题的能力。

5. 生活经验要素。这是现代人需要具备的要素。学校心理健康教育课程要组织各种活动让学生体验生活，学会过正常、愉快的生活，学会健康的休闲生活，学会正常的消费，懂得幸福生活的不易，懂得珍惜生活。

二、心理健康教育课程的主要内容

心理健康教育课程的教学目标必须通过课程内容来体现，课程内容是课程目标的载体。因此，正确选择课程内容是十分重要的。依据青少年身心发展的规律，心埋健康教育的基本内容应抓住青少年身心发展的主要主要矛盾，解决主要问题。主要有以下几方面①：

1. 个性心理教育。主要让学生了解一些基本的个性心理卫生常识，使学生认识不良个性的成因及危害。通过富于情趣的活动，帮助学生形成对自我形象、内在气质、性格、能力的正确认识，培养良好的需要和动机，激发积极而广泛的爱好和兴趣，树立起崇高的信念和理想，最终养成正确的自我意识和优良的个性品质。

2. 社会适应心理教育。通过一定的活动使学生在亲身的体验过程中学会正确认识和了解社会，根据社会的要求来把握交往的技巧，克服孤僻、自卑、羞怯等社交障碍；学会合作、合群、礼貌、大方和诚恳，达到正确认识、评价和表现自己的目的；懂得如何尊重和善待他人，培养必备的良好个性素质。

---

① 芦咏莉，王成全，蓝奇：《学校心理健康教育的内容》，《中小学管理》，1999（7—8），第36页。

3. 性心理教育。向学生说明青春期身心变化的基本情况，懂得怎样选择和异性交往的恰当方式，克服和异性交往带来的种种烦恼，顺利度过“心理断乳”期。

4. 情感意志品质的教育。使学生体会积极性情感与消极性情感的差别，学会通过自我调节和合理安排闲暇来使学习和生活更加有效和轻松愉快；使学生明确自觉性、果断性、自制性和坚持性等优良意志品质在成就事业上的重大意义，学会正确处理学习和生活过程中的理智与冲动、顺利与挫折、纪律与自由、自律与他律等方面的矛盾问题，提高心理承受能力。

5. 学习心理教育。使学生在激发学习动机和兴趣、形成适合自己的行之有效的学习方法和排除焦虑、厌学、自卑、注意力不集中等障碍的过程中，认识和了解学习的基本心理过程，学会怎样培养自己的观察力、注意力和记忆力等，懂得运用识记和遗忘规律来指导自身的学习活动，达到更多、更快、更好地吸收和掌握科学文化知识，不断提高文化素质的目的。一句话，用心理方面的技能技巧来促使学生从“学会”过渡到“会学”。

6. 品德心理教育。使学生从小形成宽容、大度、正直、无私、博爱等高尚的精神境界。而这些境界又都是与日常的行为规范教育、法制教育等分不开的，所以教育者的任务就在于根据品德心理的形成规律引导学生树立正确的人生观和自信心，从小确立一个正确而坚定的精神支柱，作为前进的动力，成为品德高尚的人。

三、心理健康教育课程内容的组织方式

借鉴一般课程内容的编排组织，心理健康教育课程的组织主要有如下方式①：

1. 逻辑式组织。由于学生的心理发展是一个由简单到复杂、由具体到抽象、由低级到高级、由他律到自律的自组织过程，既有连续性，又有阶段性，因此，教学内容的组织应适应这一规律，结合学科知识的内在逻辑，由易到难、由浅入深，有条不紊、纲目井然。宜采用螺旋式上升的形式来组织心理健康教育的内容。不同年龄段、不同年级学生的心理发展水平不同。因此，教学内容的难易度和侧重点也应有所区别。

2. 心理式组织。它是以学生在学习、生活、成长过程中所产生的心理现象来组织教学内容，也就是按学生心理发展的各个类别顺序来组织。这种组织方式是以学生为本位，注重学生的兴趣与需求。主要包括如下心理顺序：（1）“认识顺序”：了解自我、认识自我、悦纳自我、欣赏自我、完善自我、实现自我；认识家庭、认识环境、认识学校、认识班级、认识社会、认识国家、认识世界。

---

① 吴增强：《现代学校心理辅导》，上海科学技术文献出版社，2008年版，第217页。

(2)“学习能力顺序”：智力（注意力、观察力、记忆力、想象力、思维力）、非智力（动机、兴趣、情绪情感、意志、性格）。(3)“人际交往顺序”：礼貌、交友、合群、乐群、友情；“情绪情感顺序”：体验、感受、意识、反应、调节、控制。(4)“社会适应顺序”：在参与社会活动中接受自己，减少对父母和长辈的依赖，建立独立处理问题的自主自信能力，分析自我选择职业，培养有社会责任感的言行，建立科学的世界观、人生观和价值观。

一般来说，心理健康教育课程的教学内容应采取折中式组织，也就是调和上述两种组织方式，选取它们的优点。当然，这两种组织方式在教学内容中所占的比例不是机械的、固定的，应根据不同年级的学生各有所侧重。

第四节 心理健康教育课程活动设计

学校心理健康教育课程是一种综合性的课程体系，由独立型心理健康教育课程和融合型心理健康教育课程综合而成。现代学校由于各方面条件的限制，融合型课程的开展普及性较低，独立型课程则构成了现代学校最主要的心理健康教育形式，它包括了心理健康教育学科课程和活动课程。

较之心理健康教育学科课程，活动课程是学校心理健康教育整体课程体系中的核心部分。皮亚杰、列昂节夫以及弗里德曼等心理学家，都一致强调活动对于人心理发生、发展的重要性。因此，掌握心理健康教育活动课程的设计与教学，对促进学生心理健康发展起到有力的推进作用。

一、心理健康教育课程活动设计概述

心理健康教育活动课程作为心理健康教育课程体系中的核心部分，它是指教师根据学生身心发展的规律及其特点，运用心理学、教育学的有关原理，有目的、有计划、有组织地通过以学生为主体的活动项目和活动方式，旨在提高学生心理素质、增进心理健康、开发心理潜能的一种课程形式。它具有活动性、主体性、互动性、体验性和感悟性等性质。①

活动课程是开展学校心理教育的主渠道，在活动课程中融合心理教育思想，从心理教育的视角来审视，这一课程可称之为活动性心理教育课程，它对学生心理潜能的挖掘、心理机能的提升具有重要的教育价值。在活动性心理教育课程中，通过情境、互动、自主、体验、践履等促进学生的心理成长和人格完善。

活动形态的课程因其具有开放性、体验性和以生为本等特点，比较符合青少年的心理发展特点，是学校心理健康教育的有效途径。不过值得指出的是，心理

---

① 沈贵鹏：《活动课程的心理教育价值——关于活动性心理教育课程的思考》，《教育科学》，2002(6)，第14页。

健康教育活动课程有别于一般的学科课程，也有别于美国教育家杜威提出的活动课程。它不以知识和教师为中心，也不强调知识的内在逻辑与系统性，而是以学生的心理发展特点为立足点，以学生的心理需要为基础，关注学生当前的心理状态，以培养学生健康心理为主线而设计和组织实施的。整个活动过程以学生为主体，通过多种形式的活动，诸如情景体验、角色扮演、讨论分析、谈话沟通、行为训练等，促进班级成员的互动合作。通过优化学生的活动过程，达到提高学生心理品质和心理能力的目的。

（一）心理健康教育课程活动设计的原则

心理健康教育活动课程应根据青少年身心发展的规律和年龄特征，以提高学生的心理素质为基点，以趣味性、活动性为基本特色，将心理健康教育的意义蕴涵其中，使学生通过游戏和其他有趣味的训练逐步领悟到心理健康教育的重要性及掌握自我心理保健的途径和方法。在实施过程中应遵循以下几个原则：

1. 发展性原则。维果茨基提出，教学任务的要求只有落在“最近发展区”内，才能有效地推动人的发展。心理健康教育活动课程必须以发展的眼光看待学生，不应满足学生现有的心理发展水平，要尽可能地为学生创设新的最近发展区，鼓励学生在活动课程中发挥自己的主观能动性，使心理发展更上一层楼。

2. 主体性原则。心理健康教育活动课程的活动目标的确立、设计及实施中均可由学生参与，教师只有把学生摆在活动的主体地位，学生在活动中才能积极主动，充分发挥他们的创造性、积极性和主动性，让他们充分体验自己做主的感觉，促进其心智和情感的发展。

3. 全体性原则。心理健康教育活动课程是为全体学生服务的，旨在提高全体学生的心理素质和机能。因此，在活动课程中，应着眼于全体学生；但同时，也应处理好个别学生问题，对其给予及时、具体、不露痕迹的帮助。

4. 层次性原则。辅导教师往往根据学生的心理发展状况和辅导主题特点，在一节心理活动课中设计一个总的辅导目标，总目标又分多个层次的心理辅导目标。然而，这些分层目标需要具有一定的循序渐进性，即下一目标是以上一目标的达成为前提，通过分层目标的逐步推进，最终实现和达成总目标。基于符合层次性原则的辅导目标，辅导过程的设计也将凸显连贯性和层次性。

5. 活动性原则。心理健康教育活动课程重在学生活动的过程及过程体验，把握、优化好活动过程是活动课成败的关键和学生的心理品质优化的关键。心理活动课程不同于纯知识传授课型，而是将知识融于活动中体现的，更适于学生特点和教育训练内容及目标的实现。

6. 可操作性原则。可操作性是指心理活动课的辅导目标内容是具体的，是明确的，可评估的，而非抽象或笼统的。换句话说，经过心理活动课后，学生的心理或行为变化是非常明确的，是可以用客观的指标观测的。正如“跳起来，够得着”，够到哪里才算够得着，目标的达成显得非常具体清楚，且具有明确的评价标准。

7. 情感性原则。情感性原则是心理健康教育活动课程实施的核心原则。在活动课程中要避免概念化，要以学生情感的发展为核心，关注学生的情感体验，注重情感的共鸣，以及同感技术的运用。

8. 体验性原则。心理健康教育活动课程不同于体育课和游戏活动，因为它强调学生在活动过程中的自身体验和感悟，而不是一种娱乐活动。体验和感悟是个体心态发生变化的重要环节，也是活动课程实现其价值的重要途径。

9. 相容性原则。心理健康教育活动课程的成功在于彼此信任、尊重和坦诚相待，只有师生之间建立起真正的信任，才能促使教师真正了解学生的需求；只有互相尊重，才能彼此接纳；只有坦诚相待，才能触动深层情感体验。

10. 开放性原则。这是由学生心理发展特点决定的。学生的心理发展具有开放性，教材在活动中只起个引子或例子的作用。要让学生由此及彼地发散开去，在一个主旨目标下，附带着其他目标：重悟性的启迪、思维方法的引导和情感的健康导向。活动问题的答案不唯一性，也是开放性原则的体现。整体活动设计在结构上不应拘泥于线性结构，而应体现色块结构的特点，产生交融弥散的美感。

（二）心理健康教育课程活动设计的步骤

1. 了解学生的需要。心理健康教育课程以直接满足学生维护和发展自身的心理健康的需要、促进学生心理健康发展为目的。因此，为了使心理健康教育课程具有实效性，必须对学生的实际心理需要进行充分的了解，做到心中有数，有的放矢。

学生心理健康发展的需要包括两个层次：一是一般性需要，指在某一年龄阶段的所有学生普遍存在的心理和行为发展上的需要。教师可以通过研究发展心理学的有关资料分析确定，也可以找一些现成的针对一般性需要的课程设计作为参考。二是特殊性需要，指本校、本班学生或某些特殊学生群体，由于处在特殊环境中或遇到特殊事件的冲击或压力而产生的解除困境、度过危机的需要。教师可以进行实地调查、收集有关信息，调查对象可以包括学生、家长及教师和有关的社会机构、调查方法可以是谈话法、问卷法、座谈会等。

2. 确定单元主题。在了解学生需要的基础上，教师就要进行科学的选题。选题应因人、因事、因地、因时制宜。如：某中学教师通过调查发现，本校初二男学生在校外聚集抽烟的现象比较普遍，进一步又了解到许多学生与同伴在一起吸烟的主要原因是经不住其中少数同学的劝说（不好意思对朋友说“不”），就可以考虑开设主题为“学会说‘不’”“真正的朋友”“吸烟害处大”等心理教育课程。

3. 确定单元目标。单元目标是指某一具体单元的活动主题所要达到的目标。

在确定单元目标时，应注意：教学目标陈述的应是学生的学习结果，而不应该陈述教师做什么。教学目标的陈述应力求明确、具体，可以观察和测量，尽量避免使用含糊和不切实际的语言陈述目标；教学目标的陈述应全面，包括认知、技能、情感、态度等方面。

4. 确定单元课时。因为单元有大、小之分，所以，一个单元主题所需课时是不等的。大单元一般指主题系列单元，由多个同类或相关的主题组成。如：在《学会交往》系列主题单元设计中，可以包括以下小主题：学会打招呼、学会微笑、学会称赞、学会拒绝、学会竞争、学会合作、学会宽容、学会助人等。大单元的课时一般需要8—16课时，小单元就是针对某一特定的心理品质所确定的一个独立的主题，如："了解你的气质""如何与陌生人交往""和时间比赛"，等等。这样的小单元以1—3课时为宜。

5. 确定教学方法。心理健康教育课程与其他课程一样有着共同的教学方法，如：讲授法、谈话法、讨论法、演示法、实验法、参观法等。但心理健康教育课程又有别于其他学科课程，它重在活动，重在学生参与，通过师生共同活动，达到优化学生心理素质的目的。这就决定了心理健康教育课程有一些特殊的方法，如：角色扮演法、心理测量法、学生自陈法、联想活动法、演讲法、游戏法、辩论法、专题讨论法，等等。教师在确定教学方法时，要综合考虑单元目标、单元主题、课程内容、学生的身心状况、学校和班级的条件以及时间、地点等多种因素，灵活运用多种教学方法，使其互相配合、协调一致，共同发挥作用。

6. 做好课前准备。课前准备主要是确定活动形式和准备好活动所需的用品和资料。活动形式的选取一定要与学生的年龄和活动的主题相匹配，教学地点也不能仅限于教室之中。对于教学所需的电教设备和影视、录音材料、教学游戏所需的玩具、角色扮演所需的道具、各种印刷品、身体活动用品等，均应在课前做好准备。

7. 拟定活动程序。这是单元设计的主要部分，它规定了教学活动过程的具体步骤和实施程序。从活动开始到活动结束的每一个步骤都应有周密的说明和细致的安排。在拟定活动程序时，要符合学生的认识规律，由近到远、由浅入深、由表及里、由感性到理性，要符合逻辑规律，即环环相扣、丝丝相连、循序渐进，做到既完整又系统。

8. 撰写活动方案（教案）。活动方案是在上述单元设计的基础上，用书面形式记录下来的具体方案，是对单元设计的提炼和升华，它通常以一个课时为单位编写。有了教案，教师就可以有目的、有计划、有步骤地在规定课时内有条不紊地组织教学活动，它是保证课堂教学效果的前提。心理健康教育课程的活动方案一般包括以下内容：主题（一般用一句话概括）、教学目标（包括分目标）、教学时间、教学方法、教学准备、教学过程（实施程序）等。

二、心理健康教育课程活动形式设计

（一）角色扮演法

1. 角色扮演法概述角色扮演（role playing）是以莫雷诺（J. D. Moreno）为代表的心理剧论者和群体动力学论者发展而来的。莫雷诺认为，人是具有创造性和自主性的，如果允许个体自发地选择扮演各种角色，不仅能表现创造性自我，还会因为心灵的开放而发展积极的情感，改善人际关系，学会解决问题的技巧。我国学者章志光也指出，角色扮演技术就是让受影响者在一种特定的或创设的情境中扮演某一角色，使其认清角色的理想模型，了解社会对角色的期望和自己应尽的角色义务，从而有助于他们去控制或改变自己的态度与行为，以达到改善人际关系和提高工作或学习效率的目的。角色扮演可以让学生真切地感受到相应角色的种种心理和行为状态，是心理健康教育课常用的教学方法，它可以激发学生参与的兴趣和热情，具有较好的示范感染效果。

2. 常用角色扮演技术主要有如下技术[①]：

（1）哑剧表演。辅导者创设一个主题或情景，要求学生不用言语而用表情和动作表现出来。例如，让学生表演与异性初次见面的情景，表演赞美他人等情景。这种表演能帮助学生体验非言语的心理状态和反应，促进学生非言语沟通能力的发展。

（2）空椅子表演。当学生诉说自己与别人的冲突时，辅导者让学生坐在一把椅子上，而另外一把空椅子，则假设坐着那位与他发生冲突的人，由该学生面对其诉说冲突内容。而后，辅导者指示他换到对方那把椅子上，扮演与他发生冲突的人，并回答他提出的问题。辅导者在关键时刻让学生交换位置，引导学生与假想对象进行对话，这样可以使学生详尽地理解他人的想法与情感。

（3）角色互换。这种方法与前者类似，只是参与的人有两个或者更多。辅导者可以让学生扮演不同角色，而后进行角色换位，从而得到体验。

（4）双重扮演。这种方法要求两个学生一起表演，一个是有问题的学生，一个是助理演员，有问题的学生表演什么，助理演员就重复他表演的内容。这样可以再现情景，使有问题的学生更加清晰地认识自己。

（5）改变自我。在角色扮演中，辅导者让学生扮演自己改变后的情况。例如，学生失恋后感到痛苦，辅导者让其扮演自己发生改变，重新振作，摆脱失恋的阴影。

（6）魔术商店。是一种类似商店内买卖的方法，辅导者扮演店主，出售如

① 沈之菲：《角色扮演在班级心理辅导中的应用》，《思想·理论·教育》，2001（7），第46—47页。

理想、健康、幸福、财富等，由学生扮演买主，说出自己最需要的东西及其原因，这样可以了解学生的需要，帮助学生树立正确的人生观和价值观。

（7）情景剧或短剧。这是角色扮演较常用的方法，就是教师事先准备好情景剧或短剧剧本，让学生进行表演活动，以增加心理辅导活动的气氛；或者让学生有共同探讨的话题和案例，增加学生的投入和参与程度，以达到班级心理辅导的目的与功能。

（8）独白法。指以独白的形式谈出自己此时此刻的内心的真实感受和想法。常常是让扮演者在情绪冲突强烈、各种体验纷繁复杂时，通过角色扮演，大声说出内心的体验，将表演者隐藏于内心的思想，借着独白的机会宣泄出来。

（9）镜像法。指看别人演自己的方法。例如，爱说粗话、不讲礼貌、缺乏教养的 A 看到 B 表演自己的所作所为。通过看别人演自己，从而客观地了解自己生活中的言行，激发改变的主动性，促进不良行为的改变。

（10）比较法。这种方法主要是将好的与不好的两种态度、方法或行为安排在一个活动单元里，让学生比较这两种方法的优缺点，以强化学生对好的态度、方法与行为的认知和体验。例如通过两种不同的学习习惯的情景表演，让学生进行比较分析，再对照自己平时的学习习惯，进行认知、体验和反思。

（11）创意情景。在角色扮演中，很多时候教师只是给出一个或几个情景，需要学生创造性地自编、自导、自演情景剧，以充分反映学生的实际情况和创造能力，使学生更主动地参与到班级心理辅导活动中来，这样学生的体验与认知可能更深刻。如让学生自编、自导、自演情景剧，理解和创造性地运用心理防御机制来面对挫折，加深对面对挫折的心理防御机制的认知和体验。

（12）戏剧表演。指教师借用一些比较常见或成熟的剧本，这些剧本带有比较多的表演色彩，通过学生从事戏剧表演的活动，从中体验角色的情感和内涵，达到宣泄情绪、成长心智的目的。如儿童剧《小熊请客》就是通过戏剧表演，让学生在表演中体会友谊和孤独情感，使学生在生活中乐于寻找朋友。

3. 实施角色扮演的要素。实施角色扮演有五大要素：

（1）教师。这是角色扮演的设计者和策划者，其任务是确定角色、设计小品或情景、鼓励学生主动地参与表演活动，使活动达到预期的效果。

（2）剧本。剧本主要来自两个方面：一种是由教师预先设计或准备好的戏剧剧本、小品或情景，学生按照教师的设计进行表演；另一种是由教师提示情景，学生自行设计动作、对话等表现方式。

（3）扮演者。由一个学生或几个学生或全班所有学生根据教师的启发和剧情的要求，自然地、主动地、创造性地去表现。

（4）观看表演的学生。他们虽然不直接参加表演，但也是角色扮演活动的参与者。需要体验扮演者的感受，自然地融入剧情中，与扮演者同喜同忧，起到支持、鼓励、烘托等作用；同时在参与的过程中他们也在进行认知、思考和体验。

（5）舞台。这是角色扮演的场所。教师可以选择讲台或同学们围坐留出中心空地，这样容易吸引学生的注意力。对进行角色扮演有学生来说，如果自己是演员的意识得到加强，可以增加对角色的认同和体验，表演的效果会更好。

4. 实施角色扮演法的教学步骤。角色扮演大致可分为三个阶段：

（1）准备阶段。这个阶段主要包括：选择扮演的主题，设计小品或情景剧本的内容；确定角色的扮演者，指导扮演者把自己的情感创造性地发挥出来，并将自己的体验注入于角色之中；指导学生观众观察扮演者的言语和行为，并体验其内在感受；分析角色的处理方式；布置扮演的舞台。

（2）扮演阶段。由学生实施角色扮演。教师在角色扮演进行过程中必须具有洞察力，因势利导，给予帮助和指导。为了使活动能达到预期目的，要注意调动参与者的自觉性和主动性，运用各种技术，使全体成员能投入角色扮演的活动中来。

（3）终结阶段。角色扮演结束后，教师会设计一些问题让扮演的学生和观看的学生一起讨论，并交流彼此的情感体验。通过讨论与交流，使学生能理清思路，找到问题的症结，达到角色扮演的目的。同时，教师还可以分析角色扮演的情况，让学生进行意见和感受的讨论与交流，或者在结束角色扮演时让学生按活动要求重演，强化行为的塑造，进一步达到角色扮演的目的与功能。

5. 运用角色扮演技术的注意事项。使用角色扮演技术，应当注意以下几点：

（1）要创设合适的问题情境，每次表演的时间不宜过长，通常 3—6 分钟就可以展开讨论。

（2）由于在第一次扮演活动中，常常会有困窘和尴尬情形发生，教师要积极营造一种轻松而安全的氛围，充分尊重与接纳，使学生真诚演绎，避免学生感受到压力与伤害。

（3）角色扮演由学生自愿参加，切不可强迫学生进行表演。

（4）角色扮演技术必须和其他的心理辅导技术结合进行，才能收到更好的教育效果。在实施心理辅导的过程中，孤立地应用角色扮演技术来进行心理教育是不多见的，它必须和其他的心理辅导技术结合起来，灵活地加以运用才能取得良好的效果。例如，在亲子关系辅导的案例中，辅导教师把调查、角色扮演、分组讨论等技术融合在一起，对学生进行理解父母、关心父母的教育，就获得了很好的教育效果。如果在进行某一方面的心理辅导时，只是单纯地应用角色扮演技术，学生可能只是感到这种形式的新颖和有趣，把心理辅导活动当作一场文艺汇报演出，从而削弱了角色扮演技术的心理辅导功能。

（5）运用角色扮演技术时必须考虑到可能出现的负面效应。例如，在对学生进行学习动机的激发时，有的教师运用角色扮演技术，让一个学生扮演不爱学习的人，而另一个学生扮演爱学习的人，对其进行劝导。一般而言，扮演不爱学习的学生不管是否真的对学习有无兴趣，他都要在心理剧的演出中找到一些学习无用的理由，而这些理由的阐述对他关于学习的看法是有一定的强化作用的。因此，对扮演不爱学习的学生来说，这种演出有可能对其产生一定的副作用。换句话说，正是由于对学习无用的理由的不断强调，使他可能加强了学习无用的信念，背离了心理辅导的初衷，对此必须给予足够的重视。在进行角色扮演时，教师一定要注意使心理剧的正确劝导占上风，不能让反面的立论产生负面影响，这样，才能把握教育的正确方向，使角色扮演技术收到良好的教育效果。

(6) 并非所有的心理辅导活动都适合于角色扮演技术的应用。根据心理辅导的内容，角色扮演技术更适合于情绪情感、自我意识、人际交往等人格方面的心理辅导，而对生活休闲、职业选择等方面的心理辅导的作用有限。因为，角色扮演技术应用的重要特点在于能很好地使学生对他人、对自身的心理状态有个深刻的觉察、体验和比较，并在此基础上对自身、对周围的人和物能更好地理解，进而更好地调整自己的心态，创造性地适应周围的环境，而这也正是人格发展的目的所在。反观生活休闲、职业选择等心理辅导内容，更多地是从生活所需的知识而不是对生活的情感体验的角度来对学生进行心理辅导，所以应用角色扮演技术所收到的效果不一定理想。

6. 角色扮演应用实例（中学生亲子关系辅导课[①]）。

某实验学校的心理辅导教师在一次学生人际关系的调查中发现，当前的中学生在与父母的交往中，常常对父母的要求很多，希望父母能理解自己，体谅自己；反之，他们对父母的辛苦却知之甚少，很少关心父母的喜怒哀乐，体谅到父母的苦心。针对这种情况，辅导教师认为，应当以此为契机，对学生进行如何与父母交往，如何理解、关心父母的教育。辅导教师先将调查的结果向学生公布，并展开了“为什么我们对父母的希望多，而关心少”的讨论，在此基础上，辅导教师主要采用了心理剧的形式，对学生进行了“理解父母、关心父母”为主题的心理教育活动。

首先，将班级成员分成几个小组，以“父母的烦恼”为题分别进行讨论，并记录下所有小组成员提供的引起父母烦恼的事情。其目的在于使学生了解到，不仅他们自身有各种烦恼，他们的父母也有各种各样的不如意，而这可能是自己平时所没有了解和关注的。

接着，让学生选出典型的父母的烦恼，并以此为主题，设计出一定的情节，分配不同的角色，内容要以父母的烦恼为主，同时必须有亲子双方的交流。剧情的设计过程其实就是父母烦恼在学生心目中的投射过程，要求剧情中亲子交流的目的是让学生认识到自己在父母的烦恼中所处的位置和所起的作用。

然后进行心理剧的演出，并评出“最理解父母表演奖”。通过心理剧的演

① 莫雷：《角色扮演技术在心理辅导中的应用（下）》，《人民教育》，2000（10），第51—52页。

出，不管是表演的同学，还是欣赏的同学，都加深了对父母的理解，对父母的情感有了更深的体验。

在心理剧演出结束后，辅导教师又组织学生开展了“面对父母的烦恼，我们能做些什么”的讨论，进一步强化了学生的情感体验，收到了实际的教育效果。

（二）团体心理与行为训练法

1. 团体心理与行为法训练概述。

团体心理与行为训练是20世纪初起源于欧美，而后逐渐发展起来的一种以心理学为基础的专业助人知识、理论与技术。它通过团体内人际交互作用，促使个体在交往中通过观察、学习、体验，认识自我、探讨自我、接纳自我，调整改善与他人的关系，学习新的态度与行为方式，以发展良好适应的助人过程。团体心理训练特别适合在学校运用。因为在学校内，团体自然而然存在。团体心理训练重在团体成员的互动，实践性强、形式多样、生动有趣，是协助学生成长发展、学生自我教育的重要方法。

团体心理辅导自20世纪80年代开始在我国内地开展，其已经被越来越多的人所了解。团体行为训练到目前为止还没有一个明确的定义，许多研究者认为，它是在一定的情境下通过提高应激源（刺激物）的强度，引发应激状态，使身体的生理、心理应激反应达到极限水平，而后再运用认知训练、暗示训练和放松技术等对生理、心理的潜在力量加以调节，以达到新的生理、心理适应状态，并通过一定情境下反复的主观体验、经验积累，建立起适应模型，借以提高生理和心理功能。也适用于正常健康人。团体心理行为训练是一种有效地促进学生成长的方法，包括放松训练、自信训练、情绪表达训练、打招呼训练等。

严格来讲，团体心理训练与团体心理咨询、团体心理辅导虽然在理论基础和方法上有很多相同之处，但是他们仍属于不同概念。他们的区别主要是在活动源泉、目标、对象、活动性质、活动效果等方面。①

团体心理辅导、团体心理咨询、团体心理训练的共同之处在于：（1）都是在团体情境中进行，强调人际相互影响。如团体心理辅导、团体心理咨询强调借助团体力量影响个体，强调人际互动对人的影响，团体心理训练强调通过团体环境的行为实验来帮助成员学会如何解决问题。（2）活动方法与技术上有交叉。心理学的方法与技术，如放松、暗示、心理剧、空椅子等在各项中都有应用。

团体心理训练的技术着重训练，强调此时此地，不涉及成员过去的行为；强调过程不强调内容；强调态度与行为的形成与改变。团体心理训练除采用放松、暗示、音乐、心理剧、“空椅子”等心理技术外，还采用辩论、演讲等一般方

---

① 左占伟，冯超：《团体心理辅导、团体心理咨询、团体心理训练概念的区分》，《石家庄师范专科学校学报》，2003（2），第69—71页。

法。与此相比，团体心理辅导则重视情感体验、自我意识、内省等。

团体心理辅导是一种预防性、发展性的工作。是运用团体的情境，设计出活动课程、内容，用来预防个体发展阶段中会碰到的各类问题，以及所引发的一般性困扰。

团体咨询注重补救性、情绪性问题解决，借助团体动力交互作用以促进成员更深的自我探索、自我了解、自我悦纳的过程。在应用时团体心理咨询与治疗时常常相连使用，而辅导则不会。故有人认为辅导面向健康人群，咨询面向有心理障碍的人群，治疗则面向精神病人。

当然这种方法也有不足的地方，它偏重于刺激与反应之间的联系，有点儿忽视学生的主体作用。训练是行为而不是人本身，因而其改变可能是表面的，只治表而不治本，一旦训练停止，可能又会故态复萌，不适宜于对较高层次的人生观等问题的辅导。

2. 团体心理与行为训练的方法。

团体心理与行为训练主要是通过辅导员与青少年的共同活动来进行的。团体训练的方法主要有认知法、操作法、集体讨论法、角色扮演法等。

（1）认知法。这类方法主要是依靠青少年的感知、想象等认知活动来达到训练目的的，这类方法包括以下几种：

①阅读或听故事。辅导员向青少年推荐优秀的、有针对性的读物，以供青少年阅读。在团体训练过程中，可以安排读书讨论会，交流读书心得，这样可收到益智、移情的效果。并有助于青少年态度和人格的发展。例如，讲述战争故事，升华青少年的攻击性；讲述寓言故事，帮助青少年建立善恶是非观念；讲伟人故事，使青少年效法伟人，树立高远的理想，等等。

②多媒体呈现。采用多媒体的手段，让青少年观看富有教育意义的幻灯、录像或电影，从而影响他们的思想和行为。

③艺术欣赏。通过音乐、美术和舞蹈等艺术美的欣赏，陶冶青少年的情操，以起到提高心理健康水平的作用。

④联想活动。通过青少年的联想活动，来训练他们的想象力和创造力，以及表达内心感受和经验的能力。例如：让他们把一些不连贯的词和图画，联想成一个完整的故事。或通过故事接力，每人说一段话，串联成一个故事。

⑤理性情绪疗法。通过暗示、说服和质疑等方法，来改变青少年的非理性信念，从而恢复和建立合理的思维方式，促进他们健全人格的发展。例如，在大考来临之际，和青少年一起寻找有关考试的不合理信念，帮助他们形成对考试的正确认识，克服考试焦虑。

（2）操作法。这类方法主要通过青少年的言语和动作的操作活动来达到提高心理健康水平的目的。

①游戏。游戏是青少年普遍喜欢的活动，具有趣味性、自主性、虚构性、创

造性和社会性的特点。可分为竞争性游戏和非竞争性游戏。不同种类的游戏可起到不同的心理效果。竞争性游戏可培养青少年的竞争意识和团结合作的精神；非竞争性游戏可以减轻紧张和焦虑，获得轻松愉快的情绪体验。

②演讲。这种方法可以训练口才，增进团体成员之间的相互了解。例如，辅导员或团体成员自己先准备一些题目，如“我的妈妈”“当我小的时候”“我的理想”“十年后的我”，等等，然后将题目和团体成员的姓名分别放在两个小箱子里。每次抽中一个姓名和一个题目，被抽中的团体成员准备两分钟，即席演讲两分钟。

③绘画、唱歌。通过绘画操作活动，可以培养青少年的想象力和创造力，例如在纸上画一个圆，或几条线，让每人自由发挥，或全体成员集体创作。通过唱歌活动，可以引起青少年的共鸣，调动他们的情绪和积极性。

④实践活动。辅导员可组织成员有针对性地进行一些有实际意义的活动，如调查研究、访谈、参观等，以培养他们的综合能力。

⑤体育活动。通过登山、接力赛、打球、长跑等体育活动可以训练青少年的勇敢、坚毅、果断等意志品质，培养他们合作、关心他人等人际交往品质，提高他们机智、灵活、敏捷的智力品质。

⑥作业法。给团体成员布置适当的作业是心理健康团体训练中的一种方法。如小调查、写日记、做小实验等，可用来增强心理感受，提高认知能力或是进行心理训练。

（3）集体讨论法。它是团体成员根据自己的生活经验和知识背景就一个共同的问题进行讨论，提出各自不同的看法，可集思广益，沟通思想和感情，促进问题的解决，以修正自己的看法。

①专题讨论。如在新学期开始时，让团体成员讨论如何转入正常的学习轨道；在考试前，专题讨论有关如何提高学习效率的问题；在学期结束时，可以专题讨论如何度过一个有意义的假期等。

②辩论。就争论性的问题进行分组辩论，提出正反两方面的不同意见、根据和理由。

③脑力激荡法。利用集体思考和讨论的方式，使思想观念互相激荡发生连锁反应，以引起更多的意见和想法。主持讨论的教师要鼓励大家发表意见，容许异想天开，想法越多越好，不容许指责别人的意见，但可改进或组合别人的意见。

（4）角色扮演法。此法是通过行为模仿或行为替代来影响个体心理过程的方法。常见的有前面述及的哑剧表演、独白法、创意情景法、魔术店、角色辩论会、戏剧表演、情景剧或短剧等方法。

（5）行为训练法。它是以行为学习理论为指导，通过特定程序，学习并强化适应的行为，纠正并消除小适应行为的一种心理辅导方法。行为训练包括放松训练、自信训练、情绪表达训练，等等。在团体训练中，团体成员可以通过自我暗示、辅导员的示范和团体成员间的人际互动来进行放松训练、自信训练和情绪表达训练等。

以上心理健康团体训练的方法分类不是绝对的，不同类的方法之间有一定的交叉和包含关系。如认知法中包含行为训练的成分，而在操作法中包含有认知的成分，只不过各种方法的侧重点有所不同。在训练中，辅导员要根据特定的目标，结合各种方法本身的特点，选择最为合适的方法，使团体训练发挥最大的作用。

3. 团体心理与行为训练的教学步骤。

（1）确定要训练的行为。首先要明确训练的行为是什么，即确定靶行为。在训练中通过初步的行为功能分析。训练者可确定整个训练过程或者各个训练阶段中需要加以改变的题行为中的具体目标。这些目标称为靶行为。

（2）对目标进行分析。确定目标以后要对该目标行为进行分析以确定训练的内容和过程，包括该行为被改变的难度、学生已有的行为情况、改变该行为的适用方法。

（3）制定团体行为训练的计划。在分析行为目标的基础上，要寻找影响目标行为的相关条件，制定具体的实施办法，设计恰当的活动以达到目的。科学的程序设计是心理导引成功与否的重要环节之一。

（4）实施训练。首先是进行心理热身，使受训者大多数成员得到放松，形成良好的氛围。良好的团体氛围往往使学习者能更好地掌握新的行为或者消除不良的行为，形成团体凝聚力。团体凝聚的程序有赖于目标活动的成败，当全体组员在各项目标互动活动中，或在小组活动中，大部分的组员是以积极的方式参与活动，并能吐露真情，其他一些组员的问题行为，或称为一种防卫机制行为，得到了温和的处理，也愿意参与互动的活动和经验的分享回馈，这样大多数的团体组员就能很快地发展其团体的信任感和归属感，并愿意放弃心理防卫的防卫外壳，低的开放层次是能与组员分享体验，高的开放层次是能真情吐露内心的感受，不是隐私。这样的小组便可达到有了保证。

其次是要设计开展一系列互动的活动，包括特殊情况下的候补活动，组织组员全体参与。在参与过程中得到冲击、体验、回馈，各有不同程度的成长。发展目标的达到并不是在每一个活动的终结，而是过程。组员在目标活动中相互信任，共同去活动、探索、解惑。老师的责任就是刺激成员互动、探索，从刺激的分步活动中，再引导走进团体独特成长目标的世界。同时也要对群体中出现抵触情绪的成员及时进行干预，私下与他交换意见，必要时可以请他退出训练。因为心理导引的一个重要的原则就是被训者要能接受老师的心理暗示，否则无论是什么导引方式都不会收到实效。当然如果有较多的成员持有异议的话，就有必要对活动作适当的修改。

再次，开展激荡探索。这一程序其实是融汇于目标活动当中一个代表性的心理技巧。每一个互动活动和每一次小组时间都要贯串运用此技巧。组员只要自我开放地充满激情地投入活动时，都会打破原来的心理平衡，正在激烈的矛盾心理当中，寻求出新的心理平衡，这就有了新的成长体验和解决障碍的办法，这就是心理激荡。这时老师本人还要运用以身示范、指引方向、刺激激荡、催化沟通的领导功能较长时间地维持互动、探索活动的发展。

最后是进行分享体验和成长评价。每次目标活动后都应及时地进行小组评价活动，让组员在组内分享体验，在轻松、和谐的气氛中互相倾吐该次活动中自己的体验；导师要求每个组员给予回馈，使组员在“自我沟通”的过程中成长，洞察了解他人、人生和社会。此时导师也应是一个忠实的聆听者，必要时也可以组织一些游戏活动进行情感气氛的催化。

成长评价是团体辅导的一个重要程序。它贯穿整个活动程序的每个环节。它可以让组员在活动前鼓励成员定下自己的努力目标，然后在小组活动时间内进行自我肯定；也可以在每一活动后填写有刻度的或有情感头像的回馈单，加强体验或反馈意见；也可以设计各种各样的追踪发问卷、聚旧会、写下感想意见。

在此环节中，也要注意情感催化技术。老师、组长千万不要说有批判性的评价，本人要热诚，常带笑容，略带幽默，眼望所有组员，评价项目要多尺度，要当众公布，增加兴趣。接连失败者应给予调换目标或组员，奖品不宜贵重，鼓掌也是很好的奖励，要引导组员制造自我成长纪念品，进行自我肯定。

4. 团体心理与行为训练的应用实例（团体心理训练提升学生学习力的教育实践①）。

有研究将国外风行的学生团体心理训练活动引入学校，改进了课程，将训练聚焦于学生的学习力全面提升，以全面引导学生改善学习心态，改变学习现状。而近些年应用较多的是学习力提升训练营的活动设计。

学习力提升训练营与团体心理辅导有很多相通之处，如都是在团体中，借助团体的力量去帮助他人，而任何一个团体都会经历一个启动、发展、成熟、结束的发展过程，因此，活动的总体设计是依据团体发展的阶段进行的。根据实践，一般把团体心理训练分为四个阶段，即热身、凝聚、探索、结束，每一个阶段有不同的特点，也有不同的任务。

第一阶段：热身阶段。在这一阶段，团体成员比较陌生，对活动内容也不了解，会有疑惑和焦虑。此时我们会采用哼小调分组、特别介绍、棒打健忘者等活动迅速使来自不同班级的孩子熟悉起来，组成了三个小队，其任务是澄清目标，互动热身，让成员间互相认识和了解，从而建立小组，增进信任。

第二阶段：凝聚阶段。团体成员逐步实现心灵沟通与交流，敢于表现真实自

① 潘月俊：《团体心理训练提升学生学习力的教育实践》，《新课程（下）》，2012（12），第181—182页。

我，接纳、信任感加强，团体凝聚力得到巩固和发展。此时的工作重点是增进成员的互动，我们常常采用小鸡在成长、人数重组、一元五角等游戏，解决成员的冲突和抗拒行为，建立坦诚信赖的团体氛围，使孩子们乐于在团体活动中敞开心扉。

第三阶段：探索阶段。当团体氛围已经形成后，团体就进入了探索阶段，也是所谓的工作阶段。这是体现团体心理训练的重要阶段，宜通过精心设计，解决成员的问题，促进成员的行为转变。

第四阶段：结束阶段。此时重点是让成员面对即将分离的现实，整理归纳在团体中尝到的东西，促使态度和行为的迁移，处理惜别情绪请在我背上留言、惜别会等活动就可以使学生将对团体的依恋转化为成长的动力，延续团体训练效果。

同时，每一次主题训练活动又大致分为三个部分，分别是热身活动、主题训练和小组分享。随着我们对学习力理解的加深和咨询理论与技巧的丰富，我们也逐步开发出更能有效地提升学生学习力的相关主题活动：

状态调控类。主要是借助健脑操的技巧，帮助学生改善学习状态，打开学生学习之门。孩子的学习状态，分为两种：放松的“整合状态”以及紧张的“非整合状态”。学生只有在情绪稳定、自信的情况下才能更好地保持学习状态；健脑操可以有意识地启动整个身心系统，在脑部所有地方激发同等的神经系统活动，并减弱压抑反应。

自我觉察类。借助内观疗法的技巧，引导学生“观内”“凝视内心中的自我”。借用佛学“观察自我内心”的方法，设置特定的程序进行“集中内省”，以达自我精神修养的目的。如，让学生在特定的状态下专注思考：母亲为我做了什么、我为母亲做了什么、我给母亲添了多少麻烦等问题，可以更有效地让学生觉察到自己成长的历程，从而萌生感恩之心。

优化心略类。学习心略，是用来表示一个人学习的心路历程，是潜意识程式，主要由内心表象、有关的次感元和正确的顺序等三项组成，通俗地讲就是学习的“秘方”。比如，学生完成叙述性文章的“心略”，先心中必须有画面，即构造叙述画面，然后，自我判断画面是否理想，并重新调整画面，最后感觉可以动笔了，开始写下心中画面。如果学生的学习心略与此不符，就可能会导致无法高质量完成写作过程。我们在活动中充分引导学生展示学习心略，并加以调整，确保每位学生都掌握优秀的学习心略，以顺利完成学习任务。

回顾这几年的历程，对于先进教育或咨询理念和技术的学习与融会，是学习力提升训练营得以健康成长的重要基础。现在，我们的学习力提升训练营中，充满先进的教育与咨询技术，如健脑操、NLF、意象对话、思维导图、心理剧、焦点对话，等等。学校为此不惜财力，加大师资培训力度，选派教师参加各级各类心理咨询培训班，甚至将国内最早的一批健脑操导师请进校园，为全体班主任和骨干教师开展培训，这为训练营的有效开展提供了保障。

（三）价值澄清法

1. 价值澄清法概述。

价值观澄清学派是在西方由传统社会向现代社会转变过程中，为适应社会价值观念复杂多变的选择需要，20 世纪 60 年代在美国当代教育复兴运动中出现的一个新的学派，它的诞生以路易斯·拉思斯（L. Raths）等人合著的《价值与教学》一书的出版为标志。价值澄清学派提出了价值澄清的理论假设：人们处于充满相互冲突的价值观的社会中，这些价值观深刻影响着人们的身心发展，而现实社会中根本就没有一套公认的道德原则或价值观。

价值澄清法在教育上接受并发挥了杜威的经验论教育哲学，将儿童价值观的获得与生活紧密结合；在心理学上主要吸收了人本主义的思想，强调一种宽松的氛围和尊重他人的意识；在哲学上主要接受了存在主义的伦理学，否认绝对的道德原则，认为每一个人都有自己的价值观，价值观是相对的，并且重视价值观的获得过程而不是结果。

根据这一假设，价值澄清学派认为，教师不能把价值观直接教给学生，而只能通过分析评价等方法，帮助学生形成适合本人的价值观体系。所以，正如价值澄清学派的基尔申·鲍姆所说的，价值澄清可被定义为利用问题和活动来教学生评价的过程，而且，帮助他们熟练地把评价过程应用到他们生活中价值丰富的领域。

以上述理论为基础，拉思斯等人提出了价值澄清法的四个关键性因素：

第一，以生活为中心。主要帮助学生去分析、解决生活中他们感到困难或困惑的问题，从生活中发现问题，避免了教学和生活的脱节。

第二，接受实然。价值澄清法强调接受尊重他人的观点，与他人真诚相处。

第三，要求进一步反省。对价值观的形成作综合的反省，要求学生更多地了解人们珍爱和珍视的是什么，从而帮助自己进行选择。

第四，培养个人能力。培养学生将价值观付诸行动并进行自我指导的能力。

价值澄清法的主要特点表现在以下几方面：

首先，价值澄清法尊重了学生的自主选择。学生在进行选择的过程中，教师不能对其进行干扰，但是可为学生提供咨询及提供相关价值选择的资料。在整个过程中，教师所扮演的只是一个倾听者和辅助者的角色。从一开始，对价值的选择过程就体现了以学生为中心的思想，而非传统的灌输式教育，以教师为中心。因此这种形式可使学生在动态的价值观中形成属于自己的思想，从而大大激发学生的积极性和主动性。

其次，在运用价值澄清法时，并没有一个现成的价值体系可在学生进行价值的自主选择之前供其参考。每个人的价值观都有自己的特点，价值澄清法认为价值观都是需要通过自我选择与判断而形成的，形成之后它只属于主体本身。这是对学生自主选择、判断、付诸行动之后形成自己价值观的一种保证。

再次，价值澄清法是一种可行的学习策略。在指导学生价值观的形成过程中，价值澄清法具有可操作性，它有着具体的阶段与步骤，教师操作起来比较容易。在传统的灌输模式下，教师所灌输的内容可能会受打破主观情绪影响，学生也在整个过程中处于被动状态。

最后，价值澄清法强调对个人的尊重，倡导价值中立。拉思斯觉得判断一种价值观是否合理的依据是个人的喜好和感受，这仍然属于道德相对主义观点。再者儿童的思考能力、生活经历毕竟有限，因此在运用价值澄清法时，有必要有意识地避开这一误区，考虑道德评议，并在价值取向方面加强社会主义核心价值体系的引导，或当其发展到以自我为中心时及时纠偏是必不可少的。

价值澄清法过于强调个人经验的个人主义立场，忽视了社会环境对个人价值观的形成带来的影响，遭到了人们强烈的抨击 。对于拉思斯等人早先的观点，柯申鲍姆将价值澄清的过程分为五个阶段：思维—情感—选择—交流—行动，将思维从选择中独立出来，强调了思维、推理对于价值澄清的意义，虽然它仍比不上情感的重要性，但至少说明了思维、情感、行动是有机统一的整体，缺少任何一个都不完美，即一个人确立的价值观必须是经过自己审慎思考的，并且他所珍视的价值也一定是会付诸行动的。同时，柯申鲍姆强调了社会因素对澄清过程的影响，增加了交流这一过程，意味着重视人际交往，重视他人的选择，并参照他人的选择解决自己的选择所带来的冲突。

2. 价值澄清的方法。

关于价值澄清策略的种类，一直处于不断发展更新之中。1966 年拉思斯等人在《价值与教学》一书中列入了 21 种，1972 年出版的《价值观澄清——教师和学生实践策略手册》一书中讨论了 79 种策略。至于价值澄清法的实施策略，大多使用澄清反应、书写策略、讨论策略等三种。以下是其中常用的三类方法①：

（1）澄清反应法。澄清反应法是价值澄清策略中最为基本也是最为灵活的一种形式，这种方法既可以是教师与学生一对一的非正式交谈，也可以是全班集中讨论，还可以在学生的作业上进行笔谈。但不管采用哪一种方式，都要以鼓励学生对自己的生活方式和选择进行积极思考为宗旨。例如，有个学生对老师讲，他在中学毕业后将要上大学深造。对此，如果教师回答，“你打算上哪一所大学?”或者“那很好，我希望你能如愿以偿”。诚然，这些回答对学生多少会有点作用，但未能真正帮助学生澄清价值。如果教师回答说：“你没有考虑过其他

① （美）路易斯·拉思斯：《价值与教学》，谭松贤译，杭州：浙江教育出版社，2003 年版，第 65—68 页。

可供替代的选择吗?”这就有可能促使学生去思考未来生活的种种目标，并预计各种可供选择的目标的利弊得失。

（2）价值连续体（价值观持续讨论法）。对于一些带普遍意义的问题，为了在更大范围内让学生积极参与讨论，各抒己见，就需要运用价值连续体这一方法。如教师在黑板上画条长线，先提出一个涉及不同价值观的问题，由教师或同学决定两个极端的观点，然后在长线上再画出几个分点以表示其他可能的观点。这时教师可先让几位愿意发表意见的同学将自己的名字写在横线的适当位置上，简述其观点。待全体都选定后，再开始讨论。这一方式给学生们提供了公开发表意见的机会，以及获知多数人赞成某种价值取向的解释以及理由，它将有助于学生进一步思考并做出抉择。

在现实生活中，对于很多问题，价值观连续体都可蔓延到可进行选择的范围，而不仅仅只是两个极端的看法。因为有很多问题并不是属于两个完全互相对立，非彼即此的价值选择。事实上，价值观连续体讨论法一般由挑选讨论话题、充分展开讨论、让学生充分思考、总结得到的体会四个步骤组成。

（3）价值排序法。即让学生按不同的重要性，将几种事物进行排序，并给出排序理由。就是让学生将三、四种事物按其重要性排序，并说出这样排的原因。可先由教师和同学共同编制涉及不同价值观问题的问卷，每一问题均有三、四种可供考虑的答案，然后请学生按各问题的重要性排序。排序后，请同学们报出自己的排列顺序，根据各个同学的排列顺序展开班级讨论。在日常生活中，人们常面临抉择的情境，排序的方式给学生提供了练习抉择的机会。他们可在这个过程中对各种途径进行衡量比较，分出轻重，可以对外公开表示和拥护自己的选择。

3. 价值澄清的教学步骤。

价值澄清法是个人价值信念的形成所经过的历程。L. E. Raths & S. B. Simon 强调价值的形成必须经过七个步骤：

（1）自由选择。个人的价值观，必须经过自由选择的历程，才能生根，在未经威迫下，个人所做的决定或选择，才能引导个人的行为，填鸭式的强迫灌输，大多仅止于表面行为而已。经过自由选择后产生的价值观念，才能引导个人的行为。

（2）从多种选项中选择。真正的价值观念，是经过选择的结果，个人若无选择的途径，事实上选择的行为不可能发生，而真正的价值也就无法发展。因此，个人价值的建立，要由多种可能的选项中选择才有意义。

（3）深思熟虑后选择。在感情冲动下，或未经思考，若贸然选择，不能主导真正的价值。个人唯有对各种不同的途径的后果加以深思熟虑，经过分析，比较利弊得失后，做出理智的决定，才能成为真正的价值，才可作为生活的指南。

（4）重视所做的选择。个人对自己认为有价值的事物，一般都会加以珍惜和重视，当价值理念经个体选择后珍视之，必定为之感到骄傲和快乐。而成为价值的部分，将作为生活上的准绳。

（5）愿公开表示选择。审慎思考后的选择，人常会愿意在大众面前表示自己的价值，承认自己的价值，以及拥护自己的价值，以它为荣，自然乐意对外公开。

（6）采取行动。价值观念能左右行动的方向，当个人认为具有价值的东西，一定会努力去实践、完成，百折不挠，锲而不舍地采取行动。

（7）重复实行。当个人的一些信念、看法和态度，已达到价值阶段时，则会成为价值体系的一部分，一而再、再而三地表现在行为上，出现在不同的生活和空间。

4. 价值澄清应用实例（价值澄清法在高中政治课教学中的移植与运用①）。

本节课内容为高中二年级《思想政治》（上册）："坚持内外因相结合的观点"，是阐述内外因辩证关系的方法论。在教学中借鉴价值澄清法，运用价值澄清教学的方式和步骤，按选择、珍视、行动三阶段，七个步骤（即自由选择、从多种可能中选择、对结果深思熟虑地选择、珍惜爱护自己的选择、确认并乐于公布自己的选择、依据选择行动、作为一种生活方式反复行动）来操作。主要步骤：

第一步：巧妙地设计吹球实验，导入新课。

第二步：做心灵游戏——"我生命中最重要的五样"等活动。

第三步：根据心灵游戏活动设计问题，让学生思考，讨论，发言。

（1）当你遭遇接二连三的打击，你的感受如何？此时，你会做何种选择？是一蹶不振、怨天尤人，还是与逆境抗争、做生活的强者？请你衡量各种选择的利弊，考虑各种选择后果后，做出选择。

（2）当你遇到不幸，是否渴望得到他人、社会的帮助？

（3）你所了解的伟大人物、成功人士是否也遭遇过挫折？而他（她）获得成功的诀窍是什么？

第四步：师生一起总结课文内容。

第五步：欣赏莎士比亚的诗歌《有益的逆运》。

第六步：要求学生结合这节课内容和自己的感受，努力写出"我认识到……"的句子，用"我认识到……"的句子谈谈自己的感受，与大家分享。

教师运用多媒体课件教学工具，抓住关于"要重视内因的作用"，"个人成长首先要靠自己的主观努力"这一主线，通过多种教学法（价值澄清法、情境创设法、启发—探讨式教学法、归纳导引法、活动—体验—发展式教学法等），

---

① 韦立东：《价值澄清法在高中政治课教学中的移植与运用研究》，广西师范大学2007年硕士学位论文，第30—31页。

引导学生在活动中用心灵体验和感受，积极思考，认真辩论，自动探究，注意学生能力培养。在教学中充分体现出学生自主选择与教师积极引导相结合的特点。

教师在教学中既坚持正确的价值导向，又重视在教学活动中灵活运用教学策略，克服呆板的说教和强硬的灌输教育，把学生自主选择与教师积极的引导有机结合起来，把教师主导的“目标—策略—评价”的过程与学生经历的“活动—体验—表现”的过程结合起来；引导学生在范例分析中展示观点，在价值冲突中识别观点，在比较鉴别中确认观点，在探究活动中提炼观点；进而有效地提高学生理解、认同、确信正确价值标准的能力，最后升华认识，解决问题，达到既学习知识，又提高德育实效性的目的。

（四）理性情绪法

1. 理性情绪法。概述理性情绪疗法（RET）是由美国心理学家阿尔伯特·埃利斯（Albert Ellis）于20世纪50年代创立的。理性情绪疗法的治疗整体模型是“ABCDE”，是在埃利斯的“ABC 理论”基础上建立的。埃利斯认为人的情绪和行为障碍不是由于某一激发事件直接所引起，而是由于经受这一事件的个体对它不正确的认知和评价所引起的信念，最后导致在特定情景下的情绪和行为后果，这就称为 ABC 理论。ABC 理论是理性情绪辅导法的基本理论。所谓 ABC 是三个英文名词的简称，A（Activating Event）是指存在的事实、事件；B（Beliefs）是指个人的想法或观念；C（Consequence）是指个人的情绪反应及行为后果。该理论认为，行为和情绪反应是由观念引起而并非事实。如某学生受到教师批评后感到很恼火，我们通常认为，他生气是因为被批评引起的，也就是说是事件引起后果。但 ABC 理论认为，批评（A）并不是造成学生不快的原因，他对批评所持的看法（B）才是根本的因素，假如他认为人家的批评是过分苛求，是有意使他难堪，这种不合理的解释就会使他产生愤愤不平的反应（C）。

理性情绪疗法（Rational - emotive therapy，RET），又称合理情绪疗法，是认知疗法的一种，因其采用了行为治疗的一些方法，故又被称之为认知行为疗法。RET 的理论认为，人们的情绪是由人的思维、人的信念所引起的，合理的观念导致健康的情绪，而不合理的信念往往使人们陷入负向的、不稳定的情绪障碍之中。认为在个体的信念系统中，具有理性和非理性两种观念倾向，理性的信念将带来合理的情绪和行为，非理性的信念带来个体不合理的情绪和行为。心理辅导的任务就是帮助学生认清自己在情绪困扰背后的非理性认识，代之以理性的认识，并把这种理性的认知方式巩固下来，使整个心理健康水平得到提高。侧重改变认知方法的重点是个体非理性思维的替代或称认知重建。

艾利斯认为不合理信念的几个特征是：（1）绝对化的要求。指人们以自己的意愿为出发点，对某一事物怀有认为其必定会发生或不会发生的信念，它通常与“必须”，“应该”这类字眼连在一起。如：“我必须获得成功”，“别人必须很好地对待我”，“生活应该是很容易的”，等等。怀有这样信念的人极易陷入情绪困扰中，因为客观事物的发生、发展都有其规律，是不以人的意志为转移的。就某个具体的人来说，他不可能在每一件事情上都获得成功；而对于某个个体来说，他周围的人和事物的表现和发展也不可能以他的意志为转移。(2) 过分概括化。这是一种以偏概全、以一概十的不合理思维方式的表现。一方面，表现为对自身的不合理评价。自己做错了一件事就认为自己一无是处，以某一件或几件事来评价自己的整体价值，其结果往往是导致自责自罪、自卑自弃，从而产生焦虑和抑郁等情绪。另一方面，表现为对他人的不合理评价。别人稍有一点对不住就认为他坏透了，完全否定他人，一味责备他人，从而产生敌意和愤怒等情绪。(3) 糟糕至极。这是一种认为如果一件不好的事发生了，将是非常可怕、非常糟糕，甚至是一场灾难的想法。这将导致个体陷入极端不良的情绪体验如耻辱、自责自罪、焦虑、悲观、抑郁的恶性循环之中而难以自拔。

2. 理性情绪活动的具体方法。理性情绪教育作为心理辅导活动课的一种，极为重视学生作为主体的人的能动的活动，可以一系列能引起学生心理活动和心理体验的活动形式，主要可借鉴以下几种①：

(1) 集体讨论式。围绕某个问题或情景，让学生自由、充分地发表自己的见解，以达到相互交流、互相学习、并澄清错误观点的目的。它是课程最主要的活动形式，贯穿于训练过程的各个阶段。这类讨论通常由两类问题组成：一类是内容讨论，主要强调从活动中学到的内容；一类是体会讨论，主要帮助学生理解自己的一些经历。

(2) 讲解式。主要用于介绍 ABC 理论，驳斥的技巧等知识性、技能性的内容，但必须有讨论式的参与。

(3) 角色扮演。在假设的某种情境中，安排学生扮演不同的角色。一方充当来访者，充分表露自己的人格、情感等心理问题。另一方充当干预者，运用理论对来访者的问题进行疏导，如有需要，可以互换角色。主要运用于与非理性信念进行辩驳的阶段。

(4) 撰写体会。把自己在成长过程中经历的感受，学习并运用 ABC 理论调整控制情绪行为的体验以书面形式加以记录，并在同学之间进行交流，分享集体的教育资源。

其他还有游戏、小组辩论，等等。在训练的不同阶段，采取以一种为主，多种形式结合的方法。在实际运用的阶段，更多的是集体讨论、角色扮演等实践形式。所以各种活动形式是互相补充，相辅相成的。

---

① 邵晓芸：《基于理性情绪教育的辅导课程对改善高中生不良情绪的效果研究》，华中师范大学 2004 年硕士学位论文，第 18—19 页。

3. 理性情绪法的教学步骤。理性情绪法的操作程序如下：

(1) 了解目前所要解决的情绪问题。比较全面地了解情绪发生的背景、事件等，明确目前所遇到的问题是怎样的、要解决的问题是什么。当情绪问题出现时，我们常常会强调它的结果，但对它产生的背景、引发情绪的事件等却可能会疏忽掉。所以，弄清楚“发生了什么事”是很重要的（尤其当背景或事件不是很明朗的时候），确定了这些，就为以下要进行的辅导活动打下了基础，引导了辅导的进程。

(2) 确定情绪的诱因，即事件 A。对具体情景或事件进行描述性的概括。这里所说的“描述性概括”，是指对事件不加以任何的评价和推论，从实际出发，只是对客观事实进行叙述。这样做的目的，是为了避免因人为的因素混淆事实的实际情况（因为有些时候，有的人常常会在叙述事件中，不自觉地加上自己的想象和推论，把“真实的”和“想象的”混为一谈，使事件失真）。弄清真相，才有可能分析对其产生的想法是否合理。

(3) 寻找情绪背后的想法 B。通过分析，把与某一情绪问题有关的想法展现出来，使情绪的产生“有据可依”。在某一事件发生之后，出现了某些情绪问题，但事件和情绪之间是不存在直接的因果关系的。因此，要寻找产生情绪的原因，就要从引起情绪的想法人手，挖挖情绪背后也许还没有表现出来的“潜台词”，看看究竟是什么想法导致情绪问题的发生，想法明确了，情绪问题出现的依据就有了。

(4) 针对以上的想法进行剖析。结合不合理信念的三个特征（思维绝对化，以偏概全，悲观主义），分析在这些想法中是否具有不合理的特征，有没有不合理之处，然后确认是哪些不合理的观念引起了目前的情绪。剖析的过程既是对目前不合理观念的否定，也是对自己已有认知习惯的调整。

(5) 树立新的合理想法。在对原有的认知结构进行调整之后，不合理的信念和想法就会被否定或排除，新的想法就会产生。在否定不合理想法的基础上，重新面对事件的发生，尝试用合理的观念来考虑问题，就会帮助我们的情绪更趋理性化。

(6) 感受新想法下的新情绪。当新的想法出现时，情绪就会跟着发生变化，新的感受就会产生，体验两种不同想法所带来的不同情绪状态，并将前后两种想法和情绪进行比较，就很自然地感受想法改变后所带来的情绪的改变，并肯定这种改变。

(7) 小结。在解决这一问题的过程中，你驳斥了什么不合理的信念？有什么启示？小结的作用不是总结出所谓的知识点，而是对整个思维过程的一个整理和回顾，使已经取得的一些改观得到强化。

4．理性情绪法的适用范围和注意事项。

（1）理性情绪法一般适用于因认知上的原因而导致的情绪问题。因为理性情绪法主要是通过改变观念来调节情绪，因此，如果在观念上没有改变的可能，这种方法就较难应用。

（2）理性情绪法适用于正常人的一般情绪问题，所解决的情绪问题通常比较简单，程度相对较轻。对于已经偏离正常的情绪问题则很难奏效。

（3）理性情绪法适用于一定年龄的具有相应思维和判断能力的人群，对于理解和认知能力较差的婴幼儿和智力水平明显下降的年迈者或智力、精神有缺陷的人不适用。

（4）理性情绪法为解决情绪问题提供了显著的帮助，在某种程度上有效地达到了调节情绪的目的，但情绪困扰并非都是非理性信念的结果，事实上困扰情绪并非都是非理性情绪因素。所以，理性情绪法也是具有相对性的，不是适用于一切情绪问题的“法宝”，在具体的运用中要加以注意。

5．理性情绪法应用实例（基于理性情绪教育的辅导课程对改善高中生不良情绪的效果研究①）。

理性情绪教育主要内容有四个方面（骆宏，2000）：情感、信念、自我接纳、问题解决。借鉴美国和我国台湾地区进行理性情绪教育的成功经验，依据RET的基本原理以及高中学生的认知、情绪发展特点，把课程设计成如下十个单元：（1）如影随形的情绪——认识情绪；（2）最近比较烦——谈情绪觉察；（3）麻烦是自找，快乐自己找——谁是情绪的主人；（4）你的想法合理吗？（5）分析自我，认识自我——认识非理性世界；（6）战胜自我，重塑自我——挑战非理性想法；（7）实力挑战之战胜惰性；（8）实力挑战之克服自卑、增强自信；（9）实力挑战之笑对人生；（10）我们可以更快乐——做情绪的主人。理性情绪教育课程是围绕着认知、情绪以及两者之间的关系展开的，单元采取循序渐进的方式排列，其基础在于使学生认识到认知是决定情绪的关键因素，自己必须对自己的行为及情绪负责，其核心是使学生学会辨别非理性信念并与之辩论。

第一单元是关于情绪的基本知识。包括情绪是怎样产生的，如何调整和表达自己的情绪，情绪变化有何重要意义等。对上述问题的探究，主要做法是让学生围绕日常生活的经验和切身感受展开讨论，最后由教师做总结。通过讨论和归纳，学生对情绪会有更理性的认识，了解对同一件事，每个人的观念不同，感觉不同，情绪的表达方式也不同。从而激发起学生学习ABC理论的动机，并且初步学会正确表达和调整自己的情绪。

在第二单元“最近比较烦——谈情绪觉察”中，要使学会觉察自己真正的

---

① 邵晓芸：《基于理性情绪教育的辅导课程对改善高中生不良情绪的效果研究》，华中师范大学2004年硕士学位论文，第15—17、19—20页。

情绪、学习评估自己情绪的强烈程度，分辨有害、有益的情绪，明白适度反应情绪的重要性，并对 ABC 理论中的 A、B、C 进行详细的介绍。这一单元在课程中居于基础地位，因此必须让学生真正领悟 ABC 理论内涵，明了观念与情绪、行为间的关系，确立起情绪由自己控制的信念，懂得观念的变化可以改变情绪，学会做情绪的主人，正确地驾驭情绪。

根据 ABC 理论中 A、B、C 三者之间的关系，REE 的关键在于改变不合理、非理性信念，建构现实的认知系统，所以在掌握理论的基础上安排了三、四、五、六单元作为整个课程体系的重点。由于语言是思维的外壳，所以在第三单元对引发情绪的原因及自我语言对情绪的影响作了重要阐述。同时让学生深入了解并体会 ABC 理论的内涵，明白谁是情绪的主人。第四单元“你的想法合理吗?”旨在帮助学生在与非理性想法辩论之前了解意识主观想法的弊端及掌握如何将主观想法客观化，为最终战胜非理性想法打下坚实的思想基础。第五、六两个单元是实际运用，对不合理信念的 11 类进行介绍，使学生了解什么是不合理信念；主要提供理性与非理性信念的实例让学生进行辨别，使其认清过分概括化的想法和绝对化的要求是不合理的，并明确非理性信念之所以不合理的理由，以及与非理性想法辩驳的方法和技巧。这也是最核心的单元。

通过前六个单元的学习，学生对理性情绪教育的知识、原理及操作已经基本掌握，但还缺乏系统性。所以安排了第七、八、九单元作为综合性质的单元，让学生运用理论对生活中的不完美之处进行分析，使学生树立起好坏并存的自我评价观念，学会多角度看问题，学会接受自己和他人的不足之处，向惰性挑战、向自卑感挑战、向挫折挑战。通过这三个单元的学习，一方面学生学会了悦纳自我，另一方面对理论形成了初步完整的认知结构。

第十单元是总复习，这一单元对前面的课程进行系统的复习，使学生对 ABC 理论有一个更全面深刻的认识。在这基础上进行练习，达到迁移的目的。

理情课程是一个行动取向的预防性课程，因此特别强调将所学的课程应用于日常生活中，使其能更习惯地采用合理的思维方式解决实际问题，实现情绪、行为的改变。

具体设计简介：如影随形的情绪——认识情绪。

1．课程计划的实施。

（1）通过音乐进行热身，调动情绪。可任选一首欢快流畅的歌曲。

（2）介绍理情教育开展的意义，阐明心理教育课程开展的重要性和必要性，希望每一位同学不要心有顾虑，可以全情投入。

（3）教师讲述《苏洋的一天》（学习材料）。

（4）让学生把最先想到的 5 种描述情绪的词语写在纸片上。小组长总结归纳。

（5）由一小组根据词语表演出来，让另一小组的成员猜。

（6）展示配上音乐的画面（优美的和恐怖的），要求学生认真体验感受。

（7）让学生发言谈谈在上述两种不同情境下的情绪体验。

（8）教师讲解情绪的概念、产生条件、作用、特性以及青春期的情绪特征。

（9）学生分组讨论。结合情绪的概念、产生条件、作用、特性以及青春期的情绪特征，分析苏洋一天的情绪变化。

（10）教师小结。

（11）作业：①当你有各种情绪时，你通常是怎样表现的？请写下当你有如下情绪：快乐、愤怒、悲伤、挫折、恐惧、嫉妒时，你会怎么表现或反应；②正处在青春期的你，觉得现阶段的情绪与反应方式与过去是否有所不同？是哪里不同？③在面对你自己的情绪时，你觉得有哪些方式是满意的？有哪些方式是不满意的？

④在一周内每天做一次如下填空：因为________，所以我感到________。

2. 结果观察。

由于开场的音乐让学生感到新奇和兴奋，课堂随之气氛轻松而活泼，学生的参与性非常高。尤其在分析《苏洋的一天》中的主人公的情绪时，渐渐抛开羞怯，把自身的情绪体验融合进来，整节课进行得热烈而有序。圆满完成本讲辅导任务——让学生认识情绪（自己的和别人的）。

第四章　心理健康教育课程的教学过程

第一节　心理健康教育课程的教学组织

一、心理健康教育课程的教学模式

（一）心理健康教育课程教学模式设计的理论取向

迄今为止，心理健康教育活动课程的教学模式设计主要有三种理论取向：行为取向、认知取向、人格取向[①]：

1. 行为取向。教学模式设计的行为取向是建立在行为主义心理学的理论基础之上的。行为主义学习观强调刺激—反应的学习过程，认为学习就是人对外部刺激的反应，人的行为是刺激—反应之间的联结，与人的内部心理过程无关。人是外界环境和外部刺激的被动承受者，只要教师对外部刺激加以适当的设计与控制，就能通过外显行为的改变与控制来完善学生的行为，逐步实现教学目标。因此教学过程实际上就是以教师为中心，向学生灌输知识，改善学生行为的过程。斯金纳的“程序教学”“以教师为中心”的传统教学模式就是建立在行为主义理论的基础上的。

以行为主义理论为取向的教学模式设计有其存在的合理之处，其优缺点如下：重学生外显行为的控制与改变，重外界刺激对学生心理发展的影响，忽视学生内部心理过程对学生认知的影响；重视教师主导作用的发挥，忽视了学生主观能动性的发挥。强调教学过程的可观察性、可操作性、可控制性和可复制性，却将教学和学习过程处理的过于简单化、机械化；忽视人性，忽视人的情感、能力等因素，将人等同于动物。

2. 认知取向。认知取向的教学模式设计是以认知主义心理学的理论为依据的。认知主义学习观认为，人的认识并非单纯由外部刺激引起的，而是外部刺激与人的内部心理过程相互作用的结果。学习过程就是学生在与环境的交互作用

---

① 张英：《中小学心理健康教育活动课程的若干理论与实践问题研究》，福建师范大学 2002 年硕士学位论文，第 31—33 页。

中，主动地对外界刺激信息进行有选择地加工的过程。教学过程就是要创设一种特殊的情境，激发学生的内部心理活动，使学生主动地将所学的知识纳入自身原有的认知结构中，从而不断地促进自身认知结构的构建，推动其认知能力和认知水平向前发展。布鲁纳的“发现学习”、赞可夫的“发展性教学”、奥苏贝尔的“意义学习”、加涅的“指导教学”等教学模式都是以认知主义为根据设计的。

以认知主义为取向的教学模式设计存在的优缺点表现如下：重学生认知能力的发展，重学生主观能动性的发挥，重学生内部的认知过程与环境的交互作用，忽视了学生情感、意志等非智力因素的发展。

3. 人格取向。人格取向的教学模式设计是以人本主义心理学理论为基础的。人本主义认为人是具有自我实现潜能、天性善良的，是认知、情感和行为发展相统一的整体。人本主义理论强调在教学过程中要“以学生为中心”，教师起着促进者的作用。教师要创设适当的教育情境，促使学生在其中自由选择、自主发展。教师以情感影响为主要手段来激发学生的内在兴趣，通过建立良好的情感性的师生关系，促使学生自我实现、自我完善，尤其是人格的完善和发展。罗杰斯的“非指导性教学”的教学模式就是这种理论的体现。

人格取向的教学模式设计的优缺点如下：（1）从“人的整体性”出发，强调认知、情感、行为的统一发展，尤其重视学生完整人格的构建与发展，将人视作真正的完整的人，克服了行为主义和认知主义将人视作“非人性化”的“片面的人”的错误倾向；（2）树立以学生为中心的新教育观念，注重学生自身潜能的发展和自主性的发挥，强调因材施教，但忽视了教师主导作用的发挥，过分夸大了学生主观经验的作用。

综上所述，以行为、认知和人格为取向的三种教学模式设计各有其优缺点，都有其合理之处。心理健康教育活动课程的根本目的之一，是促进学生心理素质的发展。由于人的心理素质是一个复杂的结构系统，它的发展离不开通过行为训练而达成的行为完善，也离不开基础心理学知识的掌握和自主性人格的发展。人的行为是心理的外化，是心理发展状况的体现，但忽视人的内心主观体验和必要的心理学知识的单纯的行为改善，只能获得一些应对具体情境的心理技能，很难促进人的整体心理水平的提高。外部心理学知识要内化为学生的心理素质，离不开学生在活动中的行为改善；完善的人格是良好心理素质的一部分，它以必要的心理学知识为基础，是通过外部行为来体现的。因此三种不同取向的教学模式设计不是彼此对立的，而是彼此共存、兼容并蓄、互为补充的，从不同的角度、不同的方面发挥其整体的功能，促进学生心理素质的发展。因此近年来教学模式的设计出现了折中的整合的趋势。

（二）常用心理健康教育课程教学模式

迄今基于教育实践，人们总结提炼的常用心理健康教育课程教学模式主要有如下几种：

1. 讲授式教学模式。顾名思义，讲授式教学模式是以讲授的方式来开展教学的，在心理健康教育中，要以心理学的知识和理论作为重点讲授内容，它是从传统教学模式的基础上演变而来的一种课堂教学模式。大多数教师在开展心理健康教育课初期会采用这种学习方式来向学生灌输心理学和心理卫生学等方面的知识，以使学生更好地认识和调控自己的心理和行为。

这种模式的具体应用步骤为：问题导入—知识讲授—实际运用。例如，在讲解"情绪调节"部分心理学教学内容的时候，教师可以借助问题的合理导入来为学生讲解情绪和情绪调节的含义、重要性以及具体方法等方面的理论知识。另外，针对该模式的学习而言，教师都能较好地把握，他们只需按照学科教学的方式来讲解心理学方面的知识即可，这样可以拓宽学生的知识面，丰富学生心理学方面的知识。

从教学内容上来讲，讲授式教学模式主要侧重于心理学知识的讲授，这无法有效地解决学生存在的心理问题，增强学生的心理品质，并且心理学方面知识的记忆又会增加学生的学习压力，所以教师不可将心理健康教育简单地理解为心理学知识和理论的教育，也不可按照思品课来进行教学，更不可采用考试的方式来评判学生的心理特征，而应该将心理健康课作为优化学生心理素质、提升他们心理健康水平的有效途径。

2. 对话式教学模式。在对话式教学模式的指导下，教师必须结合学生的实际情况或教学要求来为学生合理确定教学主体，需要将学生分成适当的几个小组，并要鼓励各个小组的成员积极发表自己的看法，畅所欲言，并形成小组意见，然后让小组与小组互相讨论，最后由教师就各组的意见进行总结和评价。通常而言，小组的人数最好为奇数，以确保意见形成的有效性，通常每组人数以7人左右为宜，并要尽量将具有同种心理需求的学生分到一组，同时要明确各个小组中的人员分工，如主持人、记录员、检查员、激励者和总结人等，而教师则需要保持与学生平等的关系来进行对话。而该模式具体的应用步骤主要为：确定主题—分组对话—解决问题。例如，在讲解"情绪调节"这部分知识的时候，教师可以让学生就自己在生活或学习中遇到的烦心事以及自己的情绪调节方法来让学生进行探讨，从而使每个学生均可在学习中掌握调节情绪的方法。

该模式重点在于营造一个和谐平等、轻松愉悦、畅所欲言的课堂教学氛围，并对学生提出的各种观点进行合理点评，借助小组讨论或者辩论的方式来引导学生认识自己的行为模式，这样有利于避免价值观冲突问题。但是课堂毕竟是课堂，一味地讨论势必导致形式单一，并且该模式受学生年龄因素的影响比较大，所以不太适合低龄学生的心理健康教育。

3. 问题—体验—认知式教学模式。问题—体验—认知式的教学模式是指教师通过学生开放性话题或调查，把学生所关心的热点、焦点问题，确定为学生活动的主题，使学生在发现问题、解决问题的过程中产生情绪体验，提高认知、改善行为的一种活动模式。一个人有什么样的行为方式及情绪情感体验，取决于他对情绪的认知反应。如果认知反应积极、正确，那么他的情绪情感体验是积极的，采取的相应行为是积极的；反之，情况则相反。认知体验式就是引导学生学习正确的认知方式，通过学生的感知、想象、思维等认知活动实现活动目标。可通过一些具体方式进行，如：

（1）故事联想式。教师在活动开始或活动中，利用学生喜欢听故事的心理，引入故事，同时通过学生的观念联想活动，训练学生的想象力、创造力、表达内心的感受和经验。

（2）讨论—澄清式。针对当前学生关心的敏感性问题、热点问题、困惑问题、争论性问题展开专题讨论或辩论。

实例：考试过度焦虑的减轻与消除

（1）在学生开放性话题或调查中确定活动的主题。教师提出开放性的问题，引导学生自由交谈，并把大多数学生关心的共性问题确定为活动的主题。如教师提出开放性问题：在学校生活中，同学们最感苦恼的一件事是什么？引导学生自由畅谈，最后将大多数学生关心的“考试过度焦虑的减轻与消除”定为活动的主题。这样，在同学们的热烈讨论中他们就有了深刻的情绪和情感体验。

（2）讨论交流，提高认知。在确定主题后，组织学生讨论交流，加强认知辅导，帮助学生纠正认知偏差，形成对考试的正确认知，掌握应试的策略。如使学生了解产生考试焦虑的原因是什么，如何才能消除和减轻考试过度焦虑，等等。

（3）加强训练，解决问题。加强行为训练，增强学生的自我调控能力，促进问题的解决，教给学生放松训练法、自我暗示法，对学生进行有计划的训练，以达到问题解决的目的。运用情境法，使学生在真实或模拟的情境中产生情绪体验，通过反复强化训练达到减轻或消除考试过度焦虑的目的。

4. 情境—体验式教学模式。所谓情境，是指影响个体自身发展的各种刺激所构成的场景或环境。情境—体验式教学模式是指教师通过引入或创设各种情境，促使学生在其中自主活动，产生情感体验，进而提高认知，达到教育自我的目的。情境—体验式教学模式的操作程序一般可分为五个阶段：

（1）创设情境，启动体验。教师根据教学目标的要求及具体的教学任务，运用教学手段为学生创设生动、有效的情境。教学情境应能使学生在境中生情，在教师的指导下，将被激发出的情感贯穿到学习过程中，积极主动地参与教学活动。根据“启动体验”方法的不同，农村小学心理健康教育课堂运用体验式教学模式时，可采用活动体验式（实践活动）、情感体验式（激发情感）、问题体验式（提出问题）和情境体验式（创设情境）来展开。

（2）注重过程，感受体验。学生进入教学情境后，教师要认真详细地记录情境活动的过程，挖掘学生的心理潜能，深化学生的心理体验。在教师的引导下，学生将自己对外部世界的感知逐步内化，发现和认识自身的行为习惯、知识和能力水平，为交流分享体验做准备。

（3）分享体验，从中领悟。这一环节是体验式教学模式的核心环节，是在感悟的基础上，通过师生、生生之间的探讨和交流，分享体验。可以以小组的形式进行分享，也可以全班同学共同分享。通过这个过程使每个学生都有机会表达自己的内心体验，通过亲身经历、亲身感受来认知事物、探究问题、深化体验。

（4）建立信念，形成认知。这一环节是对学生体验和领悟的升华，在充分讨论和分享体验的基础上，教师要引导学生联系实际，反思自我，加深对问题的认识，摒弃错误观念和行为，建立积极的信念。教师通过创建情境、营造协作氛围，进行师生、生生会话，提供学习环境要素，发挥主体性，学生自主地获得知识，享受学习的乐趣。

（5）自我调节，践行体验。心理健康教育强调技能的获得，要求学生能够对所学知识加以证实和应用。这一环节是通过布置一些实际生活中的相关任务，促进应用和内化，培养实践创新能力，进一步陶冶升华学生的情感。实践本身也是一种体验，在新的体验的基础上，个体产生新的领悟，从而不断进步。

常见的情境—体验方式有如下几种：

（1）氛围式。利用录像、录音、电影等多媒体手段，真实地再现某些生活场景，或感受环境之优美，或感受人物之情绪起伏。

（2）角色体验式。根据活动需要，让学生扮演活动中某一人物角色，按角色需要思考、行动，体验该角色人物的思想、心理，学习模仿好的一面或更清楚地认识到其不恰当的思维方式及行为，进而增进自我认识，减轻或消除心理问题，发展良好的心理品质。活动方式有：①哑剧表演。辅导教师提出一个主题或一个场景，要求学生不用语言而用表情、动作表演出来。②空椅子表演。由一个人表演。将两张椅子相对摆放，学生先坐在其中一张椅子上，另一张椅子空着，但假装坐着另一个人，让该生先表演彼此间曾经发生过的对话，或心中所想的话，然后坐到对面去，扮演对方的角色以对方的立场说话，如此重复多次，增进学生对对方的了解，改善与对方的交往。③角色互换。与前者相似，但参与的人是两个以上。比如，辅导教师让一个学生扮演失败者，一个学生扮演帮助者。两人对话一段时间后，互换椅子或角色。④双重扮演。两个学生，一个是有问题的学生，一个是助理演员。有问题的学生表现什么，助理演员就重复表现什么，这样表现、重复事实，帮助问题学生清楚认识自己。

（3）游戏式。游戏是最受学生欢迎和喜爱的活动形式之一。它具有趣味性、自主性、虚构性、创造性、社会性（契约性、互动性）的特点，通过游戏能使学生在紧张中放松，在不安中坦然，在竞赛中找到观点，充分放松自我、表现自我、流露真情。而且在这种团体活动中达到彼此互相信任、经验分享，进一步产生友谊感、成功感等各种真实感受。

实例：合理控制情绪的闸门（自制力）。

（1）引入情境—产生体验—讨论交流—讲解知识。引入切合主题的情境，让学生在深刻的情绪体验中产生学习的兴趣、探究的欲望。例子：学生观看电影《烈火中永生》中江姐意外见到丈夫老彭的头颅被敌人挂在城门上的片段。许多学生被深深打动，边看边流泪。教师在学生产生深刻体验的同时，引导学生思考并讨论：为什么大家会深受感动？什么是自制力？在战争年代与敌人做斗争时需要自制力，在我们日常生活中需要自制力吗？为什么？教师在学生讨论的基础上适当讲解有关心理学知识。

（2）创设情境—观察参与—产生体验—提高认识。运用角色扮演的方式，使学生在有关的情境中通过表演、观摩等活动产生情感体验，提高认识。

情境一（无意控制，任不良情绪发泄的实例）：因遭教师误解而挨批评，心中窝火与教师打架甚至逃学。

情境二（适当控制情绪的实例）：脚被人重重地踩了一下，心中虽窝火，面对别人的礼貌道歉，也只好转怒为笑地接受了。

情境三（不适当地控制情绪的实例）：面对小偷掏人钱包时却敢怒而不敢言，导致他人遭受重大损失。

情境四（不分场合发泄情绪）：一个同学因父亲意外亡故，伤心欲绝，常在课堂上号啕大哭，既影响自己，又影响了他人上课。

情境五（选择适当时候和适当场合合理宣泄情绪）：另一同学家里突遭变故，他十分伤心，但上课时他尽量控制自己情绪，认真听讲，及时完成作业。每每到了野外无人之处，他才大哭一场，尽情发泄。

情境六（不良情绪应合理宣泄）：同学甲母亲意外故去，内心虽痛苦万分，却无一丝一毫的表露。结果久而久之，上课时精神恍惚，注意力无法集中，学习成绩也一落千丈。

（3）设置讨论情境——改善认知。在学生根据情境进行独立的表演之后，组织学生分组讨论并与全班学生交流：在什么情况下，需要合理地控制自己的情绪，怎样才能适当地控制自己的情绪，并要使学生明白，对于不良情绪不可强压抑，应合理宣泄。

（4）创设实践活动情境——调整自我。其一，要教给学生“制怒”小窍门，进行行为训练包括呼吸调节训练、语言暗示放松训练等。其二，要鼓励学生联系自我，探讨自己在现实和未来生活中已经和可能遇到的一些需要情绪调控的情境，以及有哪些调控的方法。

（5）总结升华。教师最后要与学生共同对活动进行总结，帮助学生掌握调控情绪的一些知识：情绪并非在任何情况下都需要控制，适当宣泄不良情绪，有利于心理健康，但情绪发泄会伤害他人、影响自己时需要合理控制，凡事三思而后行，掌握制怒小窍门，学会转移自己的注意力等控制不良情绪的方法。

5. 自主活动模式。自主活动模式是指教师只提出辅导专题，与学生共同学习有关心理学常识并辅以必要的指导，让学生自己设定活动主题、活动方案和活动模式。

实例：适时接受他人的关怀与帮助（人际关系）

（1）学习了解有关心理学常识。教师提出辅导专题并与学生共同学习有关心理学常识。例如了解初中生身心发展特点，如情绪、情感的发展特点、人际交往的特点等，学习人际沟通的艺术等知识，使学生更好地以理论指导实践，制定切合实际的有针对性的活动方案。

（2）在教师的指导下，自定活动方案。在这一阶段，学生在了解有关心理学理论的基础上，在教师的指导下结合实际，自定活动方案，即活动的主题、实施的目标、程序、方法等都由学生在自由讨论的基础上自行确定。如学生将活动的主题定为“适时接受他人的关怀与帮助”，将活动的方案定为以小品和观摩访谈录像为主要形式，将活动的目标定为“了解适时接受他人关怀与帮助的重要性”，学会适时地接受他人的关怀与帮助；在接受他人的关怀与帮助的过程中，促进人际交往，增强同学间的友谊。

（3）实施方案，实践体验。在教师的共同参与下，学生独立地收集资料，进行小品创作和访谈录像的制作。在活动方案确定后，学生开始根据活动方案提出要解决的问题：人为什么要接受别人的关怀与帮助？人在什么时候什么情况下要接受他人的关怀与帮助？如何接受他人的关怀与帮助？针对以上问题，学生开始走向社会，走访专家名人，采访家长、老师、同学，收集资料，制作小品；制作名人访谈录像和同学典型事例录像。在这过程中，学生也接受老师的指导与帮助，如请老师介绍专家名人、接受采访、指导作品排练等，学生在具体接受帮助的过程中，丰富体验和感受，更好地体会人要适时地接受他人的关怀与帮助的重要性。

（4）观摩表演，深化体验。在这一阶段，学生们独立地进行小品表演、录像观摩，从中产生深刻的情感体验。

（5）交流体验，提高认识。在学生们的小品表演、录像观摩活动结束后，教师要适时组织学生讨论交流，提高认识。

（6）联系实际，加强训练。使学生在接受他人的关怀与帮助中增进友谊，引导学生联系自身实际，畅谈自己的困惑或困难，其他同学给予帮助与关心，使学生们在互助友爱的气氛中接受别人的帮助与关怀，从而加强同学间的交往，增进同学间的友谊。开展游戏活动，如用布蒙眼跨越障碍，学会接受他人的帮助。在游戏中大家互帮互助，进一步体会“适时接受他人关怀与帮助”的重要性并增进友谊。

6. 行为训练式。行为主义关于行为强化的学习理论认为：通过奖惩等强化手段可以建立新的、良好的行为或消除某些不良的行为，此方式往往与其他活动模式结合起来应用。

（1）示范。这是一种借助模拟来习得或掌握新行为的方法。辅导教师自己或选择某方面行为优秀的学生进行示范，示范者在学生中具有权威的形象，学生模仿他们的良好行为从而建立良好的行为。

（2）奖赏。利用实物如糖果、文具、分数等强化物或语言肯定其某种行为并增强该行为，同时增强其自信和自我效能感。其中教师和学生之间的鼓励尤为重要，但也不要忽视学生的“自我奖赏”，当自己某方面经过努力做得不错时，自我鼓掌、喝彩，给自己一个放松机会，奖励自己一个糖果或其他物品也很重要。

（3）惩罚。在心理教育活动课中这是要慎用的一项活动。但巧妙地运用惩罚有时会起到意想不到的作用。比如，游戏犯规时可罚掉一次参与机会等。

（4）契约。在活动中，师生双方共同商定一份明确、公正而可信的契约。在契约中，明确规定何种良好的行为可以得几个积分；何种不良的行为表现要扣掉几个积分；多少积分就可换取何种强化物，或享受某种特权。这份契约使教师明确教育训练的各阶段重点，使学生明确知道训练要达到的具体目标。

在活动中，上述几种形式是交叉运用的，并且由此还可组合派生出更多的形式。无论哪种活动形式，都在有机地服务于主旨，有助于实现活动目标，且都是通过感受体验，通过感知训练，最后达到自我感悟、自我教育的目的，“感受、感知、感悟”模式使整个心理健康教育达到了知、情、行的有机结合。

不同的课堂教学模式均有其独特的教学进程结构，如赫尔巴特所提出的“明了—联想—系统—方法”课堂教学模式和夸美纽斯提出的“观察—记忆—理解—练习”课堂教学模式，等等。这些课堂教学模式所具有的教学进程结构并不是任意组合在一起的，而是在特定教学理论和目标作用下长期实践的结果。同理，心理健康教育课堂教学模式也是在借鉴其他优秀课堂教学模式的基础上，再结合本学科特点进行的一种特殊的教学模式。

就心理健康教育课堂教学模式的结构进程而言，在教学过程中，教师应充分体现该学科的特性、类型以及对象等特性因素，还要灵活运用各种教学方法来充分提高课堂教学的质量和效率。常见的心理健康课堂活动形式主要包括体育活动、行为训练、心理剧和游戏等，通过以上活动，教师应引导学生疏解心理烦恼，帮助他们通过体力的释放加游戏放松，逐步摆脱心理困扰，最终实现心理的健康发展。

在心理健康教育中，针对不同的教学任务和目标，教师需要采用不同的组合形式，心理健康教育课堂教学模式也不例外。比如，以信念确立不良认知改变或者价值辨析等为主的课堂教学结构可设计为“认知—活动—体验—分享—评估”的课堂教学模式；而以认识、矫正自己、理解他人和社会适应性为主的课堂教学结构可以设计为“活动—体验—分享—认知—评估”的课堂教学模式。这些模式都要结合学生的学习习惯、认知风格、认知水平和特定的教学内容等合理调整，引导学生的积极主动性，从而确保心理健康教育课堂教学模式应用的整体质量。

实例：“非指导性教学”模式在心理健康教育课中的应用①。

下面是青春期辅导课“敏感的性话题”部分课堂教学实录。

某职业学校二年级男生晓宇，高大英俊，是篮球场上的明星，还弹得一手好吉他，虽然学习成绩不太好，但还是招来许多女生的青睐。女生薇薇是本校低晓宇一届的学生，文静，秀气，举手投足间透出一股恬淡的美，晓宇凭着自身的条件主动出击，不久，校园就传出了两人恋爱的消息。

教师：你们对他们的交往有什么看法？

学生 1：在这个年龄阶段有这样的交往很正常啊，都快是成年人了。

学生 2：还是保持点距离比较好，这个年龄的人比较冲动，容易感情用事，万一做出不可收拾的事情就不好了。

学生 3：还是顺其自然吧，喜欢就谈，不喜欢就不谈。

学生 4：谈恋爱又不会影响学习，说不定还可以互相帮助，互相促进！

……

教师：同学们是各有各的看法啊，不过大多数同学觉得如果不影响学习，或者可以转化为学习的动力，就可以继续交往下去，那我们继续往下看。

晓宇和薇薇相恋后，无心学习，两人整日待在一起，学习成绩一路滑坡，两个人完全陶醉在二人世界里，看似很幸福的样子。直到有一天，晓宇趁父母外出，把薇薇领到了自己家里。两人从谈天拥抱再到亲吻，最后晓宇向薇薇提出了越轨的要求，并对薇薇保证：“我是真心爱你的，我会对你负责的！”此时的薇薇开始犹豫，不知所措。

教师：这时薇薇应该怎么办？你对晓宇所说的话有什么看法？

学生 1：如果感情到了，顺其自然也未尝不可，毕竟都是中职生了，他们应该能够对自己的行为负责。

学生 2：应该拒绝晓宇，毕竟还是学生，年纪还太小，此时的表白没有任何可信度！

学生 3：当然要拒绝！如果发生了那样的事情会给他们带来很不好的影响，再说，他们以后不一定会结婚！而且，最危险的是还有可能导致薇薇怀孕，这是我们十几岁的学生承担不起的事情。

学生 4：男生这个时候说的话是绝对不能相信的！他现在没钱没工作，怎么能保证日后会对薇薇负责？

---

① 张敏：《“非指导性教学”模式在心理健康教育课中的应用》，《内蒙古教育（职教版）》，2015(11)，第 30 页。

……

教师：同学们对上面的问题思考得非常认真！我请大家阅读一篇文章《一根小草的考验》。一对热恋的年轻人在一个荒岛上游玩，天快黑时他们迷了路，此时他们发现两间曾经住过护岛人的小木屋空着，于是他们决定晚上就在那里过夜。可是，女孩站在自己的那个房间里发愁，是否应该把门闩上呢？如果闩门，怕伤害了男孩的感情，若是不闩，又怕他会闯进来。最后，女孩想到了一个绝妙的办法，将一根小草轻轻地系在了门闩上，这一夜，女孩在忐忑不安中渐渐睡去。第二天醒来，女孩看见门闩上的那根小草仍然静静地闩在那里，纹丝未动。女孩哭了，感受到了一种值得信赖的爱情……

人本主义学派认为人都有内部的成长机制，作为教育者，只需要创造合适的环境，设立教学环节，就能够激发学生的发展潜能，而不是通过说教。在这堂课中，教师的角色从主讲者变为引导者，教师并没有对学生的发言给予价值评判，没有直接告诉学生什么是对什么是错，而是通过环节设计，引发学生的讨论，使学生在讨论中反思错误的价值观，在同学的反馈和自己的感悟中明白前进的方向。为了鼓励学生们真诚大胆地发言，教师必须为学生们创设安全和谐的心理环境。

通过这节辅导课，学生们虽然没有从老师那里获得直接的教导指示，但明白了如何和异性交往，如何面对婚前性行为，相信学生领悟出的道理会远比教师的说教效果好。

二、心理健康教育课程的教学环节

心理健康教育课，其教学环节与其他学科有共通之处，即都分为课前、课中、课后三个阶段，但贯穿于这三个阶段之中的是心理健康教育区别于其他学科的特殊性，即心理健康教育课不仅是知识的传授，更要满足学生本身的需要，帮助学生解决自身存在的问题。[①]

（一）心理健康教育课程的教学准备

课前准备阶段是心理健康教育课必要的组成环节，除与普通学科相同的备课过程之外，还有它的特有任务。如果学生能够参与这一准备阶段，围绕教师确定的专题，与教师共同讨论课堂的中心内容和活动形式，一起完成课前的准备，能使课堂教学具有针对性、实用性。

1. 课堂内容的选择。心理健康教育课不同于知识传授的学科，它具有很强的操作性和实用性，必须真正做到以学生的需要为出发点，才能实现心理健康教育的目标，即帮助学生解决自身的心理问题，使他们能拥有良好的心理素质和健

① 周霞：《抓好心理健康教育课的三个环节》，《中小学心理健康教育》，2002（3），第36—38页。

全的人格。心理健康教育教师必须有强烈的责任感，将学生的内心需要放在首位，善用自己的自主权，遵循实用性原则去选择内容，使教学与活动内容和高中生的学习、生活紧密相连，真正对他们起到指导作用。所以选择课堂内容要针对学生不同阶段的不同需要，有针对性和计划性。如对于刚入学的高中生，他们急需了解新的环境、新的集体、新的学习任务、新的人生目标，来平息由于处在陌生环境而产生的不安心理。因此，教师要预知学生的这种需要，及时对他们进行学习和生活适应性的辅导；另外，由于某些学生对高中学习没有全面的认识，对同学缺乏了解，易对高中学习和自己的同学产生错误的认识和评价，可能导致盲目的自卑或自负，所以，开学之初还要及早进行自我认识的指导；随着对新环境、新集体、新的学习生活的适应，人际交往问题将成为困扰高中生的重要人生课题。课前教师要对每堂课的内容做到心中有数，适量安排每节课的内容，问题要单一，有利于在课堂上做深入的分析和挖掘。

2．课程形式的安排。心理健康教育课的形式是丰富的，它不是心理知识传授课，不以学习系统理论为目的，而是让学生在课堂上获得心理体验、新的认识，以改善自我、发展自我为目的。因此，在心理健康教育课上，学生的主体地位应得到最鲜明的体现。学生不是被动地听从教育，而是作为课堂的主体主动参与课堂教学，在民主、自由的气氛中进行互助和自助。所以，活动是心理健康教育课的主要形式。

教师设计的活动形式要多样化，如讨论、调查、辩论、演讲、阅读、写论文、问卷调查、量表测量、短剧表演等，要根据内容的特点选择最适当的活动方式。例如在处理人际冲突一课中，可采用情境讨论和冲突小品、短剧表演三种活动方式，表现不同的行为反应及其相应结果，课堂上学生热烈参与，积极展开讨论，投入地表演自编自导的冲突小品或短剧，可以产生良好的课堂教学氛围，加深学生对课堂内容的印象和理解，引发他们更深刻的思考，实现自我教育的目的，同时通过活动进行有效的心理训练，提高知识的实用价值，促进由知识到能力的转化。

3．课堂结构的安排。心理健康教育的课堂教学中以活动为主，但教师心理知识的指导也不可缺少，因此，课堂中不可忽视教师必要的知识传授和学生活动的紧密结合。以学生的活动为主导，学生在活动中体验、感知和领悟；以教师的指导为关键，成为画龙点睛之笔。学生的活动在教师的指导下进行，活泼有意义，每段活动都要体现教师设定的主题，有利于教师引导课堂进程，引发学生的思索，使他们在教师的指导下得到更深的感悟。

如有教师在“正确处理同伴冲突”一课中，由同伴交往的重要现实意义导入新课之后，首先安排的是情境讨论，既调动了学生的积极性、主动性，活跃了课堂，又以学生的回答引出了本课的知识点，即几种行为反应及其相应的心理基础、对应的不同后果，这部分作为心理知识的传授通过学生讨论、教师总结等形式完成；然后，通过学生表演自编自导的两组心理小品使学生获得深刻的心理感受，引发他们的思索，激发他们的讨论欲望；接着展开广泛的讨论，引导学生运用刚讲解过的心理知识去分析问题产生的原因，预测不同反应将会导致的不同结果，设计解决冲突的有效方法，以此达到对同伴交往的心理知识的深刻理解、认可接受和灵活运用；最后由教师对小品、短剧揭示的矛盾冲突和学生讨论的解决方法做简单的概括评述——即同伴之间发生冲突的基本原因是“个性差异”，解决同伴冲突中的正确态度和方法应该是相互尊重、理解、宽容和信任等，学会以自信式的行为反应去应对冲突，解决问题。

4. 课堂活动的辅导。课堂上要开展某些活动，需要在课前给予一定的指导，使学生的活动更符合教学要求和目的。比如，在“正确处理同伴冲突”一课中，对心理小品、短剧的课前辅导主要为：师生共同讨论在同学交往中常发生的，具有一定代表性的人际冲突情境；选定主题，设计明显的冲突情境，以学生为主设计者，教师适当指导小品人物的语言、神态、动作等具体细节；指导学生细细体会自己所扮演角色的心理活动，更好地去把握角色、扮演角色，并通过角色扮演进行自我教育；给予适合冲突情境的解决方法的指导，解决方法要明确、具体、合理。

（二）心理健康教育课程的教学进行

1. 专题导入。通过设定活动情境提出问题，使学生在自由讨论中了解自己在生活中的一些习惯性的认识和行为方式。

（1）学生要明确每节课所要解决的问题，激发学生学习、活动的兴趣，并反思在这一问题上自己的认识和行为方式。比如，“正确处理同伴冲突”一课中，首先由教师列举一些在学生群体中常见的冲突情境，引起学生强烈的情绪反应和学习渴望。如，面对同学或朋友的误会、不理解，和同学的意见分歧、争执，烦恼时同学的打扰，和某些同学的激烈竞争等。这类很普遍的冲突，处理不当会严重影响自己与他人的相处，影响心情、活动兴致等。这类与学生自身密切相关的事件，不仅可以引起学生对学习内容的重视，也能充分调动他们主动参与课堂教学的积极性。

（2）教师要以和蔼、亲切的态度，适当的语言和表情或精巧的活动计划，营造和谐、融洽、民主的课堂气氛，鼓励学生畅所欲言，了解学生的看法，注意接纳各种意见，不轻易做好坏评价。如“正确处理同伴冲突”一课中，教师引入课题后，设计了一个具体的冲突情境：“张三的好朋友因道听途说，误会张三向老师告他的状，因此当众指责、辱骂张三”。教师通过语言和非言语信息鼓励学生设身处地体会张三会有的心理活动，了解多数学生的反应倾向，将学生列举出的行为反应进行总结、分类、归纳，得到本课的知识点，即过激、退缩、自信三种反应方式。通过师生共同分析、推测，总结出结论，为下一步教学活动做准备，也使学生对知识点有深刻的理解。

2. 活动展开。分析、解决问题，深入学生的认识系统，提高学生的认识水平，改变学生的观念和行为。此阶段是心理健康教育课的重要环节，是学生获得心理体验、转变认识的重要过程。此一环节既要有学生对精心设计的活动的积极参与，又要有教师适时地以心理知识作引导、总结。

（1）教师要有一定心理知识的讲授，但要防止把心理知识的讲授变成简单说教，起不到心理健康教育的效果。

（2）活动是心理健康教育的主要载体，任何活动都是为实现教学目标服务的，因此不能只为活动而活动，要依据心理学原理精心设计活动，使学生在课堂活动中获得丰富、深刻、充分的心理体验。

如在“正确处理同伴冲突”一课中，由于教师在小品之前有一定的心理知识的铺垫，小品又经过学生的认真编排和教师的精心指导，所以这两组小品使参与表演和观看表演的学生都产生了强烈的心理感受，使学生领悟到只有在冲突面前采用自信式的反应方式，才能平息冲突，彻底解决冲突；而过激、退缩式的反应不利于冲突的解决，且适得其反。

（3）师生要共同努力，创造良好的课堂气氛。提示学生要自觉遵守纪律，活动不能随心所欲，要活而不乱；学会尊重他人，重视他人的观点，可以辩驳，不可以嘲笑。教师要加强组织课堂的能力，能收能放。特别要注意不能将学生的心理问题当作品质问题，简单判定学生好坏、对错。

（4）教师要针对活动过程中学生提出的问题，给予及时回应和反馈。对于课堂上不能得到有效解决的问题，要针对问题的对象考虑给予后续个别辅导或进一步开展团体辅导。

（三）心理健康教育课程的教学结束

这一阶段主要是学生运用已获得的心理知识进行自我教育，检查学习成果的过程。通过把所学知识运用于解决自身问题，提高学生的认识水平和适应性，而且学生解决问题的效果也反映了教师的教学效果。教师可以通过回顾与反省、计划与展望、祝福语激励等方式和方法结束课程，提示引导学生注意学习结果的应用、反馈。

1. 学生要自省自己的认识是否发生转变，是否进一步明确了自身的发展目标和行为目标。

2. 教师要合理安排学生的自省、自我教育、自我帮助等活动。既可放在课堂上又可留待课后完成。形式也是多样化的，如，自由发言，记日记，制定具体行动计划，实施具体行动等。在“正确处理同伴冲突”一课中，教师在学生充分理解过激、退缩、自信三种反应方式及其后果的基础上，让学生回想曾经有过的与他人的不愉快交往，仔细回顾、寻找两人间的矛盾，客观理智分析两人的对错责任，并思考在当前是否会像从前那样处理两人间的冲突。拟出具体行动方案，如果可能，要将过去的事情及自己的感想清晰、平静地与对方交流。即，通过课后作业的形式，让学生有意识地运用所学知识解决自身的问题，将所获得的知识转化为改善人际关系的能力。

总之，心理健康教育课的最终目的是提高学生的心理健康水平，改善学生的心理素质。因此，它绝不应该雷同其他学科的教学模式，必须以学生的需要为出发点，以学生的活动为主体，以灵活多变的形式、丰富实际的内容去吸引学生，提高学生的自助能力。所以，心理课的特殊性决定了心理健康教育教师不仅是拥有宽容、理解的心胸和高超的课堂教学艺术的教师，更是探索心理健康教育教学模式的研究人员。

第二节　心理健康教育课程的教学方法

一、心理健康教育课程常用教学方法

心理健康教育方法主要有作为传统学科课堂形态的教学方法、课堂外活动形态的教育方法和隐蔽课程形式的教育方法。本节主要分析作为传统学科课堂形态的教学方法。心理健康教育课程的教学不同于一般学科的教学，因为它的教学目标不是为了传授心理学的知识，而是希望通过一系列的心理辅导活动，让学生能够从活动中懂得认识与了解自我、发展自我的重要性，进而能够主动地去发展和提高自己的心理品质。因此，根据这样的特点，中小学心理健康教育课程可以运用的教学方法有①：

1. 认知法。这类教学方法主要是依靠学生的感知、想象和思维等认知活动来达到教学目标。它包括以下两种活动：（1）阅读和听故事。教师通过向学生推荐优秀的和有针对性的读物，或者自己开辟编写心理健康教育的专栏。在课堂上安排读书讨论和交流读书的心得体会，或讲述一些有意义的故事，让学生能够从中得到启发，从而改变自己的生活与行动的态度，促进自我人格的发展。（2）认知改变。教师通过质疑、暗示和说服等方法，来改变学生非理性的信念和观点，从而恢复和建立合理的、积极的思维方式来解决学生的心理问题和促进学生健康人格的发展。

2. 角色扮演法。角色扮演法就是一种设定某种情境与题材，让学生扮演一

---

① 陈丁，陈洁：《对心理健康教育课程教学方法的探讨》，《校园心理》，2009（1），第29—32页；陈夏妮：《小学心理健康课教学方法浅谈》，《中小学德育》，2011（4），第76—77页。关于心理健康教育方法更详尽的了解还可参见姚本先主编：《学校心理健康教育——理论研究与实践探索的整合》，安徽大学出版社，2008年版，第220—222页；陈家麟：《学校心理健康教育——原理与操作》，北京：教育科学出版社，2002年版，第209—362页。

定角色，通过行为模仿或行为替代，充分体会角色的情感变化和行为模式，表露自己或角色的人格、情感、人际交往、内心冲突等心理问题。然后通过观察、体验，进行分析讨论，从而使学生受到教育。其作用就是在扮演角色过程中可以显露当事人行为、个性上的弱点与矛盾之处；给当事人宣泄压抑的情绪提供了机会；让其能够理解角色的处境，消除不必要的误会和猜疑；使其从中学会合理而有效的行为方式。而作为观众的学生虽不扮演角色，也可能对扮演者发生认同作用。角色扮演有不同的表现形式：集体的角色扮演、个别形式的角色扮演、让学生轮换扮演两个角色、固定角色扮演等。

3. 榜样引导法。教师利用学生有很强的模仿特点，让他们通过榜样行为的观察，使自身受到强化，模仿榜样的言行，从而实现受教育的目的。榜样可以是真实的也可以是符号性的（通过传播媒介来呈现的榜样）。常用的榜样引导法有：参观、访问、媒体教学等。

4. 讨论法。讨论法是所有教学活动中使用最为普遍的方法，是在教师的引导和组织下，学生对某一专题发表自己的看法，表达自己的感受与意见，群体进行研讨的学习方法。这种方法可以集思广益，沟通彼此的思想和感情，促进问题的解决。通常可以用到的心理健康教育课程中集体讨论的方式有专题讨论、辩论、配对讨论、脑力激荡等。

5. 价值观辨析法。价值观辨析法就是在教师的安排下，学生通过讨论、辩论等方法利用理性思维和情绪体验来检查自己的行为模式，并把自己的行为模式与他人的行为模式进行比较，解决价值冲突，进而按照自己较符合社会要求的价值观支配自己的言行。常用的价值观辨析法有小组讨论法、两难问题法等。

6. 行为强化法。行为强化法就是教师运用奖惩等强化手段来巩固学生良好行为、消除不良行为或建立某种新的良好行为的一种方法。所谓强化是指任何有助于机体反应概率增加的事件，强化手段一般有正强化、负强化和惩罚。凡施加某种影响并有助于反应概率增加的事件叫正强化。凡移去某种不利的影响并有助于反应概率增加的事件叫负强化。常用的强化方法有：奖励、惩罚、强化不相容反应等。

心理健康教育课程所使用的方法除了以上论述外，还有许多其他的方法，如游戏法、讲授法、自述法、故事法、表演法、比赛法等。而这些辅导方法的分类也不是绝对的，它们彼此之间有一定的交叉和包含的关系。这些众多的方法又可归纳为两类，一类是认知类，另一类是活动类。为使收到良好的教育效果，应把知和行紧密结合起来，以一种方法为主导，多种方法为辅助进行教学，不能孤立地去使用某一方法。

二、心理健康教育课程教学方法设计

心理健康教育课程与一般的以教师讲授为主的学科课程不同，其教学是通过教师和学生的共同参与和互动来进行的，而学生的参与热情和投入程度对教学效果的影响最大。因此，教学方法的设计要充分考虑学生的全员参与和真情表露，但是又不能为了引起学生的注意和兴趣，只追求设计的形式、步骤和具体环节的丰富多彩，使之越热闹越好、越离奇越好；更不能以活动形式的丰富程度，新奇程度和学生表现的活跃程度、兴奋程度来评价一节课或一次活动的优劣和成败。这种认识是片面的，也是危险的，会把心理健康教育课程引向形式主义的歧途，使之变成一场矫揉造作、的闹剧。有鉴于此，心理健康教育课程教学方法的设计须注意以下要求①：

1．讲求实效，不搞花架子。教学方法的设计要根据教学目标的要求，依据内容的需要来选择，而不是为了活动而活动，为了形式而形式。在实际教学中，常常会看到这样的现象，在教师的刻意编排下，课内充满着既不能反映教学内容、也难以达到教学目标的活动安排，如缺乏事先的充分了解、不能真正畅所欲言、了无生气的所谓“问题讨论”；一个又一个填满了教学时间、学生看似玩得高兴却又毫无内涵的游戏活动；并非出自学生的经历而由教师来“图解”有关知识编导的小品或角色扮演等。这些看似丰富多彩、令人目不暇接的“活动”形式，由于缺少内在的积极思维、探究活动的支撑而显得空洞和肤浅，无助于实现心理健康教育课程的目标。

2．从学生实际出发，不超越学生的现有水平。教学方法的设计除了根据教学目标和教学内容以外，很重要的一点是要依据学生的年龄、心理特点，即学生现有的思维水平和接受能力，千万不能为了图新鲜、创新颖而别出心裁设计游戏和活动，却将学生的现状和能力抛在脑后。曾有一堂小学高年级的心理课，教师组织了两个关于价值澄清的游戏，学生只是在被动地跟着老师的要求去做，全然不知其内在的含义，更不要说有所收获，有所启发了。课后，专家曾问该老师怎么采用这样的游戏，她说，参加培训时觉得这个游戏很不错，也就未考虑学生的接受能力和思维水平而照办了。她还说，其实在上课游戏的过程中，自己也已经发现了这个问题，学生不理解，也就谈不上效果了。

3．面向全体学生，关注学生的个别差异。在心理健康教育课程的教学中，教师不是指点迷津的权威，但肩负着促进和帮助学生获得发展的重任，而学生是有个别差异的，只有面向全体学生，重视其个别差异，才能更好地促进和帮助他们。因此，在教学方法设计中，要想办法创设让所有学生都能积极主动参与学习和活动的机会，可以设计集体活动、小组活动和个别活动等环节，以便能调动不同层次学生的兴趣和积极性。

4．发挥多媒体辅助作用，不让它“喧宾夺主”。随着多媒体手段的运用和

---

①　吴增强，蒋薇美：《心理健康教育课程设计》，北京：中国轻工业出版社，2007 年版，第 111—112 页。

普及，其所具备的视听形象的生动有趣性、资源丰富性和资料易取性等特征，为教学方法的设计开拓了极大的空间，要充分发挥其多方面的功能，但不能过度依赖它，不能让它取代了学生的主体地位，代替了学生的活动和思考。在实际教学中，有的老师过分依赖多媒体的生动形象性，整段整段的教学时间都让学生在观赏，事后只是非常简单地让学生说说看后的感想，很不利于学生的积极思维和充分交流。而且大多数多媒体课件在交互性方面有明显的不足，它只是单向的灌输，而不是双向甚至多向的互动、不利于学生的即时反应和灵活应变。

第三节　心理健康教育课程的教学评价

一、心理健康教育课程教学评价概述

1. 课程评价的内涵。课程系统有三项基本的职能：编制课程，实施课程，评价课程和课程系统的效率。所谓课程评价，就是根据一定的标准和原则，运用科学的方法和手段，对课程设计、课程实施以及整个课程系统进行价值判断。课程评价作为学校教育评价体系中的一部分，它在职能上也必须是课程系统的一部分。课程评价至少有四个方面：课程使用的评价、课程设计的评价、学生成绩的评价、课程系统的评价。①

心理健康教育课程的规划设计是否科学、合理，能否满足社会和学生的需要，有无实际价值，其实施的过程是否恰当，实施的效果如何，课程的功能是否得到最佳发挥，同样都需要进行科学的价值判断，做好心理健康教育课程评价的管理，有利于完善对心理健康教育课程的认识、设计和实施，从而推动整个课程建设的发展。

学校心理健康教育课程评价问题业已受到关注。人们提出，学校心理健康教育课程评价主要包括对课程设计、课程实施过程以及课程实施后效果进行评价，为检验其评价质量，还应对学校心理健康教育课程评价进行再评价。② 心理健康教育课程评价的标准从应然取向上一般包括：目标取向上的内外兼顾；对待学生要理解、尊重；运作形式上以活动为主；师生地位上以学生为主体；效果标准上全面改善心理状况；人际沟通上真诚、开放；教育措施方面重视个别对待；教师言行侧重正面示范等。③ 心理教育课程评价应注意的问题包括：（1）注意评价过程的客观准确，注重实际效果；（2）注意评价标准的可操作性，灵活采用多种

---

① 张廷凯：《关于课程评价的几个问题——从评价看课程编制的科学化》，《课程·教材·教法》，1996（3），第18页。

② 董晓星，陈家麟：《对学校心理健康教育课程评价的思考》，《教育科学研究》，2004（6），第24—26页。

③ 刘华山：《关于心理健康教育课程评价标准的思考》，《河南教育》，2006（5），第36—37页。

方式进行评价；（3）注意恰当地使用心理测验，避免副作用等。①

心理教育课程是一门特殊的课程，它和智育课程不同，单靠传统的考试方式来评价课程实施的效果是不全面的，甚至是无效的，因为学生心理健康与否不能从所学的心理学知识的掌握程度来衡量，心理教育课程评价的特殊性主要表现在：第一，课程评价的整体性。表现在评价范围的全面性与学生心理的整体性；第二，课程评价的主观性。在一定的程度上，受到课程评价者意识状况和心理健康水平的影响；第三，课程评价的参照性。需要参照有关心理健康的标准来评判课程教学的效果；第四，课程评价的相对性。其一表现在心理教育课程评价的标准一般具有相对性，对每个学生心理健康的评价是相对于团体水平而言的，其二表现在学生个体的发展上，要根据学生的发展状况做出相对的和发展的评价。第五，课程评价的间接性。只能通过一个人外显行为的观测或心理自评来推断他的心理品质及心理结构的形成情况，从而了解他在这个阶段的心理健康状况。正因为心理健康教育课程评价具上述特点，所以，在评价课程效果方面，面临着诸多的困难：课程教材评价缺少标准、课程实施效果难以定量评价、心理特质不易客观测量、课程成效易受其他因素影响（社会文化、意识形态、家庭、居住环境、大众传媒等）、评价工作费时费力、评价工作易出现偏差、课程工作人员缺乏评价经验等。② 总之，了解本课程评价的特殊性和困难所在，可以使课程管理更加有针对性和可操作性。

2. 心理健康教育课程评价的目的。心理健康教育课程评价是指根据课程的教学目标和评价指标体系，系统地收集有关的信息，并对信息进行整理、统计、分析，以此考察课程设计、课程实施和教学效果对提升学生心理健康水平所发挥的作用，为改进心理健康教育课程教学提供依据。因此，心理健康教育课程评价的目的是：

（1）完善课程设计。通过对心理健康教育课程的评价，可以发现课程设计的不足之处，为改进和完善课程设计提供依据。

（2）改进实施环节。通过对心理健康教育课程的评价，可以看到教师、学生以及师生互动在课程实施过程中的作用和欠缺所在，为改进教学形式和方法提供依据。

（3）促进教学效果。通过对心理健康教育课程的评价，能够了解课程教学对学生的心理和行为改变产生的影响，为提高教学效果，提升学生的心理素质提供改进课程的依据。

3. 心理健康教育课程评价的内容和标准。对中小学心理健康教育课程进行评价没有一个外设的统一、固定的标准，而是针对不同的评价内容有不同的标

① 邓如陵：《论学校心理教育课程的设计原则与评价》，《教学与管理》，2006（11），第79页。

② 徐建东：《高校心理教育课程管理研究》，湖南师范大学2006年硕士学位论文，第25—30页。

准。对中小学心理健康教育课程进行评价可以从课程运作的三个维度六个方向进行。三个维度是：客体维度即课程目标、课程材料（包括课程大纲、课程计划、课程内容）、课程效果，主体维度即学生和教师，以及介于主客体之间的活动维度，即教学过程，包括教学的组织和教学方法的运用等①：

（1）课程目标的评价：课程目标是课程运作的指针。中小学心理健康教育课程有不同的价值取向，包括学科价值取向、经验价值取向以及问题价值取向。这决定了中小学心理健康教育课程目标差异性的存在。但无论怎样，中小学心理健康教育课程有一个终极的目标，即中小学生身心的和谐发展。因此，对中小学心理健康教育课程目标进行评价就是要确定心理健康教育课程的目标是否以促进学生的心理健康成长为宗旨，既要关注学生行为是否符合团体与社会的要求，又要注意学生个人合理需要的满足，做到社会目标与个人目标的兼顾。此外，还要看课程目标是否具有现实可行性，以及注意目标的表述是否准确。

（2）课程材料的评价：课程材料是中小学心理健康教育课程的载体，课程材料的质量直接影响课程的实施效果。对中小学心理健康教育课程材料的评价主要包括对课程大纲、课程计划和课程内容的评价。对课程材料的评价主要看其是否符合心理健康教育课程的目标，是否有价值与有意义；是否能满足学生的需要与兴趣；是否具有社会适切性；所包含的知识是否具有一定的广度和深度；内容结构安排是否符合学校心理健康教育这一学科特点；与其他学科教学是否相协调等。

（3）课程效果的评价：中小学心理健康教育课程的教学效果评价主要是看中小学生心理素质的发展状况及相应行为的是否有改进，必须以学生知、情、意、行的全面改善为标准。即看其是否让学生获得了相应的基础知识和有关信息，改变了学生思考问题的方式，了解自己某方面心理素质发展的现状；是否使学生有情感投入，获得了有益的情感体验；是否使学生掌握了有用的生活技能；是否使学生有决心完成某种有意义行为的“行动意向”。

（4）对学生的评价：学生是心理健康教育课程的出发点和归宿。因此，中小学心理健康教育课程的评价实质上都是围绕学生进行的。如前面所谈的课程目标、课程材料、课程效果的评价，以及接下来将要谈到的教师的评价和过程的评价都是把学生作为评价的核心依据。此外，中小学心理健康教育课程的评价还要看学生是不是课堂的主角，在课堂上能否充分地参与并获得教师和同伴的关注与尊重。

（5）对教师的评价：对教师的评价首先看教师个人对心理健康教育的过程能否积极参与、投入感情，并做到适度的自我开放。其次，对学生态度是否真

---

① 何蕊：《中小学心理健康教育课程评价初探》，《乐山师范学院学报》，2010（12），第134—135页。

诚，对每一个学生能否做到尊重、关注。教师在与学生交往的过程中，应接纳他们，尊重他们，倾听他们的意见和愿望，使他们感到自己的存在与价值。最后，看师生关系是否平等。教师要少指导、说教，多交流、沟通；师生之间以诚相待、相互理解；每个人机会均等，可以自由发表意见。

(6) 对教学过程的评价：对教学过程的评价主要看教学过程是否采用变化的教学组织形式、做出合理的活动安排、运用灵活的教学方法以及是否形成良好的课堂氛围。心理健康教育课的组织形式的变化和活动的合理安排对课程质量有重要的影响。评价教学过程要看活动设计是否有针对性、创新性、形式多样，活动实施是否规范、灵活变通、围绕主题，每位成员（包括教师）是否积极参与、充分投入。同时，评价还要看教学过程中教师是否善于灵活运用教学方法，鼓励学生相互分享，引导学生合作探究，是否能营造一种宽松、活跃、融洽的课堂氛围。

二、心理健康教育课程教学评价的原则

评价原则是选用评价方法的基本准则。根据心理健康教育课程的特点和评价目的，心理健康教育课程评价的原则包括如下方面：

1. 注意评价过程的客观准确，注重实际效果。评价不应有主观的偏见，或受以前评价结果以及其他因素的影响而产生“晕轮效应”。注重实际效果，就是要了解学生从中获益的大小，而不应只注重外在的条件。虽然许多外在条件会影响心理教育课程的成效，比如任课教师的素质、设备、学生资料与测验的齐备程度等，但教育效果的评价更应通过各种有效的科学方法，深入了解实质性的教育成效。

2. 注意评价标准的可操作性，灵活采用多种方式进行评价。例如，到底什么是自我发展，如何判断学生达到了充分自我发展，对此有必要制定具体而可操作的评价标准。心理教育课程评价，一般可采用任课教师自我评价与相互评价、学生的评价、学校间的相互评价、主管部门或专家主持的评价等多种方式，可以定时向学生发放调查问卷，了解他们的态度，征询他们的意见，把学生对课程效果的评价作为评价的一个重要指标。

3. 注意恰当地使用心理测验，避免副作用。心理测验是评价学生心理状况的常用方法。心理测验使用不当，则有可能对学生造成不良的心理影响。评价心理测验的使用是否适当，首先要了解心理测验的选择是否适宜，是否符合测试目的，有无注意测验的信度、效度与常模；其次要了解测试者的资格和经验如何；最后还要了解测试者对测验结果的态度，测验的目的不是给学生贴“标签”，而是了解学生的实际状况。任课教师在面对学生时，不仅仅解释这些资料的结果，还要帮助学生了解如何发挥自己的特长，如何改变不良的行为特征，使自己更好地适应环境。

4. 注意心理健康教育中的即时效应和长期效应。学生心理素质的提高及相应行为的改进，需要一个积累和酝酿的过程。所以，在评价心理健康教育课程教学效果时，应该考虑到追踪评价或延缓评价的问题。进行追踪评价是为了了解教学效果能否持续，是否对学生的学习、生活等产生长期的积极影响。进行延缓评价是为了更真实、客观地了解到心理健康教育对学生的心理和心理素质确实产生的影响。

5. 注意教学之外的引起学生心理素质变化的因素。在总结心理健康教育与学生心理素质变化之间的因果关系时要慎重，学生心理素质的变化可能是心理健康教育的结果，也有可能是来自于学校环境、家庭环境、社区文化等因素的联合作用。因此，在做出心理健康教育课程有效或无效评价时，应该特别谨慎，需要考虑各方面的影响因素。

6. 注意评价与课程改进相结合。评价的目的是为了课程教学的发展，因此，评价结果应与课程改进有效结合起来。具体而言，评价结果应及时反馈到心理健康教育课程的教学全程中，对课程目标的设置、课程内容的设计、课程实施过程的安排与师资的培养等方面及时提出相应的改进策略，这才能使心理健康教育课程教学效果的评价真正落到实处并收到实效。

三、心理健康教育课程教学评价的方法

心理健康教育课程教学评价的常用方法如下①：

1. 问卷调查法，是一种以问题的形式提出将要调查的内容，并且设计成问卷，让受调查对象来回答，借此收集研究所需材料的方法。问卷的内容可以从了解意识和了解行为两方面入手，如了解学生对心理健康教育课程的想法、态度和倾向，了解学生对该课程的理解、感悟和启发，以及对自己的思维和行为影响等等。其中，开放式问卷包括自由回答式、言语联想法；封闭式问卷包括肯否式、多项选择法、排列顺序法和评分法。问卷调查法的评价主体可以是学生，也可以是教师。使用问卷调查法，一般以学生为主体，可以在课程实施过程中进行形成性评价和结果性评价，由于问卷调查的内容有限，问卷中问题的设计往往较粗略和主观，如果结合质化评价手段使用，可以较好地补充问卷调查的不足。问卷调查法的特点是，省时省钱而有效，可以在较短的时间里，收集到大量的信息。

2. 档案袋评价法，是教师依据教育目标与计划，让学生持续一段时间主动收集、组织与省思学习成果的档案，以评定其努力、进步、成长情形等。档案袋评价法的实施过程分为组织计划、资料收集和成果展示三个阶段。组织计划阶段，包括确定评价的目的、目标、内容和范围，向全体学生解释档案袋评价的内

---

① 李玲玲，郭兰等：《心理健康教育课程评价方法研究综述》，《湖北经济学院学报（人文社会科学版）》，2010（4），第163—164页。

涵，告知学生如何建立档案袋。在资料收集阶段，教师可以运用头脑风暴法启发学生的反思性思维，教师也要随时对学生做观察记录和有效事件记录。在成果展示阶段，教师可以组织学生进行小组讨论，也可以对学生的汇报进行评价。档案袋评价法的实施主体可以是学生，也可以是教师。评价方式有教师评价、小组评价和学生自评。

3. 情境式评价法，是通过让学生在教师创设的情景中完成操作任务，来对学生学习效果进行评价的方法。其评价过程包括：首先，教师通过讲授心理健康教育课程，让学生了解和熟悉相关的理论知识；其次，教师灵活自然地捕捉或创设一些情景，让学生根据所学的理论和知识去应对这个情景。最后，教师要对学生在情景中做出的反应做出客观地评价。情境式评价法的评价主体是教师，教师在运用该方法时要注意创造一种安全、热烈的课堂氛围，在学生参与学习或应对实际问题的情景中进行课程评价。

4. 协商对话式评价法，是教师与学生之间平等地通过协商对话的方式对学校心理健康教育课程进行评价。在课程评价过程中，学生是评价的主体，教师不再是课程评价的操控者，但是仍然发挥着“平等者中的首席”的作用。该评价方法要求学生有坦诚表述的勇气，教师则要善于营造宽松的对话氛围，给学生对话的自由。运用协商对话式评价方法，可以获得教师和学生对心理健康教育课程效果的共同评价，最终形成一种师生共同参与整合的多元价值评价。

5. 访谈评价法。访谈，顾名思义，就是研究者“寻访”“访问”被研究者，并且与其进行“交谈”和“询问”的一种活动。访谈法是一种了解现状、确立研究问题和建构理论的简便易行的重要方法。访谈法的评价主体可以是教师或专家。该方法是一种非常重要的质化研究方法，具有很强的操作性和技巧性，可以比较深入地了解相关的信息，增强研究的说服力。随着计算机时代的到来，访谈法的形式也可以有一些新的改变，比如利用计算机网络进行的 QQ 纯文本和语音聊天的访谈方式，在时间和空间上给访谈双方带来了极大的便利，并在一定程度上弥补了面对面进行现场访谈的不足之处。

6. 心理测验评价法，是运用科学的心理测验量表，测量学生的心理健康状况，诊断学生的心理发展水平，从而收集心理健康教育课程评价信息的方法。运用心理测验法，对心理健康教育课程实施之前与之后的学生进行测验对比，可以了解学生心理健康水平在课程教育前后的变化内容与程度，检验和评判学生心理能力发展情况和心理健康教育课程教学的关系。运用心理测验法要注意正确选择测验量表，以及规范施测条件和施测环境。

7. 作品分析法。根据教学内容，布置相应的作业，作业的内容应联系学生的生活实际，拓展、强化学生所获得的知识、态度和行为。对学生的作业进行分析评定，如通过学生的学习体会、个案分析等对其心理素质发展状况进行评价，进而评价心理健康教育课程的教学效果。

8. 行为观察法。行为观察法是把学生的日常活动情况，有计划、有目的地进行观察，写出记录，作为评价的材料。行为是心理的外部表现，通过观察其外部行为，可以了解他们的心理活动。进行观察研究一般包括三个步骤：一是确定观察内容，二是选择观察策略，三是制定观察记录表。常用的观察策略有参与观察策略、取样观察策略及行为核查表策略等。

总之，由于各种课程评价方法的特点和侧重有所不同，在心理健康教育课程评价中，要注意充分考虑各种评价方法的运用条件和效果，选择不同的评价方法相互结合运用，使得各种评价方法之间能够互相补充，从而得到全面客观的课程评价结果，达到心理健康教育课程评价的目的。

四、心理健康教育课程教学评价的过程

过程是指事物发展或活动进行的先后次序，学校心理健康教育课程评价的过程是一个由多要素构成的动态系统，它是将评价活动的各项内容，按其相互联系的活动顺序，有机地组织在一起，成为一个具有特定功能的整体，具体内容有如下述①：

（一）学校心理健康教育课程评价的准备阶段

凡事预则立，不预则废。准备阶段对于学校心理健康教育课程评价的过程来说，是必不可少的一个步骤，是成功地开展评价工作的前提，它将直接影响评价工作的成功与否和质量高低。准备阶段的具体工作包括以下几个方面：

1. 组织准备。组织准备是指成立有关的学校心理健康教育课程评价组织，如，成立专门的评价委员会或评价领导小组，聘请有关专家组成专家组和动员教职员工参加评价活动。

2. 人员准备。人员准备是指组织有关人员学习学校心理健康教育课程评价的理论，使他们明确评价的目的、意义、范围、内容、原则、方法，进而以高度的责任感和实事求是的态度，认真负责地做好评价工作。

3. 方案准备。在整个准备阶段中，最具有实质性和关键性的工作就是设计评价方案。评价方案是整个评价过程的计划和蓝图，是评价活动的先行组织者。一般来说，一个完整的学校心理健康教育课程评价方案包括以下几点内容：

（1）明确评价目的。评价方案准备必须从明确学校心理健康教育课程评价目的开始，即：评价的原因是什么？为什么要进行评价？

（2）设计评价指标系统。指标是用诸如行为等具体化的东西来表示被评的抽象属性的项目，是根据具体的、可测的、可观察的要求而确定的学校心理健康

① 董晓星：《对学校心理健康教育课程评价的思考》，扬州大学2005年硕士学位论文，第33—35页。

教育课程评价的范围和内容，即：评什么？不评什么？

(3) 确定各指标相应的权重。权重是一种以数值形式表示的各项指标的相对重要性。

(4) 规定评价标准。它是指在设计评价表时，对每个等级的评价标准做出具体规定。

(5) 选择评价方法。它是指为了达到评价目的而采用的方法与手段，主要是指学校心理健康教育课程评价信息的收集与处理的方法。

(6) 制定评价步骤。它是规定学校心理健康教育课程评价活动应包含的程序，以及这一过程应按何种先后次序进行。

(7) 完成各类表格。它是上述各项工作的延伸，主要包括按学校心理健康教育课程评价指标、权重、标准的要求设计的表格，及其他相关表格。

良好的学校心理健康教育课程评价方案应具有以下几个特点：

(1) 目的性。学校心理健康教育课程评价是一种有目的的活动，评价方案须体现评价目的，并从各个方面保证评价目的的实现。

(2) 可行性。评价方案应从实际出发，避免抽象的、脱离现实的要求和意见，应保证其可实施性和可操作性。

(3) 周密性。评价方案内容应细致周详，评价实施步骤完备，能对学校心理健康教育课程评价工作具有指导性。

（二）学校心理健康教育课程评价的实施阶段

学校心理健康教育课程评价的实施阶段是实际进行评价活动的阶段，它是评价者根据评价方案所确定的指标体系、方法、步骤等，收集评价信息，并在整理和处理评价信息的基础上，做出价值判断。实施阶段的具体工作包括以下几个方面：

1. 预评价。为了确保学校心理健康教育课程评价的可信性和有效性，最好在正式评价之前，先进行试评，以便取得经验，完善评价方案，提高评价质量。

2. 正式评价。正式评价是实施阶段的一个重要步骤，做好这步工作的关键在于，评价者要实事求是，须防止和杜绝各种弄虚作假和不良行为的发生。一般来说，进行正式评价包括以下几个方面：

(1) 收集评价信息。评价信息是进行评价的客观依据，收集评价信息是进行评价的一项基础性工作。对评价信息占有得越充分，越全面，就越能使评价结果准确合理、客观科学。在学校心理健康教育课程评价中，收集评价信息的方法主要包括以下几种：心理测量法、档案袋法、情境法、协商对话法、观察法、问卷法、调查法等。

(2) 整理评价信息。整理评价信息，主要是指对评价信息的全面性、准确性、适应性以及收集资料方法的可靠性，反复加以检查与核实，对评价信息进行分类与保存，以便于使用。在学校心理健康教育课程评价中，整理评价信息的方法主要有：归类，即将收集到的信息资料在规定的时间内汇集归拢，初步理出类别；审核，即将归类的信息逐一核实，去伪存真，去粗取精，对缺少的信息及时补充，对次要的、不必要的信息进行舍弃；建档，将审核后的评价信息，根据评价指标体系，分门别类地制成一定的表格或卡片，按编号建档。

（3）处理评价信息。处理评价信息是进行评价的一项核心任务，前面的信息收集与整理工作都是为其服务的。在学校心理健康教育课程评价中，处理评价信息的方法主要包括：量化评价方法、质性评价方法。前者是指运用数字或定量的统计技术将评价对象在各种评价指标中呈现出来的特征处理成为评价结果；后者是运用人文的或定性的方式对收集和整理好的评价信息进行处理。

（4）做出综合评价。做出综合评价，是指将分项评定的结果，运用教育学、统计学、模糊数学的有关理论和方法，把它们汇总成评价对象的整体综合评价。为了得出综合评价结论，评价者需对处理好的评价信息进行逐级整合，即由三级指标的评价结果算出二级指标的得分，再由二级指标的得分算出一级指标的得分，从而得出一个综合的分数。整合的方法主要有：累加法、加权求和法。

（三）学校心理健康教育课程评价的总结与反馈阶段

学校心理健康教育课程评价的总结与反馈阶段是评价过程的最后一个阶段，这一阶段完成的质量与效果好坏，直接影响评价功能的发挥。总结与反馈阶段的具体工作包括以下几个方面：

1. 形成评价报告。评价报告，是指在学校心理健康教育课程评价工作完成后，为了便于反馈评价信息和结论，而对评价过程、结论等进行全面叙述和提出相关建议的报告。评价报告的框架一般包括：封面、正文和附件。封面提供下列信息：评价方案的题目、评价者的姓名、评价报告接受者的姓名、评价方案实施和完成时间、呈送报告日期。正文提供下列信息：评价报告简要综述、评价方案的背景信息、评价方案实施过程的描述、结果及其分析、结论与建议。附件一般指：对正文能起到补充、说明、证实作用或与正文有密切关系的材料。

2. 反馈评价结果。反馈评价结果，是指把学校心理健康教育课程评价结果进行及时反馈，积极发挥评价的作用，帮助学生不断增强自身的心理素质，引导教师不断改进自己的教学方法，促进心理健康教育课程的不断完善与提高。反馈评价结果的信息应向以下三方面进行反馈：一是向有关部门领导及课程编制者汇报评价结果，为他们决策提供依据；二是向有关教师及一定范围内的同行公布评价结果，使他们可以相互借鉴，共同进步；三是向学生反馈，并对有些结论做出慎重解释，使他们增强对自己的认识。反馈评价结果的方式有多种，如，书面汇报、座谈会、个别交谈等。

3. 评价的再评价。学校心理健康教育课程评价在操作过程中可能会出现一些偏差，因此，评价自身也应成为评价对象，以保证评价工作的质量。评价的再评价是指评价工作完成之后，为了检查评价方案、过程和结果，以及检验根据评价结果做出的改进工作的效果，借以及时纠正评价工作的不足或为今后的评价工作提供经验教训，而根据一定的标准，对评价工作进行的价值判断。对学校心理健康教育课程评价工作进行再评价，作用在于保证评价的科学性、规范性、可信性及有效性。

第五章　心理健康教育课程的实施与管理

第一节　心理健康教育课程实施概述

课程实施是指课程规划与设计所产生的各种课程文件，在教学实践中的具体使用过程，也可以直接称为教学。它既是课程论和教学论研究领域的重要课题，也是学校管理研究的重要领域。课程论将其视为课程开发过程中一个重要环节；在教学论意义上的课程实施，至少包括教学设计和教学过程组织；在实践层面，对于学校而言课程实施是实现课程理想的手段，是学校课程管理的重要内容。在课程实施阶段，学校要通过组织、协调、控制等一系列手段，使课程资源（时间、空间、人力、财力等）得到充分有效的利用，课程实施流程顺畅，以便取得最优的教学效果。

心理教育课程实施过程涉及的因素主要有人的因素、课程因素以及背景因素三大类。人的因素主要包括学校领导、教师和学生；课程因素主要包括课程实施的必要性、课程方案的清晰程度、教学目标、教材质量和实践性教学、教学设备的配置；背景因素主要包括政府部门的重视程度与外部的协调。这些因素对于课程起着十分重要的作用，管理得好与差，直接影响到心理教育课程实施的好坏。

一、心理健康教育课程的实施环节

学校心理健康教育课程的实施是一个创造性的过程，没有十分严格的课堂结构。各地在心理健康教育实践中总结出了许多颇具特色的心理健康教育课程的课堂结构或教学模式。例如，成都市十二中总结的“七环节教学法”，包括“引入话题—创设情景—展开讨论—树立榜样—联系自我—反馈矫正—总结深化”七个环节。又如，沃建中博士主编的《中小学生心理导向》中的课程实施程序，包括“明镜台、智慧泉、回音壁、启思录”四个环节。明镜台的环节是让学生了解自己的真实情况或水平；智慧泉的环节是让学生改变观念，接受心理训练，提高心理能力，获取智慧；回音壁是学生的反省之所，又是确立目标之处；启思录是启发学生进一步思考。一般而言，学校心理健康教育课程的实施包括以下步骤[①]：

1. 课程的引入。教师根据本节课所要解决的中心问题，运用预热法、澄清法等起始活动技术，激发学生参与活动的积极性，引导学生进入活动。

2. 课程的开展。教师说明活动的方式与要求，指导学生开展活动。教师要根据学生的活动提出学生普遍关心的热点问题，启发学生在已有心理体验的基础上进行思考，寻求答案。

3. 分组讨论。在激活学生思维的基础上，分组进行讨论，然后小组长代表发言，使学生在相互交流中获得领悟。

4. 课程的升华。教师对学生活动所取得的结果进行评价，指出其成功与不足之处，同时，将学生获得的感性认识上升为理性认识，升华为心理的知识技能与技巧。

5. 课程的延伸。教师联系生活实际拓展学生所获得的心理知识技能与技巧；同时，要求学生课后继续实践，从而使学生心理素质得到进一步的锻炼与提高。

以上五个程序必须紧扣活动目标，并使学生能在主动活动中求发展。

二、心理健康教育课程的实施特点

传统课程的实施模式是一种认识与被认识、改造与被改造的“主—客”关系或“我—它”关系，是人与对象的关系。而学校心理健康教育课程的模式是交往的模式，是“主—主”或“我—你”关系，是人与人的一种精神性交往关系。这种关系以平等的对话为基础，不再是一种简单地给予和被动接受的关系。正是基于这种关系，心理健康教育课程才成为主体与主体之间能动、互助的精神建构过程，使得参与者的关系成为一种交流、沟通、协作、对话的关系。心理健康教育课程所追寻的正是这样一种交往关系。

学校心理健康教育课程观摒弃了传统课程的教师中心观，强调课程是参与者交互作用、师生共同建构的结果。交互作用被理解为师生、生生间的一种平等的、真诚的对话。无论是教师还是学生，都需要“共情而具有批判性”地倾听对方。在这一课程理念中，教师与学生成为学习共同体中平等的成员。教师与学生之间的关系是协作关系。这种新型关系使教师从‘独奏者’的角色转变为“伴奏者”的角色，从此不再是主要传授知识，而是帮助学生去发现、组织和管理知识，引导他们而非塑造他们。

学校心理健康教育课程的实施应贯穿一个基本原则：师生双方在民主、平等的基础上的协作。首先，教师与学生在这一课程里要形成某种“契约”，即对课

① 姚本先：《学校心理健康教育——理论研究与实践探索的整合》，合肥：安徽大学出版社，2008年版，第223—225页。

程目标、课程进程的协商约定。学生有权根据自身需要选择适合自己的课程，勾绘自己的心理发展图景，成为积极主动的求助者和发展者。教师则成为学生成长和发展的引导者。双方分别以“合作者”的身份，借助于课程的展开，在交互作用中完成各自的角色职责。其次，还要看到在本课程的顺利开展中，师生有效协助，形成一种更为开放的、更为民主平等的教育人际环境。一方面，教师与学生都以主体的身份进入教育过程，教师的职责不是控制活动的进程，而是着眼于活动情境的设计，营造民主、平等、宽松、和谐的活动氛围，激发学生心理发展的动因，为双方的协作提供外在保障；另一方面，对学生的指导并不是教师单方面的责任，而需要学生的积极投入和密切配合。随着课程的进展，师生关系越来越融洽，双方的协作也会不断向纵深方向发展。

学校心理健康教育课程的实施过程是在主体之间进行的，是参与者之间相互交往、共同建构的过程，教师和学生都是作为活动的主体参与交往进程的。心理健康教育课程需要提供具体的活动情境，使参与者在活动中交往，在交往中产生心理互动，在互动中增进心理发展。交往是心理健康教育课程的基本特性。缺少交往的课程无法实现心理健康教育的目标，也难以产生心理健康教育的效果；每一个人都具有独特的心理世界，有着自身的动机、目的、态度、情感和生活经验。这种独特性的本质来自交往，在交往中形成人的个性，个性的形成又为进一步交往提供了可能。交往本身来自个性发展的需要，来自个体间相互协作、参与沟通的需要。在学校心理健康教育课程实施中，进入课程的每一个体都以其特有的心向和角色身份参与课程的进展，彼此间的壁垒和疆界在亲切、互助、坦诚、愉悦的氛围中逐步消融，做自己愿做的事、说自己想说的话，外界的控制与束缚已降到最低限度。在真切的交往情境中，参与者的外显行为与内心世界是高度契合的。在心理健康教育课程中，交往行为完全是建立在心理互动的基础上的，不带有任何功利化和说教性的色彩，更不需要伪善的面纱，在真诚、自然、质朴的课程情境中表现各自的内心世界。交往活动可以达成主体间的认同与理解，产生情感的交融和共振，调节主体自身的心理状态，从而使交往过程向着有利于主体心理建构的方向发展。

在传统教学中，教师一直被置于前台的位置，围绕教师展开教学进程是基本模式。在学校心理健康教育课程中，师生关系的转换更为明显，教师无法“包办”学生的心理成长，心理的发展与建构只能由学生自己来进行，即心理健康教育课程要提供的是学生自主活动的“舞台”，由学生来“唱主角”，教师只是活动的一个“配角”。教师成为团队的一员，而不是教室里的焦点和核心人物。他提供技术上的帮助以及咨询服务……学生在需要帮助的时候会求助于教师，此时他的角色近似于一个合作者而不是长者。

学校心理健康教育课程中，教师的权威已被弱化甚至消解。课程的性质决定了课程的实施不是通过“强迫”的手段来进行，也不是一种知识的“授受”过程，课程中的师生交往是一种“教师—学生、学生—教师、学生—学生”之间的整体互动过程。教师的人格魅力可以充分地影响每一个学生，但绝不是以权威者的身份，而是以共同参与者的身份出现的，且学生对教师的影响也不可忽视。

从学校心理健康教育课程的实施过程看，它是一个开放的系统，教师要给学生独立判断和选择的权利，让学生在问题的解决过程中拓展自己的思维，反思自己的感受和问题解决的步骤，从而内化成自己的心理素质。教师的作用更多的是一名向导和顾问，而不是机械传递知识的简单工具。在这种新型的师生交往中．师生对话具有自主建构的特征，学生的心理发展不是由外部力量塑造的，而是通过他们的自主活动，在与外部世界和教师的相互作用过程中能动生成和自主建构的。

第二节　心理健康教育课程实施中的教师与学生

一、心理健康教育课程实施中的教师角色

（一）教师角色概述

社会学对教师角色的研究始于20世纪20年代，它受到了符号互动论、角色理论等的影响。可以说，教师角色十分复杂。吴康宁教授认为，对教师角色的社会学分析总的来说可在四个层面上展开：作为社会成员的教师、作为学校成员的教师、作为学生社会化承担者的教师、作为自身社会化承受者的教师。[①] 教育学将教师视为“教育者”，社会学视角下的教师则是一种“社会角色”。每一位教师都扮演着多种角色：社会中的公民、学校中的教师、家庭中的成员等等。从今天的认识来看，关于教师角色主要有三种认识：（1）教师角色就是教师行为；（2）教师角色就是教师的社会地位；（3）教师角色就是对教师的期望。从对教师的期望来看，包括教师自己对自己的期望，以及学生家长、学生、学校领导、社会公众对教师的期望。正是由于视角不同，人们对教师角色的认识也存在很大差异。

如果将视线集中于学校教育系统中，教师依然扮演着多种角色。各角色分别代表了不同的教师行为、教师的社会地位及社会对教师的期望。美国学者格兰布斯（Grambs J. D）将教师角色分为两大类，一类是学习指导者，另一类是文化传播者。前者具体包括：学生成绩的评判者、知识与技能的择定者、纪律维持者、儿童的保护人、道德气氛的创造者、教育机构的成员、学校教育传统的支持者；后者则具体包括九种角色：中产阶级文化的恪守者、青年人的楷模、理想主

① 吴康宁：《教育社会学》，北京：人民教育出版社，1998年版，第195—196页。

义者、思想界的先锋、有文化教养的人、社区事务参与者、社区中的陌生人、教育机构中的路人、社会的公仆。①

从学校层面来看，每位教师在学校中都会扮演两种基本角色：即“教育者角色”与“同事角色”，教师对学生而言是教育者，对其他教师而言是同事。教育者与同事是每位教师每天在学校中都要扮演的双重角色，可以称之为“教师永恒的双重角色”。这种频繁的角色转换，往往会导致教师在学校中形成“双重人格”，常常会使自己的内心处于不确定、紧张和矛盾的状态，导致教师陷入一种“角色冲突”之中。②

值得注意的是，在当前社会转型深化时期，教师角色不论从社会层面还是学校系统内部层面均面临种种挑战，如教师是否“社会代表者”，业已遭遇质疑与争议。③ 从种种案例与理论争议来看，教师角色的变化与发展与人类社会的转型紧密相伴，任何对教师角色与功能的简单化认识都是不可取的。

（二）心理健康教育中的教师角色

1. 心理健康教育中的教师角色期待。角色期待是指他人对个体提出的符合他的身份、地位的期望，而个体又领会这种期望。角色期待是一种激励，个体通过他人的期待表现自我、发展自我、完善自我；角色期待也是一种压力，社会对一定的角色总有要求和限制，规定了他们一整套的权利和义务，如果人们的期待出现偏差，社会就会有各种方式纠正这种偏差。社会对教师的角色期待也同样如此。社会总是期望教师成为理想的多种角色，主要表现在素质期待、形象期待、职责期待等三个方面。④

目前心理健康教育日益受到重视，普通教师在这个过程中应该扮演一个什么样的角色呢？根据教育部《中小学心理健康教育指导纲要》等有关政策文件，在中小学开展心理健康教育，是学生健康成长的需要，是推进素质教育的必然要求。作为人类文明传承者的教师在学生心理健康教育过程中需要扮演相应的角色，具体说来应扮演一个参与者、激励者、引导者、组织者的角色，即任何教学过程都离不开教师的参与，尤其在学生心理健康教育过程中更离不开教师参与。要正确引导学生、组织学生、帮助学生适应学校的学习环境和学习要求，培养正确的学习观念、发展学习能力等。

2. 心理健康教育中的教师角色实然状况。目前在学校心理健康教育中的教

---

① 吴康宁：《教育社会学》，北京：人民教育出版社，1998 年版，第 202—203 页。

② 俊翔：《对教师角色的一种社会学探讨》，《教育科学论坛》，2005（10），第 65—66 页。

③ 吴康宁：《教师是“社会代表者”吗——作为教师的“我”的困惑》，《教育研究与实验》，2002（2）；刘徐湘：《论“教师是社会的代表者”——兼与吴康宁教授商榷》，《辽宁教育研究》，2007（9）；郭兴举：《论教师作为社会代表者——与吴康宁教授商榷》，《教育研究与实验》，2003（1）。

④ 朱沛雨：《角色期待与教师角色社会化探析》，《当代教育论坛》，2007（11），第 108—109 页。

师实然状况接近前述的角色期待，但也存在一定距离。如2008年有研究者调查川西南地区中小学在职教师，结果发现：川西南地区已具备了开展教师心理辅导和心理健康教育的基本认识条件，该地区的教师已经具备现代健康理念，能够认识到心理健康对现代人的重要性；他们对心理健康标准、影响心理健康的因素以及维护心理健康的方法已经有了相当的认识；教师对自己的心理健康状态评价较为乐观；但只有一半左右的教师能够认识到学生的孤僻，违纪和攻击行为与心理因素有关。①

3. 心理教师专业角色的发展趋势。就我国心理教师而言，人们经过不断地实践和摸索，已逐渐改变前述一些偏失现象，在学校中合理定位，寻找属于自身的发展空间。有研究提出，心理教师一定要扮好以下四大角色：学生心理健康的专业辅导员、班主任和学科教师的指导员、家庭成长顾问、学校科研和教育规划的研究员。② 也有研究基于对美国《学校心理咨询标准》产生的背景、结构及内容较为全面系统的分析，提出，学校心理咨询是全世界一种共有的实践活动，势必存在着一些相通性、普适性的内涵与形态。以美国为参照，同时考虑中国的国情、文化观念和人口素质的发展现状，我国的优秀学校心理学家专业标准应该体现以下一些思想和理念：重视领导才能；突出反思理念；体现合作精神；关注个体差异等。③ 也有研究提出，我国学校心理健康教育教师专业发展策略主要应包括：建立心理健康教育教师资格认证制度，发展教师专业学习共同体，构建科学、合理的专业培训体系等。④

值得注意的是，积极心理学的兴起为当前学校心理教育的发展注入了新的理念和价值力量，以此观照当下我国学校心理教师专业角色的发展，要求在创设若干条件的基础上，当前心理教师的专业角色至少有必要实现如下方面的重塑，以适应心理教育的积极心理学取向发展的需要：（1）在心理教师承担的专业角色功能上，要从侧重于“学生心理问题的预防者、消解者”转向成为“学生积极心理品质的发现者、促进者”；（2）在心理教育过程中师生的互动角色类型上，要从“片面倚重权威的心理塑造者”转向“以合理权威为基础的心灵对话者、沟通者”；（3）在承担的多重角色间关系上，要从“多重角色的模糊承担者”转向“专业角色的清晰定位者”；（4）在社会协同中的专业角色的地位表现上，要从“各方心育力量的消极协调者”转向“各方心育力量的主动协调者、心理教

① 王立新，瞿雪峰：《川西南地区中小学教师对心理健康认识的调查研究》，《湖北民族学院学报（哲学社会科学版）》，2008（1），第70—74页。

② 徐琳：《中小学心理教师在学校中的定位之我见》，《思想理论教育》，2004（2），第70—71页。

③ 刘芳，孟万金：《美国优秀学校心理学家专业标准及其启示》，《中小学心理健康教育》，2010（2）（下半月刊），第4—7页

④ 朱利霞：《学校心理健康教育教师专业发展的困境与策略》，《校园心理》，2009（5），第322—323页。

育资源的积极开发者”；（5）在专业角色的自我认同上，要从“孤独的守望者”转向“积极主动的专业成长者”。[①] 借鉴积极心理学的思想精华和理论内核，学校心理教师要选择和建构积极取向的心理教育范式，树立积极的人性观、健康观与发展观，培养积极的认知方式和乐观心态，形成积极的教育风格和人格魅力，扮演积极的心理教育者专业角色，建立积极和谐的新型师生关系，把握积极实践的专业化发展路径。[②] 这可以视为心理教师角色超越传统病理心理学取向的发展趋势。

二、心理健康教育课程实施中的学生角色

（一）教育中的学生角色

1. 学生角色的内涵。人生活在社会中要扮演许多角色，青少年学生也不例外。例如：一个学生，在他一天的生活中，在不同的场合分别是学生、儿女、顾客等等，其中学生是他的主要角色，在学校中，学生还可能扮演普通学生、学生干部等不同角色。这种角色的多样性，既有利于学生自身社会角色的丰富和发展，也可能对其社会适应带来困扰和冲突。如当前在家庭生活中较为普遍出现的亲子冲突现象，往往就是学生作为子女的角色不能符合家长对其作为“学生”的期待所引发的。

社会地位是社会对某一群体的安排与承认，是群体在社会结构、社会秩序中扮演某一具体社会角色的根本特质和基础依据。当个人在运用和履行构成地位的权利和义务时，他就是在扮演角色。我们对学生角色内涵的理解，必然涵盖对学生在教育活动中地位变化的分析。总体而言，随着学校教育历史的发展变化，学生经历了由教育的被动地位向教育的主体地位转变的过程。在奴隶社会与封建社会时期，教师在学校教育中居于绝对权威地位，“师为上，生为下；师为主，生为仆，师为尊，生为卑”的师生关系思想长期禁锢着人们的头脑，对学生的控制与威慑便充斥于学校教育的方方面面，以致体罚学生成为其时教育的常态。而文艺复兴唤起了人们对自身价值的认同，反对严酷纪律、尊重学生人格和个性成为现代教育在理论与实践上的追求，学生在教育活动中的不利地位逐渐得到消解。杜威“儿童中心说”的提出，则标志着在理论上，实现了由教师中心地位向学生中心地位的转变。[③] 从特定个体来看，在现代社会，随着从学前教育、小学到中学、大学等不同受教育阶段的逐步上升，一般学生在教育过程的角色地位

---

① 参见李国强：《积极心理学观照下心理教师专业角色的重塑》，《湖南人文科技学院学报》，2008（2），第121—124页。

② 崔景贵：《积极心理学视野中的学校心理教师专业化发展》，《中小学心理健康教育》，2009（9）（上半月刊），第8—11页。

③ 姚桃林：《“学生角色”内涵的历史考察》，《龙岩学院学报》，2008（2），第132—136页。

也是逐步提高到最终获得独立地位的。

2. 学生的角色期待。人的每一个角色在人们的心目中大致都有一定的行为要求，社会和群体对这些角色行为方式的要求，社会心理学上称角色期待。学生“扮演”角色的“舞台”主要是家庭、学校和社会。因而学生所面临的角色期待，主要就是来自家长、教师和社会舆论这三个方面的期待。[①] 期待是一种主观心理趋向，而期待的行为则是一种社会规范了的行为。所以，角色期待是个体实现角色社会化所不可缺少的一部分社会心理动力。角色期待之所以能影响一个人行为的效果，并且又成为人们“扮演”某种角色的依据，这是因为人们对于自己的每一种行为，总是渴望能够得到周围人及社会的承认和肯定。学生角色期待包括德、才两个方面，它对学生形成良好思想品德和提高学习成绩来说，有着重要作用。

3. 学生的角色适应问题。我国正处于市场经济的转型期，巨大的社会变革使得学生面临适应困难、心理困惑加剧。如有研究者运用角色理论、埃里克森和凯利的人格发展理论，分析高校学生角色转换和适应过程中存在的较普遍的问题有：角色认同混乱、自我认同危机、社会认同误差等。[②] 高校学生，尤其是新生都有一段时期面临着适应问题，如不能确定自己的价值或自己生活的方向。这并不完全是缺乏知识经验的问题，而主要是因为缺少正确的角色建构系统来解决所遇到的新人或新环境。大多数人最终会调整自己的角色建构，有效地适应新环境，然而也有些人不能建立适宜的角色建构，出现心理困惑。

（二）心理健康教育中的学生观

教育活动中的学生观往往会影响到教育过程中的师生互动和教育的实效，教师要想培养出高素质的人才，就必须有正确的学生观。迄今在心理健康教育中主要有三类需要关注的学生观：“问题”取向的学生观、发展取向的学生观、多元取向的学生观。其中长期支配人们教育实践的是“问题”取向的学生观，也是这里分析的重点内容。

1. “问题”取向的学生观。

首先，“问题学生”的内涵存在多样的理解视角。“问题学生”是目前我国基础教育面临的一个极具现实意义的研究课题，历来是教育关注的焦点。“问题学生”一词最早出现在日本，在美国称之为“表现能力与潜在能力之间存在差距的学生”。在我国，20 世纪 80 年代称他们为“差生”，90 年代叫作“学困生”，90 年代中期以来，“问题学生”得到极大的关注。这并不是简单的名词改

---

① 唐文：《试论学生的角色期待》，《教育科学》，1988（1），第 41—43 页。

② 施晶晖，戴烽：《高校学生角色转换适应研究》，《江西科技师范学院学报》，2003（2），第 92—94 页。

变，而是与我国社会的转型、教育事业的发展密不可分。由于视角、侧重点和引入定义要素多寡等的不同，对“问题学生”的界定也各不相同。根据一些研究者概括，主要有如下的界定角度：以学习成绩的好坏为标准进行的界定、以不良的思想品德和反叛的行为方式为标准进行的界定、以学生不健全的心理和生理以及偏差的个性特征为标准进行的界定以及从社会学的角度切入进行的界定。[①] 从上述界定角度不难看出，学生往往会因所谓心理健康问题而在研究者乃至实际教育过程中的教师眼中被视为“问题学生”（不论是因为心理健康问题而引发的品德问题还是造成学生的学习适应问题、社会适应问题）。

其次，“问题学生”有着类型化的区分。在对“问题学生”进行概念界定的同时，许多研究者又对“问题学生”进行了类型分析。分类意在区别，以便对症下药，进而采取有效教育措施，实现“问题学生”的良性转化。基本分类情况是[②]：

（1）从内容角度进行的分类。有两种主导性划分：三类型和五类型划分。三类型划分将“问题学生”划分为“学习类问题学生”“行为类问题学生”和“心理类问题学生”三种。五类型划分将“问题学生”划分为：①厌学型；②纪律型；③品德型；④心理障碍型；⑤“好学生”型（在学校一般是公认的好学生，各方面都不错，问题处于隐蔽状态。这种孩子有时会突然惹出大事，如早恋，出走，犯罪，自杀）。这种较细的划分有利于分门别类地对“问题学生”做深入研究。特别是“好学生”型“问题学生”的划入，是对教育实践者的有益提醒。

（2）从行为表现的倾向特征入手进行的划分。可将“问题学生”划分为“外向表现型问题学生”和“内向退缩型问题学生”两类。“外向表现型问题学生”往往心理活动和行为过度外倾，表现欲极强，如拒绝遵守校规班纪，上课故意捣乱（尖叫、大笑、唱歌、胡乱回答问题），打骂同学，穿奇装异服等。而“内向退缩型问题学生”则心理活动和行为反应严重内倾，对学校环境中的各种刺激采取退缩反应，以致心理严重紊乱，学习活动不能正常进行。这种划分有利于我们理性地认识“问题学生”，全面地对待“问题学生”。

（3）从层级角度入手进行的划分。在对“问题学生”进行分类时，这是在一级划分的基础上，又作了更为细致的二级划分。如把“心理类问题学生”归纳为六种：①情绪情感障碍型；②性格缺陷型；③意志行为障碍型；④品行障碍型；⑤神经症型；⑥身心障碍型。这种二级划分将“问题学生”的特征更精细

① 卢尧等：《国内关于“问题学生”界定研究综述》，《中小学教师培训》，2008（5），第47—48页。

② 卢尧等：《国内关于“问题学生”界定研究综述》，《中小学教师培训》，2008（5），第47—48页。

化，实践操作价值也更高。

最后，“问题学生”的成因有其复杂性。有研究基于教育实际的案例分析认为，产生“问题学生”的主要原因不在于学生本身，而是由于学校、家庭、社会的不良影响和教育方法失当。[①] 有研究特别指出，教师不当教育行为是导致问题学生形成的一个重要而又往往被忽视的因素。因为在教育活动中，教师起主导作用，他们的教育行为直接影响着学生的身心发展，教师不当教育行为包括故意矮化学生、忽视班级人际关系建设、随意给学生贴标签、崇尚话语霸权等。此外，教师不当的教育方法、不负责的工作态度和反教育行为，都可能成为学生沦为问题学生的原因。[②] 如有的学生由于受到老师的体罚、侮辱，提起学校就恐惧，久而久之，由原来的优生成为问题学生，由原来一方面差变为多方面、甚至各方面的差。

2. 发展取向的学生观。

对于广大教师来说，21 世纪一项非常重要的任务，就是须以强烈的时代意识和高度的使命感、紧迫感，在头脑中去除落后于时代的陈旧的学生观，牢固树立适应21 世纪要求的新的学生观，用新的学生观来指导自己的教育工作。只有这样，才有可能培养出大批具有创新精神和创新能力的高素质人才。

21 世纪教师应具有的学生观有哪些具体内容呢？有研究认为主要有以下几点：所有的学生都值得培养、学生是学习的主体、学生是完整的个体、学生是需要尊重的对象、学生并非样样不如教师。[③] 也有研究提出要树立正确的学生观，必须把握两个观点：（1）学生是教育活动的主体。教师要相信学生内在的主体能力，认真把握学生主体性的表现形式，真正落实学生的主体地位，积极调动学生的自觉性、独立性、创造性。（2）学生是发展的人，是具有独特个性的人。如高等教育工作中许多教师往往从学生的现实表现推断学生没有出息、没有本事，因而对差生表现出忽视、冷落的态度。这种学生观的存在是极其有害的。首先，大学生大都是通过层层选拔而入学的，他们在学习上产生差距，一定有原因可寻，教师应本着发展的观点，帮助学生分析原因，不断进步。其次，许多学生在学习成绩上表现一般，可在其他方面却有不少特长，教师在尽可能促进他们全面发展的同时，要“因势利导”“因材施教”，充分发挥学生的个性。还应认识到，权威不应成为管制学生约束学生的力量，而应成为学生全面发展的工具。[④] 因此，教师应树立服务思想，把教育管理的权力用于满足学生对知识与能力发展的需求，用于调动学生的积极性、主动性、创造性，为学生的自我发展服务。

---

① 倪高武：《让“问题学生”不再成为问题》，《中国教育学刊》，2006（3），第 56—58 页。

② 王茂：《教师导致问题学生形成的不当行为分析》，《教学与管理》，2010（4），第 35—36 页。

③ 李斌：《21 世纪教师应有的学生观》，《教育评论》，2000（6），第 13—15 页。

④ 覃晓燕，赵俊萍：《高校教师学生观之现状的调查分析》，《太原教育学院学报》，2000（3），第 28—35 页。

3. 多元取向的学生观。

后现代主义思潮的兴起，促使多元取向的学生观逐渐形成。如有研究从后现代主义视角出发，对基于现代哲学思维建立起来的工具理性的学生存在观、整齐划一的学生潜能观、主体“中心”的学生地位观、标准“完人”的学生发展观、封闭单一的学生评价观等现代学生观进行了反思和评价，尝试提出后现代主义学生观，包括创造性的学生存在观、多元差异的学生潜能观、“去中心化”的学生地位观、生态和谐的学生发展观，以及多元开放的学生评价观等，以期对教育实践产生积极的影响。其中多元差异的学生潜能观认为，多元性在本质上就是对理性、主流话语的颠覆，由此边缘的、被压制的话语得到解放和发挥，边缘化者得到充分的尊重与认可。主张差异具有普遍性，随处存在，随时发生。尊重差异成了必然选择。要不断地去发现差异、尊重多元，与多元、差异共存、共同发展。① 后现代主义教育反对认为存在普遍本质的个性观，强调发展、维护个性的多样性和差异性；反对从单一理念出发观照心理教育、解释心理教育的做法，主张从个体的差异性出发建立一种开放、多元的心理教育，主张一种能动的解放式的心理教育，使个体从限制他的现代理性以及与这种理性相联系的社会禁锢中解放出来。② 如果将这样一种学生观与后现代主义对心理健康问题的理解结合起来，我们就会在心理健康问题上更加重视尊重每一个体，尊重即便是具有较严重“心理问题”的个体，更加重视在心理教育观念上的多样性主张。

三、心理健康教育课程实施中的师生互动

（一）心理健康教育实施中的课程重构

在社会学意义上，课程是“法定知识”的代表者，它凝集了社会统治阶层的价值观念与文化取向。然而，在实际的课程实施中，是一个文化再生产过程，课程只是文化传递与再生产的中间环节，课程价值观的顺利传递还需要通过作为“社会代表者”的教师与作为受教育者的学生之间的课程授受过程。其中，教师对课程的重构起着重要作用。影响教师重构课程的社会因素包含社会、制度、文化发展和学生的文化需求，以及教师自身的社会角色地位。③ 具体而言，教师通过对课程的“重构”而实际所授的“师定知识（课程）”与“法定知识（课程）”之间可能存在着四种基本关系类型：包容与被包容型、基本吻合型、部分重合型以及基本分离型；而学生实际所接受或生成的“知识”则因教师的控制

① 刘其晴：《后现代主义视阈下学生观的反思与重建》，《四川职业技术学院学报》，2010（2），第73—75页。

② 崔景贵：《“告别理性”：后现代主义与心理教育范式》，《教育科学研究》，2006（12），第48页。

③ 周艳，马勇：《教师重构课程的社会学分析》，《高等教育研究》，2003（1），第80—82页。

方式以及学生自身的文化代码与“法定知识”的相容性而异也可能存在着多种类型。[①]

在心理健康教育过程中，心理教育课程的内容及其内蕴涵的价值取向同样并不会自然内化成学生的认识、思想与行动，课程文化传递功能的实现离不开教师的传递，也离不开学生自身的建构。这种重构主要是在课程实施中的师生互动过程中实现的。由此，我们要关注的是，在心理教育课程的实施过程中，作为“法定知识”的心理健康课程能否正确地为教师所理解并顺利地原封不动地为学生所接受，成为引导学生自觉提升自身心理健康水平的重要支撑？是否会遭遇各种抵触、解构与变形，能否达到预期的效果？

（二）心理健康教育课程中的“师定知识”与“生受知识”

1. 心理健康教育课程中的“师定知识”。从实证调查的结果来看，当前心理健康教育课程中的“师定知识”既存在与国家心理健康教育的应然要求相符应的一面，也存在一定的距离与偏差，这种状况逐年有一定改善：1998 年有调查显示，中小学教师的心理知识现状并不理想，教师中存在着较多错误观念，已有的心理知识已陈旧或遗忘，需要再学习，教师的心理知识的结构不太合理，需要调整。[②] 2001 年有研究显示，中学教师还未形成完整的一套判断学生心理健康状况的标准体系，不是有意识地从人的心理的各个维度去严格区分心理健康和不健康的问题，而是凭自己的感性经验来判断学生的心理是否健康。教师在实际判断学生心理是否健康时，主要从三个维度去判断，即以学生学习为主的在校行为维度、以品德为主的学生外在的处事行为维度、以学生心理特征为主的个体行为维度，尤其以学生的在校学习活动为主要判断依据。存在的问题有：教师普遍对与学生心理健康有关的知识掌握不够，教师在判断学生心理是否健康时，还存在着把一些道德的标准、学校规章制度的要求与心理健康标准相混同的情况，忽视了学生内在的心理发展的需要，忽视了判断学生心理健康与否的内在规定性；教师对学生在人际交往这一维度上的心理健康判断标准重视得不够，这里面包含了文化背景方面的复杂原因，在长期的习惯思维中，往往过于强调人的“螺丝钉”的角色地位以及呆板的角色等级地位，忽视人积极主动、平等健康的交往。[③] 2002 年有研究调查了沿海开放地区中小学教师的心理健康观和心理健康教育观，结果发现：（1）他们已经具备现代化健康观念，能够认识到心理健康对现代人全面发展的重要性；（2）他们对心理健康标准、影响心理健康的因素以及心理

---

① 参见吴康宁：《教育社会学》，北京：人民教育出版社，1998 年版，第 330—336 页；吴永军：《课程社会学》，南京：南京师范大学出版社，1999 年版，第 244—250 页。

② 王曦：《中小学教师心理知识现状的调查报告》，《教育科学研究》，1998（4），第 38—40 页。

③ 申继亮等：《中学教师关于学生心理健康标准的内隐认识》，《教育研究与实验》，2001（3），第 54—59 页。

健康维护方法的认识，接近心理学家的认识；（3）多数教师对自己心理健康状态评价良好；（4）多数教师能够认识到学生的孤僻、违纪和攻击行为与心理因素有关；（5）综合分析发现，有相当一部分教师对学生行为的认识还是停留在传统观念上，更多地从道德的角度去看待学生的问题行为，或者认为安静、听话的学生就是好学生，缺乏对学生问题行为的正确认识，导致采取简单、粗暴的教育方法。① 2009 年有研究调查了浙江金华市 231 位中小学教师的心理健康教育观，结果表明中小学教师主要呈现出专业辅导、爱心关怀和新型德育等三种心理健康教育观。调查认为，这三种心理健康教育观是在教师长期的成长学习经历和宽广的社会文化背景等多种因素综合作用下形成的，都具有其自身的合理性，没有照搬西方心理咨询的逻辑假设和技术路线，而是结合我国国情和学校情境进行了本土化的转变。②

可见，教师心理健康教育观的演化不是一个被动接受的过程，而是在实践中不断积累经验、形成个人知识和态度的主动建构过程。要打通教师职前职后教育、以校为本，尊重教师原有观念，在观摩研讨中多元展现，在民主平等的对话中，挖掘教师拥有的有效经验和优势观念，促进教师心理健康教育观科学发展。

2. 心理健康教育课程中的“生受知识”。所谓心理健康教育课程中的“生受知识”，指的是学生对心理健康教育课程有关知识的接受、理解与内化的情况。有关的调查显示，学生对心理健康知识的理解同样既存在与国家心理健康教育的应然要求或权威心理学专业观点相符应的一面，也存在一定的距离与偏差。如 2003 年，有研究调查显示，存在学生自身特征变量如性别、城乡差别、是否担任班干部等对心理健康内涵认识的影响。比如，担任班干部的学生在对待心理健康问题时，容易受到自己职责和角色定位的影响，更重视克服困难、耐受挫折这方面的要求。另外，不同年龄、不同学历的学生对待独立性这一特征的重视程度不同。③ 2005 年，有研究对上海市 19 个区县 38 所学校 4100 名学生进行的调查显示，大中学生心理卫生知识平均知晓率为 58%，大学生平均知晓率高于中学生。一当发生心理卫生问题时，43.3% 的学生选择找朋友倾诉，只有 21.7% 找心理咨询机构，余为自我反省（19.2%）和找书学习解决（15.8%），有 22.8% 学生表示平时对心理健康方面的话题不予关注。显示学生人群对心理卫生知识的知晓和对心理健康的重视现状不甚理想。④

---

① 吴聪治：《沿海开放地区中小学教师心理健康观及心理健康教育观的调查报告》，《南平师专学报》，2002（4），第 87—92 页。

② 金跃芳等：《金华市中小学教师心理健康教育观调查》，《浙江教育科学》，2009（4），第 23—24 页。

③ 梁平：《287 名大中专学生对心理健康标准的认识》，《中国校医》，2003（5），第 452—453 页。

④ 傅伟忠：《4007 名大中学生心理卫生知识知晓率的现状调查》，《上海精神医学》，2005（S1），第 12—13 页。

（三）心理健康教育课程实施中的师生互动问题

当前学校心理健康教育课程实施中的师生互动需要关注一些问题，特别是存在一些值得关注的强制性倾向，人们往往只重视了强制性心理教育正面的功能，但忽视了它所造成的负面后果。[①] 根据社会学的有关理论，社会互动的基本形式有竞争、冲突、强制、顺应与顺从、合作等。所谓强制，作为社会互动的一种形式，"在这种形式中互动的一方被迫按照另一方的某些要求行事。强制的核心是一种力量对另一种力量的统治或制约。"[②] 学校教育作为社会活动的重要场所，同样存在强制现象，即学校教育工作者特别是教师为达成教育目的而对学生施加强制性教育是长期以来存在的现象，这一现象已经受到过人们的不少批评。当前方兴未艾的学校心理教育中同样存在强制性教育现象，主要表现在：强制性要求学生接受学校的有关心理教育课程与活动的安排、对学生施加强制性的心理教育手段与措施、在心理教育与辅导过程中对学生施加强制性的"心理教育"影响。

强制性心理教育的负面后果主要是：贬低了学生心理发展过程中的自主能动性，容易诱发学生的逆反心理，造成心理教育过程中的师生对立与冲突；不当的强制性"心理教育"，可能违背心理教育的初衷，造成对学生的心理伤害与误导；容易使学校心理教育陷于"简单化""形式化"，不利于心理教育工作深入持久、健康地发展。

还有，心理健康教育会给师生带来角色冲突，有研究指出，教师角色冲突主要原因在于：心理健康教育与其他学科教育的不同行为规范在教师身上的难以融合、教育理想与教育现实的巨大差异、学校领导和学生的期望过高等。而学生角色冲突的成因主要有：不同的角色期望；教师在实施心理健康教育工作的过程中产生的角色冲突也会波及学生，给学生带来角色上的混乱等。由此会给心理健康教育教师带来一定程度的疑惑，在实践工作中带来一定程度的混乱。[③]

第三节　心理健康教育课程设置与管理

一、心理健康教育课程设置与管理概述

（一）心理健康教育课程的设置及其地位

从课程属性来看，心理健康教育课程不同于一般的语文、数学、英语、物

① 李国强：《强制性心理教育的社会学审视》，《教育科学研究》，2007（8），第41—43页。

② 郑杭生主编：《社会学概论新修》，北京：中国人民大学出版社，2000年版，第180页。

③ 钱兵：《试论心理健康教育给中学师生带来的角色冲突》，《基础教育》，2003（10），第36—39页。

理、化学等学科课程或音、体、美等人文类课程，而应是一门集知识、体验和操作为一体的综合性课程，它既包括以传授知识为基础的学科课程，又包括以学生经验为中心的活动课程，也包括隐性的物质文化环境和心理环境的隐蔽课程，根本目的在于促进学生心理素质的提高。就心理健康教育与学科课程的关系来看，心理健康教育可以通过学科渗透的方法得以实施，但是两者仍有着明显的区别：一是内容不同。学科课程侧重于人类积累的学科知识的传授，注重知识内在逻辑性及其相应的技能培养，它的教学过程是一种认知过程；心理健康教育课则不是单纯的心理学知识传授，也不是单项心理品质的训练，它是以学生个人的直接经验为中心，在学生没有学习知识的压力下，在宽松的氛围中使学生能够重新审视自我、认识自我、接纳自我，为更好地发展自我奠定基础；二是教学形式不同，学科教育目前往往以讲授为主要形式，而心理健康教育课以活动为主要形式；三是评价方法不同，学科课程的评价主要是以考试为主要形式，对学生知识掌握状况做客观定量评价。心理健康教育课则以学生平时的表现及心理测验等方式进行综合评价。① 因此，心理健康教育课不能以学科化倾向的授受式进行，这样容易忽视学生的内在体验，很难收到预期的效果。

还需要注意的是心理健康教育课程与德育课程的关系。传统德育课程具有明显的“思想政治教育化”倾向，重说教和灌输，忽视了学生道德心理的培养，在德育课程中渗透心理健康教育，有助于学生道德的内化。可以说心理健康教育课程进一步完善了德育课程，德育课程需要心理健康教育课程的支持和补充，但是两者是并列或交融关系而不是隶属的关系，它们在理论基础、集体目标、工作内容、工作任务、工作原则、工作方法以及学生观方面都存在区别。根本区别在于德育课程的核心是培养学生正确的人生观、价值观，促使学生形成符合社会要求的道德品质，而心理健康教育课程旨在促进学生心理素质的提高，培养学生形成有利于个性生存发展的心理品质。

心理健康教育课程的应然地位现在已经是不言而喻的。有学者在1995年就指出，造成青少年一代心理素质差的原因是很复杂的，一个重要的原因，就是教育长期受“片追”的影响，整个课程体系不完善，存在许多弊端，忽视心理健康教育：过去旧的课程体系没有一个以心理素质为核心的身心素质全面和谐发展的总纲、学科课程缺少心理教育这个核心、中介和桥梁、心理教育没有贯彻到课外活动中去、没有把专门的心理教育课程纳入课程体系之中，作为其有机构成部分。这是长期以来心理教育不能落实的重要原因。而开设系统的心理教育课程，全方位加强心理教育，是全面提高教学质量、减轻学生负担的成功之路。②

① 杨钦芬：《论心理健康教育课的课程属性及有效实施》，《前沿》，2006（7），第65—67页。

② 郑和钧：《心理教育是中小学课程建设的重要课题》，《课程·教材·教法》，1995（1），第1—4页。

（二）心理健康教育课程内部课程形式的地位差异问题

学校课程的地位差异不仅表现在各门课程之间，也表现在某门课程的内部。就心理健康教育课程而言，主要体现在课程形式在作为传统意义上的学科课程（“核心课程”“必修课程”）还是综合课程、隐蔽课程等方面的差异上。

从心理健康教育课程的发展趋势上来看，目前存在两种倾向的意见：

一是“融合论”，主张应重视融合课程、综合课程、活动课程。如有学者提出，心理健康教育应当是一种综合性课程。其综合性表现在以下几个方面：心理健康教育是“问题—经验—学科”三位一体的综合课程；是“核心课程”“必修课程”与“选修课程”的综合；是“显性课程”与“隐性课程”的综合；是学校各种教育活动、教育工作的综合；是校内课程与校外课程的综合；是教师、学生、教材、环境四因素的整合。① 也有论者提出，学校的各科教学以及班级团队活动、科技文体活动等活动课程都蕴藏着丰富的心理健康教育资源，主张从四个方面探索学科课程融合、渗透心理健康教育的途径和方式：学科课程目标中融合心理健康教育、学科课程内容中融合心理健康教育、学科课程教学中融合心理健康教育、学科课程评价中融合心理健康教育。②

二是“重点论”，又存在分歧意见。有论者提出，心理教育活动课与其他学科课程相比有其独特的课程地位和性质特征，明确心理教育活动课的课程地位和性质特征，有利于避免该课程实施中的学科化倾向，保证实现心理教育活动课的真正功能。③ 但也有论者提出，目前学术界普遍存在着过分强调心理健康教育活动课程，而贬低甚至否定心理健康教育专门课程的倾向。这可能与对心理健康教育专门课程的实质和内涵认识不清以及心理健康教育中存在的学科化误区有关。④

而在实际教育中，存在一定的误区，导致各种课程形式的地位存在不均衡性。主要是心理健康教育非学科课程的地位重视不够。可以预期，作为全面发展教育的重要组成部分，心理健康教育课程必将进一步取得与其他课程同等重要的地位、其内部课程形式之间也将得到更为合理化的安排。

---

① 王希永：《心理健康教育课程开发简论》，《首都师范大学学报（社科版）》，2002（S1），第55页。

② 方双虎：《学科课程中融合心理健康教育探微》，《中小学心理健康教育》，2007（9），第7—9页。

③ 严蔷薇，胡青：《试论心理教育活动课的课程地位和性质》，《江西教育科研》，2004（12），第10—12页。

④ 李炳南：《简论学校心理健康教育专门课程》，《现代教育科学》，2003（6），第72—74页。

（三）心理健康教育课程管理中的师生权利问题

1. 心理健康教育课程管理中的教师权利问题。教师课程权利是指课程政策、课程标准、课程理念所赋予教师的有关课程决策、设计、评价、实施等方面的权力及利益。随着教育变革的发展，课程管理中教师权利问题逐渐凸显。以校本课程的开发为例，三级课程管理模式的确立，不仅使学校拥有了自主开发校本课程的机会，也使教师获得了一定的课程权力。但在校本课程开发实践中，却存在着教师的权力缺失、放弃、集权化和异化现象，必须从校长、教师课程意识、教师培训、监督机制等方面保障教师权力的真正实现。[①] 也有研究指出，美国著名的课程论专家约瑟夫·施瓦布（Jeseph Schwab）的实践课程思想提倡对教师赋予课程开发的权利，校本课程开发更是将教师的课程开发权利推向了高峰。然而教师参与课程开发权利的赋予和提升也产生了一些隐忧：如赋予权利“多”与“少”的冲突；教师本职工作和课程开发责任之间的冲突；权利与评价之间的冲突等问题。[②]

在学校心理健康教育课程管理中，我们同样发现，心理教师的课程权利尚未得到有效保障和实现，如不能充分参与乃至自主开发校本心理教育课程、课程实施过程中容易受到学校的干预（往往让位于其他与升学考试直接相关的课程）；或者相反，存在权利的“越位”现象，如以校本心理教育课程的名义，编制缺乏科学性的校本教材的现象。

2. 心理健康教育课程管理中的学生权利问题。如果将课程权利界定为“教育关系（或教育法律关系）主体对于学校教育内容进行决策、设计、实施、评价等方面的能力与资格”，同样也存在作为教育主体的学生课程权利问题。就学生应享有的课程权利来说，具体包括以下几个方面：知情权，即对课程和相关信息知晓、了解的权利；主张权（或要求权），即学生对课程运作的各个环节都应该拥有一定的主张权或要求权，如对课程开发及运作的建议权或话语权、对充足和优质课程资源的要求权、对合格教师的要求权等；选择权，是指在规定范围内对修读课程和任课教师选择的权利；参与实施权，对教师而言是教学权，对学生来说则主要为学习权，学生也应该有参与实施的权利；体验与建构权，即学生有权了解或体验知识形成的过程，有权主动建构自己的知识结构，而且有权要求教师和学校为此履行相应的义务；评价权，即对教学或课程实施进行评价的权利。

然而，目前还存在较为普遍的学生课程权利缺失的现象，主要表现为：课程选择权得不到应有的保障、不能自主建构知识结构、对课程信息及师资状况不了

---

① 张艳娣：《试析校本课程开发中的教师权利》，《基础教育》，2006（11），第51—53页。

② 李妍红：《从施瓦布的实践课程开发到校本课程开发——教师参与课程开发权利的赋予及其产生的隐忧》，《中国农业教育》，2009（5），第57—59页。

解、课程评价权不充分等。其原因主要在于：学生权利意识薄弱，课程能力缺乏，法制不健全，学校、教师未能履行应尽的职责和义务等。不难发现，心理健康教育课程实施过程中也同样存在这些情况，甚至更为突出，如在不少学校，心理健康教育课程的随意性较大（包括师资安排、教材使用、课程内容编排、教学形式等）、有的甚至名存实亡、课程内容忽视学生的心理需求、学生的“日常心理学知识”和生活经验不能得到充分的尊重等。

二、心理健康教育课程编制与管理

一般来讲，课程编制是一种在科学理论指导下的应用技术，是专门研究如何按照一定的程序和步骤，科学地编排并使之形成某种结构的学问，包括对学校教育目标的确定，教学计划的制定，教学门数与课时的确定，课表的制定等。其内涵有三个方面的要点：课程编制是需要相应的理论支撑；课程编制的目的是设计出各种课程或教育活动方式，以此作为实现培养目标的依据；课程编制需要精心计划，要求一系列外在因素的保障。在心理教育课程编制过程中，同样需要我们很好地把握这三点。

从社会学视角来看，体现权力、国家意志的课程目标，意识形态明朗化及对生活世界关照的课程内容，实然与应然之向度的课程实施以及为实现社会控制而形成的课程评价无不体现了课程编制的社会学倾向，课程编制中的这种隐约可见的社会性特点促使我们从社会学的视角去审视与研究课程编制，从而有利于推进课程编制的科学化进程。① 有研究指出，从社会学角度来看，当前我国的课程编制从指导思想、目标设定、内容选择以及课程资源开发等方面都存在着一种文化性缺失，包括：（1）我国课程编制受国外课程理论特别是西方的“话语”与“范式”的制导，缺乏对本土文化的研究，本土课程理论始终处于被动地位；（2）我国课程编制政治化倾向较严重，过于僵化与统一，过于重视思想上统一的政治制约，忽视了当前多元文化的发展潮流，与当前提倡的培养学生的自主性、创造性的素质教育是相抵触的，与国际课程发展的趋势也是相悖的；（3）我国的课程编制在课程内容的选择上是以“知识价值中立”为前提，缺乏文化学基础，使学生倾向于把知识看作是客观的事实，而不是可探究、可分析、可切磋的东西，使知识就脱离了人的意义和文化的底蕴，学生也更多地只会去“符合”知识而非“建构”知识。这与倡导培养学生的创新能力，促进学生自主探究学习的导向相矛盾；（4）在课程目标的制定上仍局限于“工艺学”模式，重点考虑的仍是课程的学科逻辑和心理学基础，没有重视课程的社会学和文化学基础；（5）在确定可开发和利用的课程资源时，对文化资源特别是农村和少数民

---

① 张双凤，魏薇：《课程编制的社会学审视：文本与现实的对话》，《教育科学论坛》，2008（12），第19—21页。

族文化资源重视不够。[1] 不难发现，上述缺失均在一定程度上影响到心理健康教育课程的编制。

就心理教育课程文本编制而言，有学者业已分析指出，由于心理教育是新生事物，心理教育课程文本的编制也无章可循，理论研究的薄弱、实践运作中的随意、许多问题的不确定性、心理教育工作者经验的局限性等，常常制约心理教育课程文本编制的理念、进程和质量，导致心理教育课程文本编制在内容、形式等方面的不足。[2]

目前，我国中小学心理教育教材建设主要存在四种取向：即心理化取向、教育化取向、生活化取向和问题化取向。也存在六方面的问题，针对这些问题，教材编写可以采取四种行之有效的对策：教材编写指导思想，要凸显“以人为本、全面发展”的价值理念；教材内容要“以实为本、突出主题”；教材结构要采取“螺旋提升，科学运作”的编排方式；教材编写组织宜采取“多元优化、积极整合”的策略。[3]

三、心理健康教育课程教研活动开展与管理

教研活动是为了提高教师的业务水平，而由地区教育学院（教师进修学院）的专业人员，组织学科教师围绕本课程的内容，就如何提高教学质量和教学效果，共同学习、研究、探索、实践的活动过程。它是提高教师专业化水准的重要手段。教研活动通常是由地区教育学院（教师进修学院）各学科的专业人员（通常称之为教研员）组织和安排，一般每周或每 2 周活动一次，内容可以有教材分析、教学方法研究、教学案例讨论、公开课或研究课探讨、教育理论的学习，形式可以有讲座、小组讨论、讲课、听课、评课、参观等。教学改革的深入发展，对教师教研活动的要求也越来越高，并且把指导服务与课堂教学改革作为中心工作[4]：

（一）研训一体化模式

教师业务水平的提高，除了教学实践和学习有关的教育教学理论以外，参加教研和培训是很重要的两个途径。心理健康教育课程作为一门新兴的课程，有更多的内容需要我们去学习，有更多的问题需要我们去解决，有更多的领域需要我

---

① 李东：《我国课程编制的文化性缺失——一种社会学视角的反思与建构》，《教育发展研究》，2005（7B），第 52—57 页。

② 沈贵鹏：《关于心理教育课程文本编制的思考》，《教育科学研究》，2005（8），第 54—55 页。

③ 崔景贵：《关于我国中小学心理教育课程教材建设的思考》，《课程·教材·教法》，2002（1），第 55—58 页。

④ 吴增强，蒋薇美：《心理健康教育课程设计》，北京：中国轻工业出版社，2007 年版，第 136—137 页。

们去探索，因而，从某个角度来说，教研活动就显得格外的重要和必要。在多年的探索实践工作中，我们发现不应该把教研和培训隔离成两个部分，完全可以将它们整合起来。于是，我们提出了将教研和培训合为一体的新思路和新方法，尝试了研训一体化的做法。事实证明，它是可行的、有效的，是尽快提高教师专业化水平的结晶，是深受教师欢迎的。

研训一体化与一般的教研活动相比，具有更强的计划性和目的性，注重活动的专题性、解决问题的有序性，与一般的培训相比，它在课堂上呈板块式，由条件性课程、本体性课程、发展性课程、实践性课程等组成；它在教材上，从预设性变为生成性；在内容上，更贴近教育热点和课改前沿，变滞后性为超前性、同步性；在形式上，变经院式教学为研究性学习，变注入式学习为实践性学习。其根本目标是要通过研训一体化活动过程，把先进的教育理念变成教师每一天的具体教育行为，解决课改实践中的实际问题，使所有的教师得到专业化发展。

（二）开展校本教研，促进心理教育专业发展

专业研究人员的专业引领是校本教研三大核心要素之一，专业引领是理论对实践的指导，是理论与实践的结合，是教研员和一线教师关系的重建。专业引领工作是否到位，教研员是否引领一线教师把教育理念转化成教育实践，是否能够在充分尊重教师主体地位的基础上，聆听问题，提供信息，共同探讨解决问题的方案等，是校本教研能否向纵深可持续发展的关键。因此，教研员要积极主动地转变角色，提高自身研究、指导和服务的能力。成为本学科真正的专业引领者，以校本教研为突破口，构建心理健康教育教研工作新文化①：

1. 教研员要由原来教研活动单一的组织者，成为心理健康教育理论和辅导技术的研究者。心理健康教育是一门新兴的学科，对中小学生它没有现成的教学大纲和教科书，也没有专门的中小学咨询与辅导技术，那么怎样引领中小学心理健康教育专兼职教师做好这项工作呢？这就需要教研员既要具有扎实的心理健康教育理论根基和较高的实践应用能力，又要具有较强的科学研究能力。因为在中小学心理健康教育教学实践中经常出现许多理论和实践问题需要去研究和解决。心理健康教育教学的复杂性和生成性，又要求教研员不能仅停留在教研活动的组织者层面上，要用研究的眼光，寻找和解决中小学校实际教育教学中遇到的问题，成为研究者。

2. 教研员要由原来教研活动的培训者、评价者，成为心理健康教育实践以及咨询与辅导的参与者、实验者和探索者。在中小学开展心理健康教育，无论对教研员，还是对中小学教师，心理健康教育从理论到方法都是全新的，这就要求

① 田丽：《以校本教研为突破口，构建心理健康教育工作新文化》，《中小学心理健康教育》，2006(2)，第6—9页。

教研员学在前，行在前，要追踪世界心理健康教育理论和教育实践的最新进展，主动获取先进的理念和技术，走进课堂，扎根实践，通过亲身实践、体验，才会拥有更直观的感受，从而使指导与服务更有针对性和实效性。

3. 教研员要由原来教研活动的“领导者”“专家”，成为中小学教师探索心理健康教育教学课程的合作者。在以往的教研活动中，教研员常常以“专家”“领导者”的身份出现，是凌驾于教师之上的指手画脚的说教者，教师只是带个笔记本被动地听从说教的记录者。校本教研这一崭新教研方式的出现，强调教师是主体，教研员要同一线教师建立相互学习、平等对话、合作研究、共同发展的伙伴关系。这就要求教研员必须深入教育教学一线和教师打成一片，随时了解教师的困惑和问题，引导、启发教师自己发现问题、思考问题，并与教师一道去探讨解决问题，积累优秀课例，创编符合不同年龄阶段中小学生心理发展特点的校本课程。

第四节 心理健康教育校本课程开发

一、心理健康教育校本课程开发的内涵

校本课程开发是当前课程编制的特殊问题。校本课程是相对于国家课程、地方课程而言的，有广义和狭义之分。广义的校本课程是指学校所实施的全部课程，既包括所实施的国家课程、地方课程，也包括学校自己开发的课程。狭义的校本课程专指校本课程，即学校在实施好国家课程和地方课程的前提下，自己开发的适合本校实际的、具有学校自身特点的课程。目前，人们习惯于将学校自己开发的课程称之为校本课程，以区别广义的学校课程。校本课程有以下目的：确保国家课程的有效实施，照顾学生的个别差异，促进教师专业能力的持续发展。当前，我国的基础教育应以国家课程为主，地方课程和校本课程为辅①。

心理健康教育校本课程，是校本课程开发在学校心理健康教育领域的具体运用，它强调充分利用学校及社区的课程资源，调动学校、教师、学生、家长和社区人士等一切力量，开发符合学生需要和特点的多样化的心理健康教育课程内容，以满足学生个体性、差异性的要求。它的出现，大大丰富了传统心理健康教育课程内容，大大丰富了传统心理健康教育课程模式。同时，对心理健康教育课程走向科学化、规范化和本土化起着重要推动作用。

---

① 许洁英:《国家课程、地方课程和校本课程的含义、目的及地位》,《教育研究》, 2005 (8), 第32—36 页。

二、心理健康教育校本课程开发的意义

校本课程开发对心理健康教育有着重要的意义。如有研究提出，心理教育课程与学科课程相比，更具综合性和渗透性。由于对广大中小学教师而言这是一门全新而陌生的课程，因此在心理教育课程实施中普遍存在着误区：认为心理教育课程建设是教育专家的工作，缺乏对课程的科学认识，把课程等同于教材，对心理教育课程采取传统的学科教学方式，以学生掌握心理健康知识为课程的唯一目标等等。而结合当前基础教育课程改革的实际，通过加强心理教育校本课程建设来促进广大中小学教师心理教育专业能力的发展不失为一条有效的途径。①

有研究针对农村地区差异性大、教育文化发展不均衡的现状提出，开发心理健康教育校本课程是现阶段农村中小学开展心理健康教育课程建设的最佳方式。农村中小学应根据各自特色开发心理健康教育的校本课程，同时应注意避免一些误区和问题：把课程等同于教材，缺乏对课程的科学认识；认为心理健康教育课程的建设是教育专家的工作，作为基层的教师既无职责也无水平来担此重任，而教材的开发是教育主管部门和出版社的专权；心理健康教育课程的实施非常重视采取传统的学科教学方式进行课堂教学。将学生掌握心理健康知识作为课程的唯一目标，甚至出现了把心理健康教育课程列入学生期中期末考试范围的现象等。② 也有研究基于调查提出，针对农村学校教育理念、办学条件、师资力量、留守学生的现状，开发行之有效的心理教育校本课程不失为一种促进留守学生健康成长的好方法。③

三、心理健康教育校本课程开发的策略

（一）心理教育校本课程开发的实施条件④

1. 以课程政策赋予广大中小学教师自主开发心理教育课程的权力和职责。校本课程开发是我国基础教育三级课程管理的重要内容，是学校根据自己的办学理念和实际情况自主开发的课程，目的是为了更好地满足学生的实际发展需要。由于长期以来我国沿用的是自上而下的课程开发模式，几乎没有给学校和教师留

---

① 王聿泼：《论中小学心理教育校本课程开发的实施条件和运作策略》，《当代教育科学》，2007（23），第61页。

② 李宁：《农村中小学心理健康教育校本课程的开发》，《赣南师范学院学报》，2004（4），第38—41页。

③ 许芳，曾凡敏：《农村留守子女心理健康状况与校本课程开发》，《中国农村教育》，2006（6），第47—48页。

④ 王聿泼：《论中小学心理教育校本课程开发的实施条件和运作策略》，《当代教育科学》，2007（23），第61—62页。

下自主进行课程开发的空间。不管是观念上还是制度上教师都只是作为课程的实施者而不是主动的开发者存在，广大中小学生的心理发展实际状况和需要没有受到真正的关注。

因此，各级教育行政管理部门应从政策的角度赋予广大中小学教师进行心理教育校本课程建设的权利和职责，学校也应依据这种政策制定出具有操作意义的实施办法，以有效引导和保证心理教育校本课程建设工作的顺利进行。

2. 以师资培训制度规约并激励广大中小学教师自主开发心理教育课程的专业素养和能力的提升。教师是心理教育校本课程开发的主体，是直接关系到课程建设成功与否的关键因素。由于心理教育课程有其特定的区别于学科课程的目标、内容和教学模式，其课程建设又有自身的原理和技术要求，因此心理教育课程开发客观上要求广大中小学教师必须确立现代教育观和现代课程观，占有相应的现代课程理论和现代教学理论，明确中小学心理教育课程的整体结构及其类型与模式，具备整合社区心理教育课程资源、了解和把握中小学生心理发展的特点与实际需求的能力。显然，只有建立健全并严格贯彻实施相应的师资培训制度，才可能使广大的中小学教师在课程开发层面上成长为专家和内行。

3. 以科学规范的自觉自律的内部评价与改进机制引导广大中小学教师开发心理教育课程工作健康有序运行。心理教育校本课程开发是一种理性的课程决策过程，是以教师为开发主体、学校自主进行的。由于各中小学所处的地缘、生源及富于个性特色的学校文化等方面的差异，决定了不同学校必然在心理教育课程开发的目标、内容以及形式的不一样，这就要求各个中小学必须“因校制宜”，从学校的实际情况出发，建立较为规范的自觉自律的内部评价与改进机制，以指导教师不断反思心理教育课程开发过程中出现的各种问题，自我批评、自我激励、自我改进，保证校本课程开发的健康有序运行，这是一所学校成功进行心理教育课程开发必不可少的重要条件。

4. 以课题研究活动提高广大中小学教师在心理教育课程开发中的团队意识和学术水平。心理教育校本课程开发是一项专业性很强的工作，它不仅需要教师、学生、家长和社区人士合作、共享与探究，以充分利用学校和社区的“本土”心理教育课程资源，更应当建立在扎实的学术研究基础之上。因此，心理教育校本课程开发必然也必须借助于课题研究这种科学共同体的形式对学校教育理念、办学特色、学生与社区发展需求、学校与社区心理教育课程资源等进行广泛深入的研究，既能从心理层面上强化教师对学校的认同意识和归属感，培养教师的团队合作精神，又能有效提高教师的科研意识和科研能力，从而有的放矢地扎实推进心理教育校本课程建设工作。

5. 地方教育行政部门的支持与服务是广大中小学教师心理教育校本课程开发不可或缺的外部条件。心理教育校本课程的开发，需要地方教育行政部门更新观念，转变职能，创新管理机制与管理体制，建立起规范的校本课程开发方案的审议制度，切实为学校进行校本解程开发提供政策、专业与资源上的支持与服务，以确保校本课程开发的质量。

（二）心理教育校本课程开发的运行策略

1. 评估学校心理教育的具体实际和现有资源。心理教育校本课程开发的最大特点就是以学校为主体，考虑学校的具体实际，依托学校的现有资源。随着心理教育的深入开展，中小学心理教育如何创造出学校特色，如何真正促进学生发展，如何与现有的学校教育资源整合成为实践中的难题。在基础教育课程改革的大背景下，实现国家、地方和学校三级课程管理，为解决心理教育实践中的难题提供了有利的条件。因此，中小学心理教育校本课程开发应立足于学校的实际，整合学校的现有资源，形成具有本土化的中小学心理教育校本课程项目。

2. 确立本校学生心理健康的具体标准。现有中小学心理健康标准的研究往往停留在理论层面的探讨，中小学生心理健康的标准也是基于共性的心理健康标准提出来的，对于具体学校中小学生的心理健康标准则很少有学者进行探讨。而具体中小学生的心理健康标准又是学校心理教育实践中经常碰到的问题。本校学生心理健康具体标准的制定，一方面应以当前专家学者所认同的心理健康标准为蓝本，另一方面应该结合学校的具体实际和本校学生的心理特点。

3. 制定本校心理教育的具体目标。结合本校学生心理健康的具体标准，对学生的心理素质发展状况和心理健康状况进行普查，从而分析其与心理健康标准的差异，由此根据各年级学生的心理特点，制定本校及各年级心理教育的具体目标。

4. 确定各年级心理教育的具体内容。中小学心理教育的内容体系，从纵向上看包括心理健康的观念、心理健康的知识和维护心理健康的方法与技能；从横向上看包括与学习、与生活、与职业生涯发展有关的心理教育。但是，这些内容如何结合学校和学生的具体实际进行整合开发，则是心理教育实践中的难题。心理教育的校本课程开发就是以学校为本，充分考虑学校的实际，立足于学校的现有资源和条件，结合本校学生心理健康的具体标准和具体目标，遵循各年级学生的心理特点，在此基础上确定各年级心理教育的具体内容。

（三）心理健康教育校本课程开发的实施流程

主要包括建立组织机构、开展调查评估、设定目标、集体审议论证、师资培训、课程编制、课程评价等环节：

1. 建立组织机构。心理健康教育校本课程开发，需要成立心理健康教育校本课程开发领导小组、心理健康教育校本课程开发指导小组、心理健康教育校本课程开发实施小组。其中，领导小组由学校相关行政领导组成，统一部署人力、物力，协调各方关系，有效整合资源；指导小组由心理健康教育专家、课程专家和资源心理健康教育教师组成，负责起草课程开发的总体方案，开展师资培训；实施小组由教师代表、学生代表、家长代表以及社区代表组成，负责心理健康教育校本课程开发方案的制定以及具体的开发实施工作。

2．开展调查评估。心理健康教育校本课程开发离不开全面深入的调查评估，只有摸清学校心理健康教育的实际状况，明确心理健康教育校本课程开发的条件和限制，才能有的放矢地开展校本课程开发工作。在内容上，调查评估必须着重了解以下方面的情况：学校实际状况，包括办学宗旨、校纪校规、教学场所、教学设备、经费运行状况、班级规模、地理位置、附近的社区状况等；教师的实际状况，包括教师的知识水平、教学能力、课程开发能力、心理健康状况、对课程开发的积极性等；学生的实际状况，包括心理健康状况、心理发展水平和发展潜能、兴趣爱好和心理需求等。调查评估的手段有问卷法、访谈法等。

3．设定目标。心理健康教育校本课程开发的总体目标，必须与心理健康教育的总目标相一致，即提高全体学生的心理素质，充分开发他们的潜能，培养乐观、向上的心理品质，促进人格的健全发展。由学校根据学生心理健康的实际状况，制定具体的心理健康标准，然后按照该标准制定心理健康教育校本课程开发的具体目标。

4．集体审议论证。各成员可以基于自身经验和实践，各抒己见，提出各种方案和意见，相互启发，相互讨论，进一步完善原有方案。在整个讨论过程中，各成员要能够全心投入审议论证，积极踊跃发表自己的观点，接收采纳他人的正确观点，而不能相互攻击否定。这样，才能产生良好的讨论效果。

5．师资培训。心理健康教育教师是心理健康教育校本课程开发的主体，而当前我国学校心理健康教育教师的专业能力较为薄弱，有针对性地开展师资培训工作对于心理健康教育校本课程开发来说显得尤为重要。具体培训内容包括：强化校本课程意识，树立明确的课程开发观念，明确校本课程开发的重大意义；了解心理健康教育校本课程的含义和特点，掌握心理健康教育校本课程设计的基本理论和方法，学会设计和制定校本课程开发草案；深入领会心理健康教育校本课程特点，能在具体实施过程中很好地执行。具体的师资培训可采用教师脱产培训、在职培训、专家讲座和报告、申报和开展心理健康教育课题等形式。

6．课程编制。心理健康教育校本课程开发方案大致包括下列六项基本内容：课程开发依据，政策依据、学生的心理发展特点和心理需求等。课程总体目标要有效协调国家基础教育课程规划目标、心理健康教育的总目标与学校发展的目标三者之间的关系，尽量实现三者的统一。课程结构设置，重点关注心理健康教育活动课程、心理健康教育学科课程和心理健康教育问题课程三大块各自的目标内容、比例结构及相互之间的关系。课程实施策略，通过创设一定的情境，让学生在活动体验中反思、感悟、升华，从而使心理得到发展与成长。课程资源安排，充分考查学校资源、环境、师资水平、教学设备、周边社会环境和资源情况，以此确立心理健康教育校本课程在整个学校课程体系中的位置。课程配套措施，主要指在课程组织与管理上的配套措施，如校本课程的宣传工作等，以配合校本课程的实施。

7. 课程评价。心理健康教育校本课程开发的评价，侧重对开发过程动态形式的评价，具体应围绕以下层面开展评价工作：对心理健康教育校本课程组织机构的评价；对课程编制方案的评价；心理健康教育教师的自我反思性评价；学生对心理健康教育校本课程开发的评价。学生可以根据喜欢和满意程度，选择自己感兴趣的校本课程。同时，也有权放弃已选择的课程，并对课程做出评价。

总之，心理健康教育的校本课程开发是一个全方位的系统工程，需要各方的共同支持和配合。目前，我国中小学心理健康教育校本课程开发还处在初始阶段，在理论和实践上存在许多的问题和困惑，这需要我们不断地探索和完善。

第六章　小学生心理健康教育课程设计案例

本章介绍的主要是来自一线基础教育学校的心理教师所开展实施的涉及小学阶段的心理健康教育课程设计案例，主要涉及认识自我、学习动机、潜能激发、社会交往、情绪管理等主题，相关专题结合青少年心理发展实际开展课程设计与实施，在本章及后续章节中的同一主题展示的可能不止一个课例，以便于学生更深刻地领会课程设计的理念。

第一节　主题一——认识自我

课例一：认识自我，了解他人

娄底市第三完全小学　谢爱华

一、教学理念

受家庭教育和社会环境的影响，孩子们的学习、生活压力很大，再加上二胎政策的开放，“二毛”的出现改变了原来家庭当中独生子女的地位，种种原因，使得学生难免会出现一些心理问题。而儿童期是个体认识、个性、情绪调控能力、意志自制力与坚持性等心理品质迅速发展的时期。这个时候的孩子受不良社会环境、家庭变故、周围的人对其一贯的看法等影响，都会无法正确认识自己。人要认识自己不是一件容易的事，五、六年级学生的思维方式向抽象思维过渡，可以进行比较复杂的分析，分析问题时开始确立“自己”的位置。本节心理健康教育活动课就是针对五、六年级的学生不易正确认识自己和了解他人这一心理现象设计的，引导学生在讨论交流中认识自己的性格特点，找到自己性格特点中的优势部分和缺陷部分，理解他人行为背后的动机，学会向他人学习，理解他人，培养健康的心理品质，发挥自己的优势，不断完善自我，散发自己独特的个人魅力，为成功奠定基础。

二、教学目标

1. 让学生学会观察并了解自己和他人的性格特点，学会去理解别人的行为。

2. 教育学生在讨论交流中，学会发现自己的优势，发现别人的长处，正视自己的不足。

3. 使学生感受每个人的性格既有优势的部分，也有不足的部分。在接纳自己的同时，学会向别人学习，发挥自己的优势，克服自己的缺点，做最好的自己。

三、教学重点

使学生正确认识自己和他人。

四、教学难点

使学生感受到人人都有优点和缺点，每个人不应该因缺点而怀疑自己，也不要因优点轻视他人，要充分认识自己，理解他人。

五、教学方法

故事分享，游戏体验，讨论交流，音乐欣赏。

六、教学时间

40 分钟。

七、教学对象

小学五、六年级的学生。

八、教学准备

A4 纸 8 张，水彩笔 4 盒，教学 PPT。

九、教学过程

1. 动画导入（《西游记》）。

交流讨论：西游记中你最喜欢谁？最不喜欢谁？如果西天取经的路上没有唐僧（或孙悟空、猪八戒、沙僧）会怎么样？

2. 情境体验，分成四个活动小组。

教师创设一个情境：因为我昨天表现特别好，爸爸带我去超市购物，答应好好奖励我。我和爸爸来到超市，看中了一个心仪已久的玩具，我非常渴望得到它，我向爸爸提出购买要求，可是爸爸以“家里已经有那么多玩具了，我们不买了”为理由拒绝了我的要求，怎么都不答应。如果是你，你会怎么办？

生 1（哭闹打滚）：“不嘛不嘛，我特别特别喜欢这个玩具，我做梦都想要，爸爸，你就答应我吧，我保证我好好听话，特别特别乖，一定好好学习，不耽误功课……”在再次被爸爸拒绝后，心不甘情不愿地跟爸爸离开了超市，回家后，发现了新的乐子，把不愉快的事情忘得一干二净。

生 2（态度强硬）：“爸爸，我看中这个玩具了，就要这个玩具，你给我买！”“什么，你再说一遍，买还是不买？好，不买是吧？我告诉妈妈你上个星期偷偷地……”

生 3（盯着玩具看了很久，怯怯地说）：“爸爸，我想要这个玩具，你可以给我买吗？”看到爸爸脸色不对，立即说：“当然，家里有好多玩具，不买也可以的啦……”

生 4：“爸爸，我昨天表现好不好？我是不是爸爸的乖孩子？只要我表现得特别好你就会给我奖励的对不？……”爸爸不耐烦地打断他：“我告诉你，这个玩具我说不买就不买！”孩子不说话了，默默地跟爸爸离开了超市，但从此都不理爸爸。

觉得自己跟他们处理方式一样的同学分别聚到一块，分成四个小组。

3．情境体验，认识自我，了解他人。

教师创设情境：给各组每人准备2张纸，1盒水彩笔。各组讨论确定1名队长，在纸上写上自己的队名，成员名字，小队口号。然后小组合作在另外那张纸上设计画1只猪，用自己的方式把画好的猪卖出去。

分小组活动，然后分组表演，在活动中体验自己和小组成员的特点。

4．讨论交流。

每个组分享交流自己小组活动的情况，然后在小组内说一说，自己的表现和心理活动。

5．教师总结。

我们每个人处理问题时都有自己独特的方法方式，有的人很直接，有的人很委婉。在生活中，我们会发现每个人都有自己独一无二的性格特点：有的人像孙悟空，勇往直前，迎难而上，充满自信；有的人像猪八戒，爱说爱笑，是开心果，快乐无限；有的人像沙和尚，默默奉献，任劳任怨，是老好人；有的人像唐僧，善良体贴，认真细致，坚持原则……当然，也会有孙悟空的直来直去，独断专行；猪八戒的粗心大意，口无遮拦；沙和尚的慢半拍，怕得罪人；唐僧的敏感多疑，挑剔不满……无论我们属于哪一种人，我们都喜欢自己，因为那个自己是独一无二的，我们也因此了解了别人，能理解别人这么做的原因，不跟自己生气，向别人学习，改正自己的不足，做最好的自己。

6．欣赏歌曲《相信自己》。

发现你自己，你就是你。记住，地球上没有和你一样的人……在这个世界上，你是一个独特的存在。你只能以自己的方式歌唱，你只能以自己的方式绘画。你是你的经验、你的环境、你的遗传造就的你。不论好坏与否，你只能耕耘自己的小园地；不论好坏与否，你只能在生命的乐章中奏出自己的音符。

——卡耐基

十、案例评析

整堂课气氛开放有趣，孩子们在游戏体验中了解自己的性格特点，了解他人的性格特点，尝试学着去理解他人。在导入环节中，孩子们从最熟悉的《西游记》人物中了解到每个人都是重要的，做任何一件事情都需要不同的人去配合，缺了谁都是不完整的，从而学会去接纳自己，接纳他人。同时，也默默地在心里比照我会是谁，是什么样的人。在情境体验中，孩子们本色演出，让很多人都笑得前俯后仰，表演结束后大家纷纷去找和自己处事方式同一类的人，这样的分组方式，让大家觉得新奇有趣而没有任何的压力。在接下来的小组活动中，各组的表现出来的情况更是让人大跌眼镜，有的在小组活动中被小组同学请出来，觉得他们不是同一类人，然后他们又去找适合自己的小组，在大家善意的调整中，每个人都能非常和谐地融洽在各个小组中，继而在不断的调整体验中认识自己，了解他人，理解他人，提升自己。

这堂课在设计理念上从孩子本身的性格特点出发，从小学生已有经验切入，从最熟悉的故事入手，步步深入，让孩子正确地认识自我，了解他人，在关注自己的同时，学会去理解别人的行为，为孩子良好的人际关系打下基础。在课堂设计上，注重学生的体验，让学生在体验中认识自我，了解他人，体验式的学习方式能让学生在轻松愉快的体验中学习心理健康知识，既顾全大局，又兼顾个人，符合当前的学习方式。如果课后能有一个延续会更好。

课例二：认识自我，欣赏他人

娄底市第三完全小学　谢爱华

一、教学理念

当今社会生活、学习等方面的压力大，学生难免会出现一些心理问题。而儿童期是个体认识、个性、情绪调控能力、意志自制力与坚持性等心理品质迅速发展的时期。这个时候的孩子受不良社会环境、家庭变故、周围的人对其一贯的看法等影响，都会无法正确认识自己。人要认识自己不是一件容易的事，四年级学生的思维方式向抽象思维过渡，可以进行比较复杂的分析，分析问题时开始确立“自己”的位置。本节心理健康教育活动课就是针对四年级的学生不易正确认识自己这一心理现象设计的，引导学生在交流中感受别人对自己的评价，同时能够做到正确地评价自己，正视自己的缺点，发挥自己的优点，消除自卑心理，培养健康的心理品质，不断完善自我，散发自己独特的个人魅力，为成功奠定基础。

二、教学目标

1. 让学生学会观察并正确认识自己和他人。

2. 教育学生在积极的评价中，学会欣赏他人，也感受到被他人欣赏的快乐，并学会发现他人的优点，学习他人的优点。

3. 使学生感受到人人都有优点和缺点，每个人都不应该因缺点而怀疑自己，也不要因优点而轻视他人。要充分地认识自己，增强自信心。

三、教学重点

使学生正确认识自己和他人。

四、教学难点

使学生感受到人人都有优点和缺点，每个人不应该因缺点而怀疑自己，也不要因优点轻视他人，要充分认识自己，增强自信心。

五、教学方法

听故事，讨论、评议，游戏，采访。

六、教学时间

40 分钟。

七、教学对象

小学四年级学生。

八、教学准备

多媒体课件，A4 张 1 人 1 张，便利贴每人 1 张，每人 1 面小镜子。

九、教学过程

1. 导入。

（1）引起学生对“认识自我”的关注与兴趣

师：同学们现在老师想问问大家：“你们在镜子里会看到谁?”（生回答：“我自己。”）镜子里的同学们都神采奕奕的，好看吗?（好看。）

（2）师导入：但我们光有美丽的外表是不够的，还需要有美丽的心灵，而要有美丽的心灵的其中一个条件是需要大家正确认识自己。今天我们来玩一个游戏“猜猜我是谁”，从而认识自己。（板书课题。）

2. 自我探索（写写我自己）。

（1）师导入：刚刚我收到一张便利贴，他让我猜猜他是谁。你们看，他一点都没有写自己的外貌，只知道他是一个男孩子，还说就在我们班的教室里。真的是难为死我了。你们能猜出他是谁吗?

教师出示（课件）范例：我是一个性格外向的人，喜欢看书，喜欢旅游，有事没事爱打抱不平。看书的时候很认真，有时别人喊我我都不知道，所以有人常常误会我高傲，不理人。还有就是我说话喜欢直来直去，不喜欢拐弯抹角，做事的时候风风火火，想早点把事情做完，不喜欢拖拖拉拉。我很善良，妈妈说我哪怕是看到一只蚂蚁都舍不得踩死。同时，我又是很爱面子的人，不喜欢别人批评我。我脑子里的鬼点子特别多，我最喜欢新奇的事物。还有，我很专一的，我最喜欢玩积木，我从幼儿园玩到现在，只要有了积木，我就什么都不需要了。（生回答：李玄黄。）

（2）师：接下来我们玩个找寻人的游戏。游戏规则是……（课件出示。）

每人对着手里的镜子在便利贴上描述自己，100—200 字，要求写出自己的特点，可以写自己的优点和缺点，但不能出现自己的名字、外貌特点，时间 10 分钟，写好后统一装在讲台上的盒子里，由老师和小助手把便利贴贴在黑板上，然后每个同学依次到黑板上任意抽取一张便利贴，然后按照纸片上的描写去寻找你认为是他（她）的人，找到他（她）后，跟他（她）沟通纸片上的看法，提出你的看法和意见，修改完善纸片的描写。

师：注意哦，每个人拿着纸片去找人的时候错误不能超过 5 次，如果到下课后还没有找到纸片上的人或者纸片的主人没有让人找到的话，是要表演一个节目的。所以在描写自己的时候要把自己的特点写出来，寻人的同学要注意仔细观察。

（3）学生开始描写自己（师巡视，看看有没有特殊情况的学生：①几乎全写自己优点的；②几乎全写自己缺点的。）

（4）学生抽取便利贴，开始寻人游戏并互相沟通交流，通过对方重新认识自我。（时间10分钟。）

3．分享。

在刚刚的寻人游戏中发生了什么有趣的事？你觉得自己在描述的时候把自己写清楚了吗？同学找到你的时候你是什么样的心情？他对你的描写提出了什么意见？你认可吗？哪些同学是没有把人寻到的？哪些同学是没有被人寻到的？

（1）学生分享在寻人游戏中自己描述自己的感受。

（2）学生分享在游戏中发生的趣事。

（3）学生分享两人的沟通交流后对自己的重新认识。

（4）没有把人寻到的同学分享自己的经验和感受，分析没寻到的原因。（生1：很有挫败感。我根本就找不到纸片上那个人，他没有写出自己的特点，尽是优点，而且这些优点我们每个人都有。生2：很难过，他写的纸片上只有缺点，而且这些缺点我都有……）

（5）没有被人寻到的同学谈谈自己的感受，分析没有被寻到的原因。（生1：很难受，一方面说明同学们不熟悉我，另一方面是我自己的原因，我没有写出自己的特点，只写了自己的优点，没有写出自己的缺点。生2：感觉很不舒服，因为我在写自己的特点的时候，都觉得自己不认识自己似的，我只写出了自己的缺点，也就是妈妈数落得最多的，我觉得我是不好的。）

4．讨论。

（1）师：上述游戏活动中，你觉得自己是个怎么样的人？你最喜欢自己的哪些方面？不喜欢自己的哪些方面？准备怎么办？

（归纳，提示）面对自己：

①如果你只看到自己的缺点、不足，你将会悲观绝望；

②如果你只看到自己的优点、长处，“看自己一朵花，看别人豆腐渣”，也将会沾沾自喜，骄傲自大，停步不前，甚至会倒退。

③“金无足赤，人无完人”，因此，要全面认识自己，我们既要看到自己的优点和长处，又要看到自己的缺点和不足。

教师小结：我们要正确客观地认识自己，除了自己评价自己外，还需要多听听别人对你的评价，这样才能扬长避短，真正认识自己。现在我们来进行采访大行动，虚心、客观地听听别人对你的评价。

（2）采访大行动：“别人眼中的我”。

小小测试：询问离自己最近的三个同学眼中的“我”是什么样的。被问的同学用两个词语来形容提问的同学。

强调：被问的同学必须诚实地回答。

5. 教师总结。

师：对啊，发现自己的优点会使自己更有自信，发现缺点可要改正啊！事实上，任何人都不可能完美无缺，人人都有优点和缺点。你是这世界上独一无二的一个，所以要充分地认识自己，让自己扬长补短，不断进步。老师给了每个小组一把正确认识自己的金钥匙。让我们一起来看看这些金钥匙是什么？请各组的同学大声来念念。（各小组打开课前发的纸条，齐念，幻灯逐一出示。）

金钥匙：

（1）相信自己，这是快乐的源泉。

（2）学习别人，是为了提高自己，而不是把自己变成别人。

（3）留心观察书本上、影视节目里以及身边人的优点，把他们记录在一个小本子上，看看哪些地方值得你学习，借以丰富和发展自我。

（4）金无足赤，人无完人。重要的是：你要学会发现并学习别人身上的长处和优点。

希望每个同学以后多运用这些金钥匙，更全面、更深入地认识自己，扬长避短，塑造更完美的自我。同学们，你们通过这节课发现了自己更多的优点，同时也发现了自己的存在问题，只要你正视自己的缺点并改正过来，那么无论外表和心灵都会变得更美。把你们刚才的镜子拿出来照照看，有没有发现自己比刚上课那时更美了？

6. 故事分享（《尼克》）。

（1）欣赏图片，听故事。

（2）交流感受。

7. 作业：我的自画像（每人在纸上画一张自画像，下节课带来教室）。

十、案例评析

本案例在设计理念是符合学生的年龄特点。整堂课设计严谨，环环相扣，达到了课堂的教学目标。学生在描写自己的同时，是对自己的一次认识；在寻人的过程中，训练学生的观察能力的同时，让学生去评价对方；双方在沟通的时候，让学生学会从对方的角度再次认识自己。在分享环节，再一次对自己进行认识了解，加深感受和体会。在讨论和小结环节让学生学会到正确认识自己。在采访环节，让学生积极地面对别人的评价，学会完善自己。达到了本课教学的目标和效果。注意认识自我的时候，不要过多地贴标签，尤其是负面的标签。在采访大行动时，要注意强调不要伤害别人，以免引发同学矛盾。

第二节 主题二——热爱学习

课例一：增强兴趣，主动学习

娄底市第三完全小学 谢爱华

一、教学理念

对于小学生来说，与学习有关的意志品质主要是自觉性、坚持性和自制力。自觉性是指一个人在行动中有明确的目的性，并充分认识行动的社会意义，使自己的行动服从于社会的要求。坚持性是指能够长时间地保持充沛的精力和毅力。自制力即善于控制和支配自己行动的能力。学生意志品质差是导致厌学的一个重要因素。从自觉性来看，现在大多数小学生的学习目的不明确，他们对学习的认识很大一部分停留在为了父母、老师，为了奖品等。事实上外在的诱因随着时间的推移很容易失去作用，一旦他们对父母的责骂和教师的批评习以为常，而父母在物质上也不可能无限制满足，那么，他们在学习上便连这些外在的动机也不存在了，哪谈得上什么学习自觉性？当今小学生多数为独生子女，凡事都由父母为他们想得周全细致。因此，学生很少有克服困难、战胜困难的体验。一旦在学习上碰到一点困难，便打退堂鼓，畏缩不前而放弃学习。因此，我们必须加强对学生进行意志品质的教育。其次，广泛的兴趣所产生的是一种对事物、对世界的态度。这种态度是探究的兴趣之所在，往往也是潜在的天赋之所在，如果成人引导得法，很容易让儿童初尝成功的滋味。伴随成功所产生的自信心，对儿童的学习助益不可估量。从另一方面来说，事物是相互联系的，必要的知识和技能是兴趣产生的条件，儿童在其他方面的兴趣与课业学习存在许多内部联系，在很多情况下可以互相迁移、相辅相成。本节心理健康活动课就是针对学生学习目的不明确，缺乏自觉性和坚持性而设计的，引导学生在活动体验中培养自己的兴趣，明确自己的学习目的，变“要我学”为“我要学”，解决“学什么”和“怎么学”的问题。

二、教学目标

1．通过活动培养学生的学习兴趣，明确自己的学习目的，变“要我学”为“我要学”。

2．帮助学生在学习中初尝成功的滋味，增强学生对学习的信心。

三、教学重点

通过活动培养学生的学习兴趣，明确自己的学习目的，变“要我学”为“我要学”，解决学什么和怎么学的问题。

四、教学难点

通过活动培养学生的学习兴趣，明确自己的学习目的，体验成功的滋味，增强对学习的信心。

五、教学方法

活动体验，讲故事，讨论。

六、教学时间

40 分钟。

七、教学对象

小学四年级学生。

八、教学准备

白纸、卡片。

九、教学过程

1. 讲故事导入，发现自己的目标，激起学习的欲望。

师：话说，有这么一只小老鼠，自它出生开始，就从没离开过家，妈妈每天都会从外面给它带很多好吃的回来，就这样，它无忧无虑地生活了好多年。直到有一天，它突然意识到老待在家里其实无聊透了，应该去外面走走。于是它对妈妈说："妈妈，我能不能跟你去外面玩儿啊？"妈妈说："当然可以啦，我们明天就可以一起出去。"

第二天，小老鼠换上它最漂亮的衣服和妈妈一起兴奋地走出了家门。外面的世界好精彩啊，有好多的果酱和奶酪。不知不觉间，它发现自己被一大片阴影罩住了，抬头一看：哇！庞然大物啊！"妈妈！妈妈！这是什么啊？"小老鼠用已经颤抖的声音喊道。"孩子！快跑！"妈妈大声叫道。小老鼠来不及多想，和妈妈迅速跑到一个桌子后面藏了起来。

小老鼠：那是什么东西啊？

鼠妈妈：嘘……那是大花猫，我们的天敌！

小老鼠：那怎么办啊？

鼠妈妈：没事儿，看妈妈的！

"汪！汪汪！汪汪汪！"鼠妈妈叫道，好奇怪，大花猫听到这个声音之后竟一溜烟儿撒丫子跑了。这时，鼠妈妈转过头来语重心长地对小老鼠说："孩子，掌握一门外语是多么的重要啊！"

我们知道，掌握法语可以法国人沟通，掌握德语可以和德国人沟通，掌握非洲土著的语言可以和非洲土著沟通，掌握狗的语言可以和狗沟通，那么，掌握哪一门语言对你来说最重要？或者说你想拥有一些什么样的本事？

生 1：我想要是我能飞起来就好了。

生 2：我要有奥特曼的本事，拯救人类。

生 3：我想当飞行员，驾驶飞机。

生 4：我想到月球上去看看。

生 5：……

师：同学们想拥有这么多的本事，真不错。怎么才能拥有这些本事呢？

2. 故事:《动物学校》。了解自己的特长和兴趣，确定自己学什么。

为了和人类一样聪明，森林里的动物们开办了一所学校。开学典礼的第一天，来了许多动物，有小鸡、小鸭、小鸟，还有小兔、小山羊、小松鼠。而学校为它们开设了5门课程，唱歌、跳舞、跑步、爬山和游泳。当老师宣布，今天上跑步课时，小兔子兴奋地一下从体育场地跑了一个来回，并自豪地说：我能做好我天生就喜欢做的事！而再看看其他小动物，有噘着嘴的，有绷着脸的。放学后，小兔回到家对妈妈说，这个学校真棒！我太喜欢了。第二天一大早，小兔子蹦蹦跳跳来到学校。老师宣布，今天上游泳课，小鸭也兴奋地一下跳进了水里。天生怕水，祖上从来没人会游泳，小兔傻了眼，其他小动物更没了办法。接下来，第三天是唱歌课，第四天是爬山课……以后发生的情况，便可以猜到了，学校里的每一天课程，小动物们总有喜欢的和不喜欢的。

《动物学校》的作者唐纳德·克里夫顿博士说，这个寓言故事寓意深远，它诠释了一个通俗的哲理，那就是“不能让猪去唱歌，兔子学游泳”。要成功，小兔子就应跑步，小鸭子就该游泳，小松鼠就得爬树。

师：同学们，要想让自己更优秀，就要结合自己的兴趣，发挥自己的特长，我很好奇的是你们最喜欢什么？想学什么？

学生小组讨论，每个人说说自己最感兴趣的事和自己的特长。

设计意图：同学们在故事中感悟要发挥自己的特长，在讨论中去发掘、发现自己的兴趣，根据自己的兴趣和特长寻找自己发展的方向，确定自己的目标和学习的内容。把被动学习变为主动学习。

3. 故事明理：为了实现自己的目标，应该怎么学？

（1）讲苏格拉底和柏拉图坚持的故事。

有这样一个真实的故事：古希腊大哲学家苏格拉底在开学的第一天对学生们说：“咱们只学一件最简单的事儿，每天把胳膊尽量往前甩，然后再尽量往后甩。”说着苏格拉底做了一个示范。

苏格拉底笑着问“从今天开始，每天做300下，大家能做到吗？”学生们都笑了，这么简单的事有什么做不到。

过了一个月，苏格拉底问学生们：“每天甩300下，哪些同学坚持了？”有90%的同学骄傲地举起了手。又过了一个月，苏格拉底又问：“每天甩手300下，哪些同学坚持了？”这回坚持下来的只剩下八成。一年过后，苏格拉底再次问大家：“请告诉我最简单的甩手运动，还有哪几个同学坚持了？”有同学几乎忘了这件事，也有人默默地低下了头，觉得有些羞愧。此时，只有一个人举手，这个同学就是希腊另外一位知名的哲学家——柏拉图。

（2）讨论：从苏格拉底和柏拉图的故事中，你们有什么样的感想？（要想成功，就要坚持。）

（3）教师小结：世间最容易的事就是坚持，最难的事也是坚持。说它容易，是因为只要愿意，人人都能做到，说它最难，是因为真正做到的终究是极少数的人。任何伟大的事业，常成于坚持不懈，毁于半途而废。任何伟大的事业，都不是靠一时的力量，而是靠长期里坚持来完成的（所谓厚积薄发是也）。任何伟大的事业，都有一个看来微不足道的开始，要使理想的宫殿变成现实的宫殿，必须通过长期不懈地埋头苦干，一砖一瓦地建筑。人生就像马拉松赛跑一样，只有坚持到终点的人才有可能成为真正的胜利者。

（4）讨论延伸：除了坚持，我们还要怎么做才能真正实现自己的梦想呢?

十、案例评析

本案例在设计理念上紧扣学生年龄特点，符合学生的年龄心理需求。整堂课设计较为严谨，环环相扣，以故事为出发点，引导学生讨论，从而确定自己学习的目标，再根据自己的兴趣和特长，确定自己学习的内容，启发学生锻炼自己的坚持性和自觉性等意志品质，达到了心理辅导的教学目标。可以考虑结合学生学习的实际案例开展教学，可能效果更好。

课例二：掌握学习方法，树立学习信心

娄底市第三完全小学　谢爱华

一、教学理念

中国关心下一代工作委员会、儿童发展研究中心“心爱之家、亲职教育”课题组研究员赵华指出：对全国 20 多个省市 1 万余名小学生进行调查，结果显示：每 10 个小学生中居然 4 人有厌学倾向！厌学是学生对学习采取敷衍态度或排斥、拒绝行为的一种消极现象，是学生的学习需要得不到满足或缺乏学习兴趣时对学习丧失信心的一种心理反应。有调查结果表明，现在的小学生作业量较大，内容单调重复，作业时间较长，各年级均超过国家规定的时间；学生的书包越来越大，且越来越重。79% 的学生感到学习累，心里烦；40%—50% 的学生对某些科目感到无兴趣。30% 的小学生对学习缺乏热情，学习既不刻苦也不主动；有 20% 的小学生常会找出“头疼”“肚子疼”等借口逃避学习。小学生厌学情绪随年级升高呈上升趋势。厌学心理是学生学习活动中的一种“病症”，它严重影响了学习活动的顺利进行，对学生的健康成长具有危害性。本节心理健康活动课就是针对四到六年级的学生不懂学习方法、从而厌学的问题设计的，旨在从心理上突破孩子们畏难的学习情绪，掌握语文学习的方法，产生学习的成就感，树立学习的信心，爱上学习。

二、教学目标

1. 使学生学会学习语文的方法，提高学生的记忆力，获得成功的学习体验，树立学好语文的信心，从而爱上学习。

2. 帮助学生克服学习上的困难，掌握正确的学习方法，获得成功的学习体验，增强学习的信心。

三、教学重点

使学生学会记忆的方法，产生学习的成就感，树立学习语文的信心，爱上学习。

四、教学难点

培养学生对学习的兴趣，获得成功的学习体验，增强学习的信心。

五、教学方法

活动体验，讲故事。

六、教学时间

40 分钟。

七、教学对象

小学四年级学生。

八、教学准备

白纸、卡片。

九、教学过程

1. 谈话导入。

（1）师：你最喜欢什么？

生 1：玩游戏。

生 2：听故事。

生 3：看动画片。

生 4：听歌。

（2）在学习语文课时，你最怕的是什么？

生 1：背诵课文。

生 2：写作文。

生 3：写作文特别难，总感觉没什么可写的。

2. 心理游戏活动：一分钟快速拍手。

师：一分钟到底有多长呢？我们先来体验一下。当老师宣布“开始”时，同学们就在自己的心里默念：“1、2、3、4……”每默念一个数代表过了 1 秒钟，老师没有叫停下你们就一直往下念。等老师让你们停下来的时候，我们就来看看，谁对一分钟估算得最准确。

（活动开始，老师计时）。

师：数数超过 60 的请举手。（学生举手。）谢谢，请放下手。

师：数数没有达到 60 的请举手。（学生举手。）谢谢，请放下手。

师：数数正好是 60 的请举手。（学生举手。）（如果有同学举手，就说：哇，祝贺你们，你们对一分钟的估计非常准确。如果没有同学举手，就说：哦，没有同学举手，没有关系，因为同学们对一分钟估算没有经验，但是，通过这次体验，我相信大家对一分钟有多长已经有了经验。）

师：一分钟体验活动结束，下面我们即将进入游戏环节。我们今天的游戏叫“一分钟快速拍手”。

游戏规则是：

（1）请同学不要与任何人商量，先估计自己一分钟可以拍手多少次，写在纸上；

（2）所有参加游戏的同学将座位移动一下，让自己能舒服地站在一个空地方拍手。

（3）两脚稍微分开让自己感觉舒服，两手放在一起做好拍手的准备。

（4）等老师宣布“开始”的时候，就快速拍掌，同时数好自己拍手的次数。最后五秒钟的时候，老师会说“五、四、三、二、一、停”，大家要听到老师喊“停”的时候再停止拍手，并且马上将自己拍手的实际次数写在本子上，看看自己估计的拍手次数和实际拍手次数有什么关系。

师：我们先进入游戏的第一个环节，请同学不要与任何人商量，估计自己一分钟可以拍手多少次，写在纸上。……

师：好，同学们都写完了。大家不要再修改数字。我们采访几个同学。某某同学，你估计自己一分钟可以拍手多少次？……

师：同学们，让我们用热烈的掌声有请这几个同学上台，将自己的名字和估计一分钟拍手的次数写在黑板上面。然后请他们一字排开在讲台站立，等会儿他们就在台上拍手。

老师在黑板上列出如下表格：

表6－1　拍手次数统计

姓名			
一分钟拍手估计次数			
一分钟实际拍手次数			
两者差别			

师：同学们，大家的猜测可谓各式各样，我们看到有些同学稍显矜持，有的同学更大胆一些。究竟谁的更接近实际呢？检验一下便可见分晓，接下来，让我们共同见证这“精彩的一分钟”！请大家集中精力、全心投入，没准奇迹就会发生！

师：请全体同学起立，用你自己感觉最舒服的姿势站好，两手掌轻轻放在一起，做好拍手的准备。

现在我们开始计时，当老师说“三、二、一、开始”，大家就快速拍手，同时记好自己拍手的次数，直到老师说“五、四、三、二、一、停”，大家听到老师喊“停”的时候再停止拍手。……

师：谢谢同学们迅速安静下来，我们先请台上的几个同学告诉我们，他们实际拍手的次数是多少。

（一个个地问）你估计一分钟可以拍手多少次？实际拍手多少次？与估计的比较，实际拍手超过多少次？你为什么拍得这样多？（没有超过估计次数的就问，你觉得你怎样做还可以拍得更多？假如超过，就说：哇，你太厉害了，超过估计次数____次；假如没有超过，就说：嗯，没关系，下次继续努力！）

（上台同学报数的时候，老师在黑板上完善每位同学的表格。）

设计意图：该游戏通过让同学在游戏中预测一分钟鼓掌的数字和实际一分钟鼓掌的数字比较，体会到前后差距很大，给学生一定的震撼，从而引发思考，引入本课主题。

3. 记忆游戏。

（1）你能在60秒内记住下面的内容吗？

猴子、学校、狗、香水、桌子、电脑、钢笔、西瓜、书包、老鼠、冰箱、圣诞老人、投篮、太极、69、螃蟹、结婚、生产、手机、纸、太阳。

（2）请3个学生说自己记的内容和记忆方法。

（3）出示课件。

下面，老师跟大家一起来讲故事：

一只猴子到学校去，在路上碰到了一只狗，狗嘴里叼着香水，撞到了桌子，桌子上有一台电脑，桌子上有钢笔，钢笔从桌子滚下来，插到了西瓜上，西瓜滚到书包旁，吓坏了老鼠，老鼠逃到冰箱后躲起来。圣诞老人打开冰箱，拿了东西后去投篮，篮球上的图案像个太极，又像69只螃蟹。螃蟹去结婚，然后生产出手机和纸，太阳公公笑了。

怎么样，记住了没有？现在谁来说一说？

（4）谈话：大家刚刚玩了这个游戏，你有什么收获和感想？

（5）体验活动：小组同学在一张纸上轮流写20个不同的词语，然后编故事来玩记忆游戏。

（6）师小结：右脑能把数字、文字、声音等变成图像，也能把图像还原成数字、文字、声音。左右脑意识速度之比是1∶1 000 000，使用右脑可以快速提高学习效率。如果同学们经常在学习中玩这样的游戏，我们不仅能快速提高自己的记忆力，还能提高自己说和写的能力，学习语文就不再是难事了。

十、案例评析

本案例在设计理念上紧扣学生年龄特点，有机地将心理学原理融入教学，符合学生的年龄心理需求。整堂课设计较为严谨，环环相扣，采用活动体验、讲故事的方法，全部是体验式教学，克服了学生学习语文的心理障碍，较具启发性，达到了心理辅导的教学目标。

第三节　主题三——潜能激发

课例一：发现独特的自我

娄底市第一中学　刘寒晓

一、教学理念

不少青少年随着年龄的增长，自我意识逐步增强，但由于教育的缺失及周边环境不利因素的影响，他们对于自我的认识不够完整，甚至在学习能力、社会交往等方面缺乏自信，认识不到自己的巨大心理潜能。本课程基于现代教育心理学、积极心理学的基本原理，结合讲解、活动体验、交流分享等方法，引导学生全面认识自我、发现自我潜能，增强学习和发展信心。

二、教学目标

1. 认识和体验自我。

2. 发现自我潜能，增强发展信心。

三、教学重点

学会认识自我，发现自我潜能。

四、教学难点

多元智能理论的基本原理。

五、教学方法

讲解，交流与分享，活动体验。

六、教学时间

45 分钟。

七、教学对象

小学五年级学生。

八、教学准备

多媒体课件、游戏活动方案设计、相关教学素材、表格等教学材料

九、教学过程

1. 热身游戏：快乐猜猜。

规则：让几个同学发出声音，如说一句话、唱一句歌、发出一声笑、咳嗽一声等，其余同学闭上眼睛，猜猜发出声音的是哪一个同学？

2. “我是独特的”。

（1）感受“独特”。

①公安局为什么能用指纹破案？

②在你的周围能不能找到在性格、习惯、意志力、思维方式等方面完全相同的人？

师：同学们，正像世界上没有两片完全相同的树叶一样，世界上也没有完全

相同的两个人。每个人不仅在生理上是独特的，而且在心理上也是独特的。下面就让我们来做一个小练习，看一看在这三个方面每个人的独特之处。

（2）组织学生完成“我是独特的”练习。发放“我是独特的”练习纸，对其中各项稍加解释，并简单介绍关于“多元智能理论”的一般常识。

①我独特的优点：________________

②我的智能排序（只填写字母）：________________

A. 语言智能 B. 逻辑数理智能 C. 空间智能 D. 肢体动作智能

E. 音乐智能 F. 人际智能 G. 内省智能 H. 自然探索智能

③我独特的技能：________________

④我独特的创造：________________

（3）交流分享：先以小组为单位依次传阅学生做的练习，然后进行小组交流：通过以上活动，你有哪些感想？最后在全班进行交流。

我们每个人都是独一无二的，每个人的独特的优势就是你成功的源泉，每个人都会在不同的方面发挥自己的最大潜能，获得与别人不一样的成功！

3. 精彩旅程我精彩。

活动准备：用两排凳子摆出一条长约4米的通道，由助教和教师分别来做起点和终点裁判。

规则：每个人由通道一端到达另一端，不能借助自身以外的任何道具，通过方式和其他所有人次的通过方式不能相同，如有相同须返回重做。要求在经过通道时尽量展示自己的特点。

注意事项：活动过程中播放动感、欢快的音乐。组织同学们认真观察，相互鼓掌喝彩、欣赏鼓励。活动结束后，交流分享活动的感受与体验。

4. “我的潜能”演讲。

每个学生按顺序依次到讲台演讲。

演讲的内容：我发现我的潜能是什么？（要具体。）我是怎样发现这一潜能的？（理由要充分。）我准备如何更好地发展这一潜能？（采取的具体行动。）

5. 合唱《相信自己》结束课程。

十、案例评析

本课程基于现代教育心理学、积极心理学的基本原理，结合讲解、活动体验、交流分享等方法，引导学生全面认识自我、发现自我潜能，增强学习和发展信心。能够将复杂的“多元智能理论”结合学生心理发展的年龄特点做深入浅出的讲解和引导，教学设计目标明确、重点突出，体现了学生的参与性、体验性，能够取得较好的教学效果。

课例二：让思维和想象展开翅膀

娄底市第一中学　刘寒晓

一、教学理念

人的心理潜能主要通过较高的成就动机、积极的创新性思维、意志的坚持性等方面得到集中体现，而不少青少年学生由于自身心理的成熟度不够，在思维的灵活性、耐挫折力、学习目标指向的明确性等方面存在欠缺。结合头脑风暴法原理开展发散思维体验、想象体验等活动，引导学生进行发散思维、辩证思维，展开想象的翅膀，增强创新意识和自我提升的能力。

二、教学目标

1. 学会发散思维和自由想象。

2. 增强创新意识和自我提升的能力。

三、教学重点

发散思维。

四、教学难点

冥想的原理与方法。

五、教学方法

头脑风暴法、冥想体验、讲解、交流与分享、活动体验。

六、教学时间

45 分钟。

七、教学对象

小学六年级学生。

八、教学准备

多媒体课件、游戏活动方案设计、相关教学素材。

九、教学过程

1. 热身活动：延迟满足视频。

有耐心、有坚韧的毅力更能取得成功。

2. 智慧大挑战。

挑战分为 4 类，可将班上同学分成 5 组，保证每一项任务能有 2 人以上领取。给予 8 分钟时间思考，然后分享。

挑战一：列举

(1) 列举具有某一特征的事物：

①说出会飞的东西。说得越多越好。

②说出冷的东西。说得越多越好。

③说出可怕的东西。说得越多越好。

④说出红色的东西。说得越多越好。

⑤说出亮的东西。说得越多越好。

⑥说出能发出声音的东西。说得越多越好。
⑦说出会滚动的东西。说得越多越好。
⑧说出外表光滑的东西。说得越多越好。
（2）列举某些事物的缺点：
①手帕有些什么缺点？说得越多越好。
②自行车有些什么缺点？说得越多越好。
③铅笔有些什么缺点？说得越多越好。
④风有些什么缺点？说得越多越好。
⑤水有些什么缺点？说得越多越好。
⑥太阳有些什么缺点？说得越多越好。
⑦船有些什么缺点？说得越多越好。
⑧纸有些什么缺点？说得越多越好。
挑战二：用途
①说出椅子的各种用途。
②说出茶杯的各种用途。
③说出筷子的各种用途。
④说出纸的各种用途。
⑤说出绳子的各种用途。
⑥说出铅笔的各种用途。
⑦说出铃铛的各种用途。
⑧说出积木的各种用途。
⑨说出钉子的各种用途。
⑩说出水的各种用途。
挑战三：相似
①汽车和自行车有哪些相似的地方？说得越多越好。
②桌子和椅子有哪些相似的地方？说得越多越好。
③橘子和苹果有哪些相似的地方？说得越多越好。
④碗和杯子有哪些相似的地方？说得越多越好。
⑤马和牛有哪些相似的地方？说得越多越好。
⑥收音机和电视机有哪些相似的地方？说得越多越好。
挑战四：解决问题
①想想能使别人笑的办法。说得越多越好。
②想想能使地上变干净的办法。说得越多越好。
③想想能使小猫不动的办法。说得越多越好。
④想想能使人不感到冷的办法。说得越多越好。
⑤想想能使热水变冷的办法。说得越多越好。

⑥想想能使大家安静下来的办法。说得越多越好

3．创造力潜能训练（紧紧抓住你的“白日梦”）。

让学生放松地坐下。要求大家闭上眼睛，深呼吸。教师话语缓慢，音调平和，鼓励大家鼓励。然后叫学生随意冥想几分钟——或许学生的思绪会畅游到别的地方，看到罕见的图景，听到奇异的声响。让学生进行这个练习，放松并开始做“白日梦”。

过了两分钟（如果条件允许，时间还可以更长一些），让大家睁开双眼回到现实。指定一些学生介绍他们刚才“去”了哪里，“经历”了些什么，多少人“离开”了现在的这个屋子。有人看到了奇异的图景或者经历了通常不可能的事情吗？如果自己的这个“白日梦”还算有趣，不妨和大家共同分享。

活动反思与讨论：

（1）你刚才“去”了哪里？“经历”了些什么？你在“白日梦”中是否经历了一些少见、奇妙或者美丽的东西？

（2）在这个游戏中，你是否存在操作困难？如果有，那是为什么呢？现实的境况是否会成为制约性的因素？在什么条件下你能够比现在表现得更好呢？

（3）对于你出格的“白日梦”，你是否感到了惊奇？到底多么让人惊奇呢？

（4）你是否想到“白日梦”也会具有实际意义？在哪些方面会有意义呢？

（5）艺术家或者发明家如何利用故意为之的“白日梦”来推动创作的过程？你将如何效仿？

（6）是什么制约了我们更多地进行冥想？

十、案例评析

本课程结合头脑风暴法原理开展发散思维体验、想象体验等活动，引导学生进行发散思维、辩证思维，展开想象的翅膀，增强创新意识和自我提升的能力。能够将现代思维心理学的基本原理结合学生心理发展的年龄特点做深入浅出的讲解和引导，教学设计目标明确、重点突出，体现了学生的参与性、体验性，能够取得较好的教学效果。

第四节　主题四——快乐交往

课例一：描绘自己的人际财富图

娄底市第三中学　李丽

一、教学理念

人际交往是人的一种基本的社会需要，与人交往的能力是现代人的基本素质，青少年亦是如此。和谐的人际关系是心理健康的必要条件，良好的人际关系还有利于个体心理的健康发展。所以，我们要引导学生认识交朋友的重要性，使他们掌握与人交往的技巧，并从中体会到友谊带来的欢乐。

二、教学目标

使学生正确认识到人际交往的重要性，理解影响人际交往的主要因素。使学生重视人际关系的处理，为不断完善和改进自己的个性打下良好的基础。

三、教学重点

人际交往的重要性以及找到自己的人际财富图。

四、教学难点

人际交往的重要性以及找到自己的人际财富图。

五、教学方法

多媒体课件，讨论法，启发法，游戏法。

六、教学时间

45 分钟。

七、教学对象

小学五、六年级学生。

八、教学准备

音乐、课件。

九、教学过程

1. 导入。

课前背景：播放找朋友的歌

在上课之前，我们先来做一个猜拳打招呼的游戏。我们用手指数表示打招呼的方式，用“1”表示点头打招呼，用“2”表示握手打招呼，用“3”表示拥抱打招呼。两个人一组，大家选好搭档。当我们出的手指数一样的时候，就按它所代表的方式来打招呼，如果不一样，就根据最少的手指数来决定打招呼的方式。比如说“2”对“2”，就按“2”；“1”对“3”，就按“1”。……

刚刚我们是玩了一个打招呼的游戏，我们平时也会通过打招呼慢慢地开始人际交往，这就是我们今天要说的主题——人际交往（板书）。

2. 人际交往的重要性。

你觉得对于小学生来说，人际交往重要吗？1 个指头，很重要；2 个指头，一般般；3 个指头，不重要。大家伸出自己的手指，再看看周围的同学，有和你一样的吗？

思考：人际交往究竟重不重要？为什么？（请学生回答。）

现在有一个研究机构要招募志愿者被试。干什么呢？什么都不用干。在一个房间待 7 天。没有电视，电话，电脑，游戏机，但有吃有睡有洗手间。吃好，睡好，还可获得 1000 元报酬。我们班有谁想去？为什么想去？

猜测：他们出来后会是什么神情？（请学生回答。）

交往剥夺实验：长期与社会隔离，即所谓“关系剥夺”或“社会交往剥夺”，可以使人丧失很多能力。人是社会化动物，每个人都有交往的需要。沙赫特（美国心理学家）实验：他以每小时 15 美元的酬金先后聘请了 5 位志愿者进入一个与外界完全隔绝的小屋，屋里除提供必要的物质生活条件外，没有任何社会信息进入，以观察人在与世隔绝时的反应。结果，其中 1 个人在屋里只待了 2 小时就出来了，3 个人待了 2 天，最后一个人待了 8 天。这个待了 8 天的人出来后说："如果让我再在里面待 1 分钟，我就要疯了。"也有心理学家曾做过一个"交往剥夺"的实验，结果发现受试者在百米深的洞穴中，单独生活了 156 天以后，精神面临崩溃状态，神情呆滞、冷漠无情、举止失常。实验证明，没有一个人愿意与其他人隔绝，人们都害怕孤独，可见交往对人是十分重要的。

3．游戏（《猜猜他是谁》）。

每个人的一生中，都会需要朋友。请两个同学（依次）站到讲台上来。请你悄悄在老师准备的纸上写下一个同学的名字，他是你在班上很好的朋友。台下同学用"是不是"来提问（不能直接提名字，只能说特征），台上同学用"是和不是"来回答，直到猜对为止。

小结：我们班同学相互间还是比较熟悉、团结，对每个人的个性都有较好的了解。在了解和被了解中，每个人都在寻找自己要好的朋友。

4．人际财富图。

（1）拿出一个本子，找到一张白纸。然后请学生跟着老师的指导语和示范，绘制自己的人际财富图。

①首先在白纸的中央画一个实心圆点代表自己。

②然后以这个实心圆点为中心，画三个半径不等的同心圆，代表三种人际财富或者人际圈。同心圆内任意一点到中心的距离表示心理距离。将亲朋好友的名字写在图上，名字越靠近中心圆点，表明他与你的关系越亲密。

③写在最小同心圆内的属于你的"一级人际财富"。你们彼此相爱。你愿意让对方走进自己心灵的最深处。分享你内心的秘密、痛苦和快乐。这样的人际财富不多，却是你最大的心灵慰藉，也是你生命中最重要的成长力量。

④写在第二大同心圆内的是你的"二级人际财富"。你们彼此关心，时常聚在一起聊天戏耍，一起分享快乐，一起努力奋斗。虽然你们之间有些秘密是无法分享的，但这类朋友让你时常感到人生的温馨。

⑤写在最大一个同心圆内的属于你的"三级人际财富"。这些朋友，可以是平时见面打个招呼，但是需要帮助时也愿意尽力帮忙的朋友；可以是曾经比较亲密而渐渐疏远，却仍然在你心中占有一席之地的朋友；也可以是平时难得见面，却不会忘记在逢年过节问候一声的朋友。

⑥同心圆外的空白处代表你的"潜在人际财富"。尽量搜索你的记忆系统，把那些虽然比较疏远但仍属于你的人际财富的人的名字写下来。

学生分享感受，老师总结。

十、案例解析

此次设计有游戏、故事、实验、互动等，让小学生在快乐中学习，同时让学生有机会展示自己的朋友，并通过人际财富图发现自己其实有很多朋友或者潜在的朋友，了解到人际交往的重要性。

课例二：换位思考，智慧交往

娄底市第三中学　李丽

一、教学理念

这节心理活动课中，通过对人与人之间相处问题的讨论与交流，让学生学会换位思考，更重要的是让学生掌握与人相处的技巧与方法，以便今后拥有更多的朋友。小学阶段良好的人际交往环境和人际关系能使孩子们心情舒畅、身心愉悦，培养乐观豁达的品格，在当前乃至今后的生活中都能积极主动地适应环境，应对各种问题。

二、教学目标

1. 通过活动帮助学生了解认识同学之间和睦相处的重要性。

2. 通过人与人之间相处问题的讨论与交流，让学生学会换位思考，学会理解别人。

3. 让学生掌握人与人之间相处的技巧与方法，懂得关心别人、将心比心的人际交往常识，促进同学团结，促进学生身心发展。

三、教学重点

让学生掌握人与人之间相处的技巧与方法，懂得关心别人、将心比心的人际交往常识，促进同学团结，促进学生身心发展。

四、教学难点

使学生能够换位思考，智慧交往。

五、教学方法

讨论，评议，游戏，讲授法，角色扮演法。

六、教学时间

45分钟。

七、教学对象

小学五、六年级学生。

八、教学准备

1. 学生课前制作心形卡片。

2. 组织同学表演短剧。

3. 制作活动PPT。

九、教学过程

1. 游戏导入。

（1）要求：请用食指摆个“人”字。

（2）摆好了吗？请将手举高，给同桌看看，是什么字？

（3）提问几组同桌。

（4）思考讨论：这是怎么回事呢？

（5）教师小结：原来站的角度不同，看到的字也会不同。

接下来，让我们来看一个小短片。

2. 看小短片（《涂涂来俺家》）。

大家看完有什么感受？（请学生回答。）

师：看来，学会站在对方的立场思考，才能真正了解对方的感受，这就是我们今天的活动主题：换位思考，智慧交往。

3. 小品表演，激起共鸣。

师：在我们的生活中，经常会看到这样的情形：

（1）（表演）一个同学A正在看书，另一位同学B悄悄走去吓他，A吓得书也扔掉了，两人互相指责，越讲越气，扭打在一起。

（2）师：别打别打！同学们，快想办法劝劝他们吧！赶紧讨论一下，该怎么劝呢？

（3）小组讨论后推举一人发言。

（4）（短剧中的演员听了劝解后，继续表演。）两人互相体谅，和解，高兴地离去。

同学们，只有相互理解，互相谅解，人与人之间的关系才会变得越来越和谐，越来越亲密。

4. “我能理解，我来帮”栏目。

（1）（课件出示）近来老师收到了这样的信，请一名同学读一读。

心理老师：

您好！我有一个对我来说很大的烦恼，妈妈给我零花钱之后，过了几天，又追问我钱花到哪里去了。我答不上来，她就会说我乱花。我觉得妈妈既然把钱给我了，又想知道钱去哪儿了，或者干脆希望让它当“不动产”，那干吗还要给我呢？

小C

心理老师：

您好，我的同桌戴眼镜，我就叫他“四眼猫”，他竟然向我妈和老师告状，结果我整天都在挨批评，您说，叫一下外号又不会少一块肉，干吗那么生气呢！

小D

（2）请每个小组选择一封信讨论一下，如果这个烦恼的同学就在你面前，你会怎么说？请准备好发言。

（3）各组讨论后推举一人发言。

（4）师：听了同学们的发言，我很高兴，因为你们真正做到了从多个角度看问题，理解他人，谅解他人。

5. 感悟“理解”，智慧交往。

（1）师：信中的两位同学没有站在别人的立场思考，不能理解别人的心情，才会有这样的烦恼。你们有这样的烦恼吗？跟你组内的同学说说吧！也可以让组内的同学说说他们的看法。

（2）交流，适当点评。

（3）你愿意与你事件中的当事人解除误会和矛盾吗？在你的心型卡片上写下你此时此刻最想说的一句话吧！课后当面交给那个人。

师：（总结）同学们，你们的话让我很感动，在平时的生活中如果我们经常换位思考，相互理解也许烦恼会少很多，还会收获更多的快乐！

十、案例解析

通过这个游戏顺利地导入这堂课的主题——“人”和“入”的转化只缘于人所站位置的不同。这个恰当的比喻将理解的内涵都体现出来了——换位思考，站在对方的角度看问题。

通过视频明白了：我们经常遇到沟通不畅的问题，这往往是因为处在不同的立场、环境所造成的。因此，为了达成良好的沟通，培养同理心，学会站在对方的立场思考，真正了解对方的感受是至关重要的。

第三个环节给学生深刻体验、换位思考的具体形式。

第四个环节这是本堂课的主要环节，给学生提供了一个实际运用和深刻体验的机会，很好地体现了学生心理辅导中“重体验”的原则。

设计最后环节的意图是：让学生在这样一个宽松和谐开放的环境中敞开心怀，给需要他们理解或曾经误解过的人说说心里话，升华主题，内化为行动。

第五节　主题五——情绪管理

课例一：认识情绪

娄底市第四中学　谢平英

一、教学理念

情绪是人对客观事物是否满足自己的需要而产生的态度体验。小学五、六年级学生即将进入或正处于青春期，是个人身心发展的关键阶段，引导学生正确认识身心变化的特点，学会了解、接纳情绪，懂得调节情绪，保持积极的心态，对学生的健康成长具有重要意义。本节课带领学生了解人的常见情绪，认识不同情绪对人身心健康和生活的影响，指导学生根据个人的情绪变化特点，正确接纳情绪，主动调控情绪，克服消极情绪，保持积极、良好的情绪状态，发展良好的情绪品质，培养健康人格。

二、教学目标

1. 认识五种常见情绪，了解情绪对我们的影响。

2. 培养自我调适、自我控制情绪的能力。

3. 明确情绪是一个人心理活动的正常表现，接纳自己和他人的合理情绪，懂得合理表达个人情绪。

三、教学重点

了解情绪的两面性，发挥情绪的积极作用，促进自身成长。

四、教学难点

接纳自己和他人的合理情绪。

五、教学方法

情境创设法，讲解法，合作探究法，活动体验法。

六、教学时间

45 分钟。

七、教学对象

小学五、六年级学生。

八、教学准备

情绪卡片、视频、音乐、课件。

九、教学过程

1. 观看视频，导入新课。

（1）今天，谢老师非常开心地与同学们一起到录播教室上心理课，相信我们能在这一节课中收获心灵的共同成长。

（2）展示课堂公约：主动参与、乐于分享、学会倾听、相互尊重。

（3）观看最近热播的动画片《头脑特工——5 种情绪小人》的视频。

板书课题。了解情绪，接纳自己和他人的情绪也是青少年健康人格培养的内容之一。

2. 认识情绪，品味五味人生。

（1）了解五种常见情绪

快乐（Joy）、悲伤（Sadness）、愤怒（Anger）、恐惧（Fear）和厌恶（Disgust）。

（2）情绪抽签

师：在我手中有五张情绪标签，请各组组长上来抽签。

（小组长抽签，选择自己所在组的情绪类别。）

（3）情绪表演

每一组派一个同学上台表演自己组的情绪，其他组的同学猜测，看看哪些同学的表演能力最强。

（4）情绪由来（真心话大冒险）

师：这5种不同情绪是怎样产生的？请同学们根据平时的生活经验，说出引发自身情绪的事件，其他同学不得嘲笑。

（学生自由接力发言，根据生活经验分享自己在哪些事件后会产生这样的情绪。）

3．分析情绪的两面性。

（1）情绪的重要性和两面性

这些情绪有时让我们欢喜，有时让我们忧愁，有时让我们怒不可遏，他们让我们品尝了人生的酸甜苦辣咸。请组长组织各组成员针对自己小组的情绪类别进行讨论，分析该小组情绪存在的重要意义，指出该情绪对我们生活的积极影响和消极影响，并派同学用红笔记录积极影响，用黑笔记录消极影响。

师：大家在小组内畅所欲言，表达了自己对各种情绪的见解和感受。究竟这些情绪对于我们的生活有多重要，请大家向全班同学汇报分析讨论的情况，请其他小组的同学点评、补充。

亲爱的同学们，每一种情绪都是一把双刃剑。我们都向往快乐，但它有时让我们忘乎所以，朋友也会因为你过分得意远离你；厌恶让我们拒绝别人，但也能帮助我们甄别是非；悲伤让我们陷入情绪的沼泽地，但也能给我们力量；恐惧提醒我们懂得敬畏；愤怒也是自我保护的一种法宝。

（2）列举本组情绪引发的积极事件

师：请大家一起分享最近本组情绪对于我们的生活产生了积极影响。

（学生列举该情绪引发的积极事件，其他小组同学可积极参与补充。）

师：人们总是渴望欢乐抵抗悲伤，赞扬乐观嘲弄消极。父母和老师总是鼓励我们做活泼外向、积极阳光的正能量人，然而并不是每个人都能坐镇快乐中央，带着自信的笑容排除万难。更多时候，是生命的那些“负面情绪”给我们力量。每一种情绪对我们的成长都具有重要意义，我们要接纳并合理安排我们的情绪，促进我们自身健康幸福成长。

4．接纳情绪，选择情绪。

（1）调节情绪：权衡个人情绪，出示五种情绪的积极价值

当生活中的事件引发我们的消极情绪时，我们该以怎样的态度和方法应对？关键应积极有效地发挥每一种情绪的正能量，让那些积压在我们心头的负面情绪烟消云散。对于一个乐天派的同学，是否该经常警示他们——增加点恐惧？对于经常愤怒占主导的同学，是否可以增加一些悲伤元素，让他变得平静？而悲伤可能需要快乐点亮，除去忧伤；厌恶可能需要愤怒加强动力。

让我们一起把目光聚集大屏幕上，这是我们分析的各种情绪的积极元素。亲爱的你请思考一下：你可能需要什么样的情绪帮助，增强你的动力，让你变得更加完美？

假如给你一个再次选择的机会，你是愿意继续留在现在的小组？还是选择其他小组？1 分钟后到你需要的小组汲取正能量。

（学生认真思考自己的情绪状态，权衡目前自己的情绪，是否喜欢你自己目前的情绪小组，自行调整。）

（2）分享与成长：思考自身情绪优劣，找到方向，幸福成长

教师：有的同学依旧留在原先的小组，有的同学选择新的小组，不管在何方，相信你通过自己的思考、摸索，更能清楚地找到自己。

请分享你选择的理由。

（3）说说这节课你收获的正能量

5．悦纳自己，悦纳世界。

（1）教师总结

亲爱的同学们！一个人成长的标志就是不断认识自己，找到自己，做自己的主人，不要让情绪左右我们的人生，而要让我们做情绪的主人。五味人生，恐惧、悲伤、厌恶、愤怒和快乐都是我们人生的靓丽风景线，生活中的酸甜苦辣咸都是我们人生的必需品，让我们慢慢品尝各种滋味，这样的人生才完整、丰富。大千世界，每一个小小的你我，都是独一无二的，正是你我一朵花、一株草、一棵树，才组成五彩缤纷的世界。让这个世界因为你、因为我更美丽。

（2）合唱《因为你因为我》

爱像一首歌，唱尽世间的感动，心就像天空，可以无限的宽阔，用双手编织梦，就让一切因为你因为我，感觉都更不同，就让一切因为你因为我，世界充满更多爱的感动。

爱就像山峰，望向世界的尽头，心就像灯火，照亮黑暗的角落，不沉默，不保留，就让一切因为你因为我，感觉都更不同，就让一切因为你因为我，世界充满更多爱的感动，就让一切因为你因为我，感觉都更不同，就让一切因为你因为我，世界充满更多爱的感动，就让一切因为你因为我，世界充满更多爱的感动。

（教师组织全班同学一起尽情合唱这首歌曲。学生尽情投入演唱，感受因为你我世界的美丽。）

十、案例评析

本节课首先通过展示课堂公约，强调课堂规矩，为课堂顺利有序地进行奠定基础；观看卡通动画视频，激发学生兴趣，引入新课。接着，让学生畅所欲言，说出引发自己情绪的事件，自我探索情绪的由来，明晰情绪产生的原因。然后，

通过正反两方面的分析，让学生了解每一种情绪都有其积极方面和消极方面。再帮助学生滤清个人情绪特征，深层次思考自己，自我发现，清楚各种情绪对自己的利害关系，重新选择，并探索自身情绪成长的方向。最后，总结本节课，升华主题，接纳情绪，激发群体积极的正能量情绪，感染周围的同学，热爱自己、热爱世界。课堂设计结构清晰，遵循学生认知规律，学生参与度高，教学效果好。

课例二：做情绪的小主人

娄底市第四中学　谢平英

一、教学理念

教育的最终目的是培养心智健全的人。能否管理好自己的情绪决定了人的一生能否快乐幸福，能否走上成功之路。即将小学毕业的学生本应充满愉快和幸福，但因为不会管理情绪，常常感到苦闷和忧郁。本节课让学生学会调整自我，学会调控自己的情绪，做情绪的小主人，保持健康的心态，以便更好地学习、生活和成长。

二、教学目标

1. 懂得情绪是怎样产生的。

2. 学会调控自己的情绪、保持健康的心态。

3. 掌握一些驾驭情绪的方法。

三、教学重点

掌握学做情绪小主人的方法。

四、教学难点

学以致用，学会调控自己的情绪。

五、教学方法

讲故事法，情景体验法，讨论法。

六、教学时间

45 分钟。

七、教学对象

小学六年级学生。

八、教学准备

课件。

九、教学过程

1. 热身环节：故事导入（《卖布鞋和卖雨伞的故事》）。

一位老奶奶有两个儿子，一个是卖布鞋的，一个是卖雨伞的，晴天，老奶奶担心小儿子的雨伞卖不出去，雨天，她又担心大儿子的布鞋卖不出去。因此整天愁眉不展，没有一天好心情。

想一想：老奶奶产生了什么情绪？应该用什么方法帮她调适情绪？你从中受

到了什么启发？

2. 转换环节：与人分享。

（1）提问：类似卖布鞋和卖雨伞的故事，你还想到了哪些可以调节情绪的故事？（如“塞翁失马，焉知非福”。）

（2）情景模拟：大学里，一个室友爱听音乐，常把自己的耳机音量开到最大（内放）。

想象：其他室友当时的心情是怎样的？会说些什么话？他们还可以怎么想、怎么说？

3. 工作环节。

（1）活动一

你的数学成绩在班中偏差，假如你第一次考了65分，你进行了认真的复习，想考全班第一名，但这次也只考了70分，在班级中仍然处于靠后几位，你会怎样评价这个成绩？是不是你的认真复习没有效果？

学生讨论后，得出结论：评价分绝对评价和相对评价。

总结“我做情绪的小主人”的方法一：提出合理要求，不作过高奢望，减少失败或失落感。

（2）活动二

①事例：一个博士生的自杀

一个博士到一家大公司去应聘，同时去应聘的还有很多人，其中有他认识的同学和朋友。在等待公司通知的过程中，有许多各方面才能不如他的人，都先后接到了公司的聘书，唯独他没有。踌躇满志的他似乎从人生的巅峰跌到了低谷，对自己心灰意冷，所有好的感觉都没有了，进而感到周围的人包括家人、朋友、同学都瞧不起他，他对自己活着的价值也产生了怀疑。陷入绝望境地的他，从十层楼上跳下，结束了自己年轻的生命。其实，他已经被公司聘用，只是公司想检验一下他的抗挫折能力。

学生讨论：这个博士生当时是怎么想的？他还可以怎么想？

总结“我做情绪的小主人”的方法二：提高耐受挫折的能力，正确对待失败。

②情境续篇“落选之后”

在一次班干部选举中，你落选了，你会怎么安慰自己？

（3）活动三

①情景体验——“撞车了”

放学了，你骑着自行车小心地避开人群往家赶，急着要把今天获奖的事告诉妈妈。突然，你被飞驰而来的摩托车擦了一下，你跌倒在一旁。双方都受了惊吓，但没有受伤，只是车子坏了。

讨论：碰到这种尴尬又倒霉的事儿，你会怎样处理？

总结“我做情绪的小主人”的方法三：自嘲法——看来我今天的奖励要变成惩罚了，不过还好，我懂得了乐极生悲的道理，凡事不要太高兴过头了。

②讲故事：《乌戴特将军的幽默》

在柏林空军俱乐部举行的招待会上，一位年轻的士兵不小心将酒洒在著名的乌戴特将军的有名的秃顶上，士兵吓得魂不附体，全场气氛异常紧张，将军大人一时也呆住了。所幸的是，他立刻反应过来，微笑着说了一句话，使在场的人大笑起来，难堪的局面立刻打破，而乌戴特将军也以这极富人情味的举动赢得更多人的爱戴。

提问：乌戴特将军说了一句什么话？（“老弟，你以为这种治疗能再生头发吗？”）这句话妙在哪里？

总结“我做情绪的小主人”的方法四：幽默法。

③你还知道哪些类似用幽默法来处理尴尬场面的故事？

4．结束环节。

（1）《成功之路在于情绪教育》

1995 年《纽约时报》科学专栏作家丹尼尔·戈尔曼的著作《情感智商》一书问世后，“情感智商”才真正被世人了解。

“智商使人得以录用，而情商使人得以晋升。”

许多大公司的管理人员也已感到情感智商对企业发展的重要性，并已将它运用到企业的人才管理之中。目前，无论是工业企业还是商业部门，越来越在乎所招收员工的情商高低，他们不仅进行有关的能力测试，还请专家来进行专业的情商测试。

（2）课堂总结

十、案例评析

本节课通过故事导入，让学生初步感知情绪可以调适。接着通过与人分享，进一步感知情绪产生的原因和情绪的可调控性。然后在工作环节中设计三个活动，不仅结合学生生活中遇到的具体问题（情境体验）和他人故事分析，而且引导学生排解烦恼，逐步归纳总结出“做情绪的小主人”的方法，并加以实践运用，抓住重点，突破难点。最后借用丹尼尔·戈尔曼的著作《情感智商》升华管理好自己情绪的重要性，总结调整情绪的方法：有意识地调整自己认识事物的角度；提出合理要求，不作过高奢望；提高耐受挫折的能力，正确对待失败；灵活运用自嘲法等，调整自己不良的情绪，培养良好的心态，从而在创造快乐、传播快乐中，迈向快乐人生。

第七章　中学生心理健康教育课程设计案例

本章介绍的主要是来自一线基础教育学校的心理教师所开展实施的涉及中学阶段的心理健康教育课程设计案例，主要涉及悦纳自我、学会学习、积极交往、生涯规划、情绪管理、人格健康等主题，相关专题结合青少年心理发展实际开展课程设计与实施。

第一节　主题一——悦纳自我

课例一：发现自我，悦纳自我

娄底市第三完全小学　谢爱华

一、教学理念

进入初中后，孩子们由于身体状态的巨变而引发了他们自我意识的觉醒，同时自我意识开始分化，自我认识不断深化。他们在这个时期对自我出现了空前的关注，他们更多地观察自己，更深刻地剖析自己，主体我和客体我相互观察，相互评价，从而使孩子更加关注自我。在这个过程中，孩子心理的发展又充满矛盾和冲突。随着家庭教育和社会环境、学校生活的影响，他们的人际关系变得微妙，容易患得患失，从而否定自己。同时，他们自我评价的能力逐渐形成，但社会经验的缺乏使得中学生的自我评价还很不稳定，一次偶然的成功就会使他们得意忘形，对自己形成过高的评价，忽视自己的缺点；由于中学生对挫折缺少足够的心理准备，其结果是一个小小的挫折都会使他们产生强烈的挫败感，形成过低的自我评价。本节心理健康活动课旨在引导学生学会悦纳自我，学会正确认识自己身上的优点；学会肯定和激励自己，从而促使学生树立自信，形成积极的自我评价，使他们顺利度过此期间的心理危机。培养他们健康的心理品质，不断完善自我，散发自己独特的个人魅力，为成功奠定基础。

二、教学目标

1. 通过活动使学生学会多角度地看待自己，学会积极地归因方式，接纳自我。

2. 通过活动，使学生能够认识自我，接纳自我，建立自信心，以健康心态面对人生，迎接挑战。

3. 能够在活动中让学生相互赞美，感受被他人认可的快乐，同时学会欣赏他人，接纳他人。

4. 通过心理健康教育，帮助学生形成向上、乐观、充满自信等健康心理，以良好健康的最佳心理状态去学习和生活。

三、教学重点

使学生喜悦地、完全地接纳自己。

四、教学难点

使学生认识到天生我材必有用，完完全全地接纳自己身上所有的一切，同时充分发挥自己的优势，不断地完善自我。

五、教学方法

游戏体验，自画像，角色扮演，讨论交流。

六、教学时间

45 分钟。

七、教学对象

初中一年级学生。

八、教学准备

A4 纸若干，自画像，多媒体课件，故事。

九、教学过程

1. 热身运动：大风吹。

师：（播放音乐）同学们，伴着轻柔的音乐，带着快乐的心情，让我们打开心灵之窗，一起进入心灵驿站。

师：我说：大风吹。你们就问：吹什么？我说：吹男生。就请男生马上起立说：我是男生。

师：大风吹！

生：吹什么？

师：吹男生！

生：我是男生！

（吹女生；吹自信的人；吹勇敢的孩子；吹快乐的孩子。）

师：（引出课题）同学们反应可真快，今天，我们来到心灵驿站要讨论的话题是如何客观的认识自己，知道自己的独特性，有哪些方法帮助我们认识自己呢？

2. 关注自我：我是怎样的人？

（1）引导进入冥想。

轻柔地说：同学们，在人生的舞台上，我们也在时时积累着对自己的看法，心目中从此有了一个“我”，我是怎么样的呢？闭上眼睛想象一下。请选择一个舒服的姿势坐好，感觉一下：我的手放松了，我的肩放松了，一切烦恼离我而去，我很轻松。（播放音乐，出现森林画面）来，跟着我一起进入大森林，呼吸一下新鲜的空气，深深地吸入，慢慢地呼出，做三次深呼吸。嗯，真香！继续走。我们来到一个湖边，清澈的河水如镜子一般，水面上你看到了一个真实的自己，打开心灵的眼睛，观看自己的一切。这个人是谁？他快乐吗？独立吗？自信吗？……再仔细看一看，他喜欢什么？有什么优点和缺点呢？……来，慢慢睁开眼睛，伸个懒腰，回到心灵驿站。

（2）画一张自画像。

师：你心目中的自己是什么样的？现在我要请每个同学为自己画一张自画像，注意：我们不是上美术课，所以对好坏不作评价，但是要求认真画，用心画。随便画什么都可以，既可以是动物，也可以是植物，只要你认为可以代表你自己，并给自画像配上50个字以上的小故事。

（学生画画，并分享自画像小故事。）

（3）自我暴露：请看大屏幕，根据自己对自己的认识写“我是怎样的人”。

（4）学生填“我是怎样的人”（课件出示词语，播放音乐）。

请大家拿出抽屉里的小纸片填一填，可参考屏幕上有关形容自我的词语，也可自己想，一定要根据真实情况写出5—10条。

我是一个（　　　）的（男孩、女孩）。

我是一个（　　　）的人……

（参考词语：开朗、快乐、幽默、勤劳、节俭、能干、头脑灵活、爱学习、爱运动、爱看书、有理想、有人缘、文明有礼、有胆量、讲义气、关心集体、尊敬老师、遵守纪律、表达能力强、喜欢交朋友、做事不慌张、爱哭、自私、贪玩、胆小怕事、爱打架、脾气不好、爱欺负别人、喜欢嘲笑别人、爱说谎、没礼貌、不讲卫生、做事粗心大意、判断力差、思维不好、不爱劳动……）

（5）把纸片放到“百宝箱”里。

师：同学们，世上没有两片相同的树叶，百宝箱里搜集了60个与众不同的“我”，现在，我们来做一个小游戏，看看你对自己的认识和他人对你的认识是不是一致的？

（6）游戏：猜猜我是谁？

问：你为什么会猜是他呢？你被同学猜中时是怎么想的？

（7）讨论：

①猜中了，说明什么？说明你客观地认识了自己，而且也表现出了真正的你，因此，大家都能猜出。

②没猜中，又说明什么？同学对自己的认识和大家对你的了解不一致，说明你没有真正地了解自己，或者你的行为没有表现出真正的你。

3. 击鼓传狗：角色扮演。

做个小游戏，也许你会更加了解自己。

（1）游戏规则：这个游戏叫“我猜我猜我猜猜猜”，一人击鼓，同学们传玩具小狗，传到谁就请谁来模仿一个同学的言行，大家猜猜演的是谁。

（2）开始游戏。

一生模仿一个同学的言行，问：为什么觉得是她？

……

4. 游戏活动。

游戏活动一：比长短。

同学们轮流用“我的（某物）比你的（某物）（怎样）”的句式，来描述自己，体现自己与对方的差别。

（“我的身体比你的强壮”“我比你矮”“我的鼻梁比你的矮”等看似简单的描述其实是对自我以及对方的更深一步的了解。同学们在游戏中赞美自己或是对方，指出对方的不足或是承认自己的不足，认识自我，悦纳自我。）

游戏活动二：爱的礼物。

活动：“________的闪光点”

每个学生准备一张“________的闪光点”卡片。每个同学填写完名字以后，将卡片交给下一个同学。另一个同学填写完主人的闪光点后再交给下一个同学，直到卡片回到主人手里为止。

请几个同学将自己的卡片与大家共同分享。（教师可提示学生对自己的“闪光点”卡片作补充。当学生交流完后，带头与学生一起鼓掌，使学生感受到自己真正为别人所欣赏。）

5. 总结。

（1）小结语：

一个人能否正确地认识自己，将会影响我们的心理健康，如果片面的认识自己，会产生不良的情绪，要么自负、自傲，目中无人；要么自卑、自责，悲观失望。希望通过今天的活动，同学们能客观的认识自己，自信的欣赏自己。每个“我”都很独特，每个“我”的生命都充满阳光，同学们，为自己喝彩吧！

（2）配乐朗诵诗歌《为自己喝彩》。

乘着歌声的翅膀，让愉快的心与自己一起飞翔，轻轻地离开心灵驿站吧！

附：诗歌《为自己喝彩》

也许，
你想成为太阳，
可你却只是一颗星辰。
也许，你想成为大树，
可你却只是一棵小草。
也许，你想成为伟人，
可你却只有平凡。

但是，星辰也有动人的光芒，
小草也有强健的力量，
平凡也能演绎生命的乐章。
同学们，
认识自己，了解自己，
为自己喝彩吧！

十、案例评析

本案例针对中学生自我评价不稳定的特点设计，符合中学生的年龄特点。整堂课设计严谨，环环相扣，达到了课堂的教学目标。综合运用了游戏体验、自画像、角色扮演、讨论交流等方法，贴近学生实际，学生在活动中体验感悟，在游戏中学会评价自己，接纳自己，在潜移默化中使学生学会正确评价自我，悦纳自我。引导学生积极乐观地去面对自己和他人。

课例二：悦纳自我，提升自我

娄底市第三完全小学　谢爱华

一、教学理念

进入初中后，孩子们由于身体状态的巨变而引发了他们自我意识的觉醒，同时自我意识开始分化，自我认识不断深化。他们在这个时期对自我出现了空前的关注，他们更多地观察自己，更深刻地剖析自己，主体我和客体我相互观察，相互评价，从而使孩子更加关注自我。在这个过程中，孩子心理的发展又充满矛盾和冲突。随着家庭教育和社会环境、学校生活的影响，他们的人际关系变得微妙，容易患得患失，从而否定自己。

自信是人们成长过程中不可或缺的心理品质，是成功人士必备的心理素质。青少年正处于认识自我与肯定自我的关键期，在这个时期的主要任务是“自我整合”，否则将面临“自我角色混乱”的危机。初中阶段，中学生更加关注自我，这个阶段的很多问题都是由于以“自我”为中心而引起的。本节心理健康教育活动课就是针对七年级的学生关注自我，却不能正确认识自己这一心理现象设计的。引导学生在交流中感受别人对自己的评价，同时能够做到正确地评价自己，从而正确认识现实中的自己，接纳自己的全部，学会悦纳自我。通过塑造自信心来帮助他们进行有效的自我探索，以使他们顺利度过此期间的心理危机。培养健康的心理品质，不断完善自我，散发自己独特的个人魅力，为成功奠定基础。

二、教学目标

1. 通过活动使学生学会多角度地看待自己，学会积极的归因方式，接纳自我。

2. 通过行为训练，引导学生掌握一些提升自信的方法和技巧，使学生在活动中体会自信的力量，树立积极的生活态度。

三、教学重点

使学生学会积极的归因方式，接纳自我。

四、教学难点

使学生学会多角度地看待自己，掌握提升自信的方法和技巧，在活动中体会自信的力度，树立积极的生活态度。

五、教学方法

活动体验、分享讨论法。

六、教学时间

45 分钟。

七、教学对象

初中一年级学生。

八、教学准备

剪辑相关的视频、音乐，制作多媒体课件；剪刀 3 把；白纸若干；红色印泥 1 盒；彩笔若干；积极赋义卡若干。

九、教学过程

1. 活动导入：心理游戏——“掌声响起来”。

游戏过程：

（1）请同学们估计自己 1 分钟能鼓掌多少次？并请几个同学回答心中预测的次数。

（2）实际上你 1 分钟鼓掌多少次？（教师计时，同学进行尝试。）请同学们比较鼓掌的实际次数与预测次数的差距。

设计意图：该游戏通过让同学在游戏中预测 1 分钟鼓掌的次数和实际 1 分钟鼓掌的次数比较，体会到前后差距很大，给学生一定的震撼，从而引发思考，引入本课主题。

2. 相信自己。

（1）活动：魔幻白纸。

为学生准备一张 A4 的白纸和剪刀，要求学生把自己的整个身体从纸张中间穿过去。提醒学生注意这不是脑筋急转弯，必须是整个身体真正从白纸的中间穿过去。

教师亮出白纸，问学生这个任务是否可能完成，然后根据同学们认为能成功完成此任务的概率将同学们分为“自信满满组”“小试牛刀组”和“试试看组”。分组完成后由各组成员分别讨论，商量对策，并践行自己的想法。看哪一组又快又好地完成挑战。几分钟后，看同学们完成的情况如何，请学生按照屏幕上的方法把纸剪开（放幻灯），并选取做得最成功的学生作品，请一名学生上讲台演示。

（2）活动分享。

①这个游戏的结果和你最初设想的结果比较，有什么不同吗？

②哪一个组完成得更好？对于任务完成的信心是否影响了完成情况呢？你从这个小游戏中得到什么启发？

（3）深化讨论，引出下一部分教学内容。

①如果现在提供一张更小的纸，是否能够完成任务？（让同学们尝试着完成任务。）

②如果把白纸比作我们自身的资源，那么从这个小活动中你学到了什么？

（4）教师小结。

刚看到这个任务的时候很多同学都觉得这个任务不可能完成，但结果是我们出色地完成了任务。正如日常生活中的很多事情，有时候并不是不能完成，而是我们自己不相信自己可以。有一句谚语说得很好：没有你做不到的，只有你想不到的！So just do it！无论我们手中的“纸片有多小”，只要我们认真思考，敢于尝试，充分利用自身的资源，我们就有机会让不可能变为可能。

3. 活动：独一无二的我。

活动目的：让学生学会欣赏自己，加强对自我的接纳，特别是自己身上的缺点和不足；对自我生理和心理上的“负面”特质赋予积极的意义，将其转化为积极的自我效能；提高学生的整体自我效能感。

活动材料：红色印泥和白纸各一份；彩笔；积极赋义卡。

活动步骤：

（1）名字来历

人的出生标志着他（她）是最初的胜利者，概率为两亿分之一的最大成功。你的降临，给了父母最大的安慰，同时父母给予你一个特别的名字，哪个同学想和同学们介绍一下你名字中蕴含的故事呢？

（2）自我称赞

活动目的：寻找自己身上的优点，促进自我了解，增强自信。

活动流程：

①将全班分成6人小组，组内每个成员必须依次问答下面三个问题：在外貌方面，你觉得自己的哪个部分最让人喜欢？在个人品质方面，你认为哪一个最值得自己坚持？在个人才能方面，你认为自己的哪个方面最强？

②全组最后讨论：当你向别人介绍你的优点时，感受如何？这样一个活动是否帮助你加深了对自我的了解和认识？

③老师小结。

（3）我的瑕疵我的美

活动目的：寻找不自信的原因，学习和运用与非理性信念相辩驳的方法，从而克服自卑树立自信。

活动流程：以小组为一个团队，分别对每个成员写下的负面的性格特征进行积极赋义，如：多疑——积极赋义就是敏感、自我保护意识强；固执——积极赋义就是坚持自己的观点；冲动鲁莽——积极赋义就是积极勇敢。由小组中的记录员将小组所做的所有积极赋义的例子与全班同学分享，并讨论某些性格特征的积极作用和消极作用，以及其适用情况，讨论避免其消极作用的策略。

每组成员自由分享感受（教师控制时间）。

（4）问题讨论和分享

通过这次活动，你对自己有了怎样新的认识？在以后的生活中你将如何看待自己？

4. 结束。

继续强化同学们在本节课活动中体会到的自信的感受，运用自我暗示原理，采用肢体动作和语言激励相结合，教会同学们在日常生活中培养自信心的方法和技巧，使整节课在欢快的气氛中结束。

（1）自我体验活动——我真的很不错。

活动方法：在“我真的很不错”这首歌背景下，由教师在前面示范并带领同学一起做。先从右手开始，先拍一下左肩，然后再拍一下右肩，之后竖起大拇指将右手从胸口用力伸出去，同时大声地说：“我真的很不错。”再换左手做同样的动作，大声地说：“我真的很不错。”最后双手齐做，双手交叉拍左右肩后，从胸口将手用力伸出去，拇指朝上，大声地说：“我是真的真的，真的真的，真的很不错。”活动过程中重点要使同学们摆脱害羞的情绪，不要矜持，积极投入，动作、神态都要得到充分的展现，整套动作重复2遍。结束后让学生分享自我肯定时的感受。

（2）在日常生活中培养自信心的方法（作为最后送给同学们的阅读材料）。例如：多想自己做成功的事情。每个同学都成功地做过某件事情，成功带给你快乐的心情，同时也会使你的自我价值感和自我效能感得到提升，信心和力量都是它的产物。要多想你最得意、最成功的事；生活中学会微笑。请同学们仔细体验微笑时的心理感受，逐渐养成经常微笑的习惯，你会觉得内心充满了信心和力量。

十、案例评析

本案例在设计理念上紧扣学生年龄特点，符合学生的年龄心理需求。整堂课设计严谨，环环相扣，全部体验式教学，运用活动体验、分享讨论等方法，贴近学生实际，达到了心理辅导的教学目标。在活动时间的把握上还有待优化。

第二节　主题二——学会学习

课例一：做快乐自觉的学习者

娄底市第一中学　刘寒晓

一、教学理念

不少青少年由于长期受应试教育的影响，加之受家庭教育和社会环境中功利主义文化的影响，对学习的目标和意义认识不清，甚至存在较为突出的学习动力不足、学习目标的功利倾向严重等问题。本次课程通过活动体验、交流分享、故事启发等方式，启发学生明确学习的意义与目标，使学生深刻认识学习的价值，增强学习的自觉性。

二、教学目标

1. 认识和体验学习的动力。

2. 认识学习的意义和价值，明确学习的目标，增强学习的自觉性。

三、教学重点

学习目标的明确和分解。

四、教学难点

体验认识学习的动力。

五、教学方法

合作探究与交流，故事法，体验感悟。

六、教学时间

45 分钟。

七、教学对象

初中二年级学生。

八、教学准备

多媒体课件，相关教学故事、表格等教学材料。

九、教学过程

1. 动心·热身汇

热身活动：跟我学

规则：全体同学自由围站成一个圆圈，每人设计一个独特的个性动作，其他所有人要跟着学做三遍，每人设计的动作不能与其他人相同。

（播放背景音乐《健康歌》，学生按照规则游戏。教师带头先做起来，并同学生一起参加这一游戏。）

2. 抒心·活动吧

【各抒己见】在这个活动中，大家快乐吗？

为什么大家的快乐程度会有所不同呢？

有些人的快乐程度会弱一些，因为他们没有充分认识到认真参与游戏的价值和意义，游戏活动有些消极被动。在学习中你是不是也有这种情况呢？

有些同学没能充分认识到学习的价值和意义，没有充足的学习动力，于是学习较为消极被动，也就无从获得学习的乐趣。

【合作探究】发给学生每人一张“学习动力飞艇图”，画面为悬挂着一个吊篮的大飞艇。

任务：这是一个载着你在知识的天空中遨游的飞艇，请在飞艇下面的吊篮中写上自己的名字，在飞艇的大气囊中写出自己的若干个学习动力，填写时字的大小代表此动力的强弱。

小组内交流分享各自的学习动力飞艇。

每组抽取部分同学向大家展示自己制作的学习动力飞艇，并介绍自己的学习动力分别有哪些。

【汇报分享】请同学自愿分享自己与理想和目标有关的经历。

【我来行动】分解学习目标：

（1）学生在作业纸上填写：我人生的志向理想是____________，我中学阶段的学习目标是____________，我本学年的学习目标是____________，我这个月的学习目标是____________，我本周的学习目标是____________，我今天的学习目标是____________。

（2）小组内交流每人的分解学习目标。根据同学们的彼此了解，如果发现谁的某阶段目标可能不合适，可以向他提出修改意见。

（3）挑战书：为了实现______目标，我要和________（本班同学的名字）比拼________________（学习行动的某一方面）。

3．育心·智慧库

【知识的价值】1923 年，美国福特公司有一台大型电机发生故障，出现异常杂音，工程师们会诊 3 个月却毫无结果，没有办法，只好请来了电机专家斯坦因门茨。他经过仔细检查测量和反复计算以后，用粉笔在电机上画了一条线，说：“打开电机，把画线处的线圈减去 16 圈”。工程师们照办，结果这台电机立即恢复了正常运行。福特公司询问要付多少酬劳，斯坦因门茨要 10000 美元，有人嫉妒地说：“画一条线就要 10000 美金，这简直是勒索。”斯坦因门茨笑了笑，提笔在付款单上做了说明：用粉笔画一条线是 1 美元，知道在什么地方画线是 9999 美元。

【方向与目标】在西撒哈拉沙漠中有一个小村庄叫比赛尔。据当地人说，从比赛尔出发，无论朝哪个方向走，最终都只能回到原地，无法走出沙漠。对于这种说法，英国皇家学院的院士肯莱文非常好奇。于是，在 1926 年的一天，他从比赛尔出发，不料他仅仅花了三天半的时间就走出了沙漠。对于这样的结果，院士感到纳闷：比赛尔人为什么会走不出来？最后他雇了一个叫阿古特尔的比赛尔人，让他带路，看看到底如何。他们日夜兼程，不断往前走，很少休息，然后眼前总是茫茫沙漠。在第 11 天的早晨，一块绿洲终于出现了，可是他们只是回到了比赛尔。于是，院士明白了，原来比赛尔人根本不认识北斗星，一个人如果只凭感觉走，他的足迹十有八九是一个圆。比赛尔处在浩渺的沙漠中，方圆上千公里没有一点儿参照物，若没有指南针或不认识北斗星，要走出沙漠确实不可能。肯莱文告诉阿古特尔，你白天休息，夜晚只要朝着北面的那颗星走，就一定能走出沙漠。阿古特尔照着他的话去做，结果只用了三天就走出了沙漠。阿古特尔因此成为比赛尔的开拓者，他的铜像也被立在村庄的中央。在铜像的底座上刻着这样一行字：新生活从选定方向开始。

4. 乐心·成长坊

【榜样故事】1984 年，在东京国际马拉松邀请赛中，名不见经传的日本选手山田本一出人意料地夺得了世界冠军。全世界的人都好奇他凭什么取得如此惊人的成绩时，他在自传中这么写道：我刚开始参加比赛时，总是把我的目标定在 40 多公里外终点线上的那面旗帜上，结果我跑到十几公里时就疲惫不堪了，我被前面那段遥远的路程给吓倒了。后来，我改变了做法。每次比赛之前，我都要乘车把比赛的路线仔细地看一遍，并把沿途比较醒目的标志画下来，比如第一个标志是银行：第二个目标是一棵大树；第三个标志是一座红房子……这样一直画到赛程的终点。比赛开始后，我就以最快的速度奋力地向第一个目标冲去，等到达第一个目标后，我又以同样的速度向第二个目标冲去。40 多公里的赛程，就这样被我分解成几个小目标轻松地跑完了。

《结伴同行》

手握方向，我们结伴起航
心中有梦，指引前方
背起行囊，徒步穿越
激情在脚下绽放
看见远方的海洋金色海浪
跟着我靠近幸福海港
肩并肩，手拉手，我们结伴同行踏上征程
狂风划过头发，汗水浸透衣裳
无法阻挡前行脚步
抓紧幸福，放飞梦想，欢乐就在前方
用青春歌唱，让时间停滞，美好记忆烙在心
我们结伴同行，一起出发
用青春歌唱，让时间停滞，美好记忆烙在心
我们结伴同行，一起出发

十、案例评析

本能课程通过采用活动体验、交流分享、故事启发等方式，启发学生明确学习的意义与目标，深刻认识学习的价值，增强学习的自觉性。能够将复杂的学习问题和相关理论结合学生心理发展的年龄特点做深入浅出的讲解和引导，教学设计目标明确、重点突出，方法运用合理，体现了学生的参与性、体验性，能够取得较好的教学效果。

课例二：让学习和认知方式相匹配

娄底市第一中学　刘寒晓

一、教学理念

不少青少年由于长期缺乏学校教育和家庭教育的引导，加之自身认知能力发展尚未成熟，往往对自己的认知方式与特点缺乏自觉认识和了解，不能有效发展和运用适合自身认知能力和特点的学习策略与学习方法，从而影响到学习效果。本课程通过活动体验、合作探究、交流分享、问卷调查、案例研讨等方式，启发学生了解人的认知方式差异，学会结合自身认知能力和特点发展适合自身的学习策略与学习方式，努力提高学习效果。

二、教学目标

1. 认识和体验个体的认知方式及其差异。

2. 学会结合自身认知能力和特点选择适合自身的学习策略与学习方式。

三、教学重点

认知方式及其差异。

四、教学难点

认知方式及其差异。

五、教学方法

活动体验，合作探究，交流分享，问卷调查，案例研讨。

六、教学时间

45 分钟。

七、教学对象

初中二年级学生。

八、教学准备

多媒体课件、相关活动设计、问卷、案例故事等教学材料。

九、教学过程

1. 热身活动

（1）“模仿秀”。请几个同学出来先后模仿本班某一同学的表情、语言、动作（注意不要具有侮辱和攻击的意味），由大家猜被模仿者是谁。

（2）“移花接木”。在电脑上调出某同学的头像，把另一个同学的嘴（或眼睛、鼻子）移接到他脸上。

（3）简单分享上述活动的感受。

由于每个人都有自己的特点，以上模仿和拼接看起来很别扭，但是，如果我们在学习的时候也这样机械模仿的话，就不是“别扭”那么简单了。

2. 合作探究

（1）小锋自小就喜欢提问题，课堂上别人都已听懂的问题他总是不厌其烦地问了又问，回家后又打电话与同学讨论个没完没了，大家都很烦他，甚至有人叫他“白痴”或“小疯”。小锋很压抑，学习成绩一直上不去，直到初一下学期来了一个“志同道合”的同桌，喜欢和他一起讨论问题，互相质疑、辩驳，小锋的学习才慢慢转上正轨。后来小锋还发现，没有人和他在一起时，把学习内容讲给家里的猫甚至枕头听，效果也比单纯背书要好得多。

（2）李红是班上的“记忆大王”，小利发现李红在记东西的时候总是在纸上画很多图表和符号来帮助记忆，于是也学着她的样子来做，但是效果却非常差。小利很苦恼，你能帮帮她吗？

3. 各抒己见

小锋学习进步的原因在哪？小利学习效果差的原因是什么？

（1）小锋是典型的听觉型学习者，这种类型的人喜欢通过听和说的方式来学习，他们“听”来的信息更容易理解和记忆，如果听觉受阻，他们马上就会出现学习困难。

（2）李红是视觉型的学习者，对图表和符号提供的信息比较容易接受，而且印象深刻。小利显然不是这一类型的学习者，她需要另外的方法！

人在学习时需要各种感觉器官的参与，例如视觉、听觉、嗅觉、味觉、触觉、运动觉等等。许多人都有自己的优势感觉，这种感觉的功能比其他感觉的功能要强大得多，他们在学习中也就偏向于使用这个优势感觉，并且往往能取得良好的效果。我们可以根据这种倾向把学习者分为不同的感知类型：视觉型、听觉型和动觉型等。

4. 我的特点

了解自己的认知特质和学习现状。

（1）你属于哪一种学习者？

（2）你觉得在什么状态下，用什么方法学习效果最好？

（3）你觉得在什么状态下，用什么方法学习效果最差？

（4）你觉得一天要睡几个小时才能保证良好的体力和精力？

（5）在一天中，什么时候学习最好？

（6）你觉得一天需要多少时间做作业和温习功课？

（7）哪些运动或娱乐能使你迅速消除疲劳？

（8）你能跟得上老师的教学进度吗？

(9) 除了做作业之外，你还有时间用来查漏补缺吗？

(10) 当前，你觉得学习上最困难的是什么？

附1：知觉倾向性调查问卷

这是一个简易的知觉倾向调查表。请快速地从（V）（A）（K）中选出最适合你的答案。

①为了放松你喜欢：

（V）读书、看电视或录像（A）与别人交谈或听点儿什么（K）活动一下或运动

②告诉别人该怎么做时喜欢：

（A）告诉他们怎么做（V）画图进行说明（K）用手势和行动

③你最容易被什么分神：

（K）人或东西在周围动（V）事物看上去的样子（A）噪音

④独处时你喜欢：

（K）活动一下或做点儿什么（A）打电话给别人或听收音机（V）看电视、录像或阅读

⑤你解决问题的最佳途径是：

（A）把可能的解决方法都讲一遍（V）回想实际的经验（K）勾勒出可能的解决方案

⑥排队时你喜欢：

（K）晃动、总是坐立不安、动动手脚（V）看过往的人或周围的景色（A）自言自语或与别人交谈

⑦关心别人时你会：

（V）选择寄一张卡（A）打电话（K）拜访

⑧你拼写一个较难的单词时喜欢：

（A）听起来觉得是对的（K）写起来是对的（V）写出来、看起来是对的

⑨你喜欢你的事情：

（V）看起来是对的（A）听起来是对的（K）感觉是对的

⑩在班上你喜欢：

（A）听讲和讨论（K）做实验和搞活动（V）图表、图画和录像

⑪你更喜欢问：

（K）你知道了吗？（V）你领会了吗？（A）你听明白了吗？

⑫学诗歌的时候你会：

（V）反复地读（K）不停地走动把握诗歌的节奏（A）大声地朗读

⑬你判断别人的情绪时喜欢：

（V）看别人的脸（A）听别人的声音（K）注意别人的动作

⑭你喜欢什么样的幽默：

（A）不停说话的喜剧演员（K）动作喜剧（V）色彩丰富的喜剧和动画片

⑮在派对上你喜欢花大量的时间：

（K）到处转悠或跳舞（V）观察正在发生的事（A）和别人交谈或听别人讲话

⑯你喜欢怎样的解释方法：

（V）图表、图画、地图（A）交谈、听课、讨论（K）实践

⑰向朋友讲述在假日你会：

（A）打电话（V）给他们看你的照片（K）去看他们，与他们分享你的经历

⑱你买衣服时：

（V）颜色和样式最重要（K）质地最重要（A）别人的意见最重要

⑲什么情况下你才能听得最清楚：

（K）边走边听（或别人边走边讲）（A）闭上眼睛（或不看说话的人）（V）能清楚地看见说话的人

⑳你最容易记住：

（A）别人说过的话（K）别人做过的事（V）别人的长相

说明：（A）代表听觉倾向，（V）代表视觉倾向，（K）代表动觉倾向。如果三种选项的数量基本一样，那么你没有很强烈的倾向。如果某一项选了10个以上的则表明有强烈的倾向。这将为你学习新知识和难点提供有益的帮助。这不是一个标准测验，但是对学生和老师有一般性的指导作用。

附2：思维类型调查问卷

这是一份简单的思维类型调查问卷。从（a）和（b）中快速地选出最适合你的答案或是经常发生在你身上的答案。

①（a）你喜欢制作清单、计划和时间表（b）你喜欢随心所欲地做事

②（a）你喜欢与他人竞争（b）你喜欢与他们组成团队进行合作

③（a）你喜欢工作的地方干净整洁（b）你喜欢工作的地方舒适，但不一定整齐

④（a）你喜欢别人一步一步按顺序向你解释事情（b）你喜欢别人首先告诉你大意，然后再讲细节

⑤（a）你对老师的个人生活不感兴趣（b）你对老师的个人生活感兴趣

⑥（a）你通过把所有的知识块拼起来学习（b）你通过顿悟的方式学习

⑦（a）你关心是否能按时完成一件事（b）你并不关心最后期限，也不会因为没有完成而着急

⑧（a）你可以清楚地表达你的思想和感觉（b）你有时在表达自己的感觉

方面有困难

⑨（a）你喜欢记忆事实和细节（b）你喜欢记忆大意，容易忘记细节

⑩（a）你买衣服时很仔细，一般事先已经决定好了（b）你只要看见喜欢的就会买

⑪（a）你常常一次只做一件事，而且能做得很好（b）你常常喜欢一下子做好几件事

⑫（a）你喜欢明确的规则（b）你喜欢灵活的规则

⑬（a）你喜欢查字典找出确切的含义（b）当别人要找出确切的意思时你会生气

⑭（a）你喜欢照着食谱做菜（b）你喜欢按自己的想法做菜

⑮（a）你能坚持记清单、日记和收支（b）你开始会做记录，但不久就忘记了

⑯（a）你敬佩有明确计划的人（h）你敬佩有想象力和冲劲的人

⑰（a）你喜欢仔细、有逻辑地做决定（b）你喜欢凭感觉临时做决定

⑱（a）你喜欢研究有确切答案、有事实根据的问题（b）你喜欢研究与思想有关的课题

⑲（a）你喜欢老师一次在投影仪只显示一个知识点（b）你喜欢在投影仪上看到整个概貌

说明：（a）选项代表分析型的思维方式，（b）选项代表总体把握型思维方式。有分析思维倾向的人会选 15 个以上的（a），而有总体把握思维倾向的人会选 15 个以上的（b）。有些人不会有 15 个以上（a）或（b），因为他们没有很强的思维倾向。这可以帮助人们认识自己思考的方法和过程。

（以上两个问卷选自《成功教育完全手册》，克里斯蒂、沃德等著，天津社会科学院出版社，2003 年版）。

5. 合作探究

有一段时期，芳芳发现，周围的同学个个都比她反应快，比她“聪明”，例如上语文课，她还没有完全弄清楚前两段的内容，别人已经把中心思想写出来了；上数学课，她还没有完全明白老师讲的新原理，别人已经能够流畅地回答老师提出的问题了；她需要 30 分钟的预习，别人 5 分钟就够了；考试的时候别人总是做得很快，他们翻动试卷的声音特别令芳芳感到没有自信。

因此，在心理咨询室，芳芳坚定地认为自己很“弱智”。

芳芳的自卑是没有道理的，只不过是她的思维类型与别人不同而已！

人的思维可以分为分析型、综合型和混合型三种。分析型学习者逻辑性强，条理清楚，学习主动，但比较执着于细节，当学习不能按计划进行或疑难不能解决时就显得比较焦虑。如果他们能够克服这个毛病，放松一点，自信一点，更多地使用形象化思维，并做到更加灵活和有创造性，就能神奇般地提高学习效率。

综合型学习者相信自己的直觉，有很强的创造力和冒险精神，能很快“把握整体”，但不求甚解，因此他们更需要耐心和将问题深化、细化的劲头。

显然，芳芳是一个分析型学习者，她按部就班地学习，不肯放过每一个细节，所以她学习的速度与综合型学习者比较起来就好像“慢”了许多。

事实上，很难说哪一种思维类型要好一些。但从学习策略上说，充分认识自己思维类型的特点，扬长避短，还是很有必要的。

6. 方法建议：个性化学习方案的设计

使学习策略和方式适应自己的感知特点是非常重要的。我们建议：

（1）充分利用自己的优势感觉。优势感觉对信息的接受和处理总是最容易和最高效的，必须好好利用。视觉型的人可以制作更多的图画、图表，例如用结构图、流程图、反应程式等来帮助理解和记忆；听觉型的人尽可能创造机会与人交流、讨论和辩驳，在课堂上为了不影响他人，可以虚拟一个“对象”，无声或小声地进行“交谈”；动觉型的人则要更多地运用肢体动作。

（2）使尽可能多的感官参与学习。参与学习的感官越多，获得信息的渠道越多，信息在大脑中留下的记忆痕迹也就越深，同时大脑在对多渠道信息的整合过程中也更容易达成对知识的理解。许多关于学习的研究实验也证明了这一点，例如，读写的同时使用动作和声音的学生在回忆所学的信息方面有极大的提高。有些人并没有特别优势的感官，他们在学习时多感官的参与显得尤为重要。

在认真回答前面的问卷问题后，可以尝试设计两套方案：

①作息方案。制作一个作息时间表，要求做到舒缓有致，张弛有度，以保证旺盛的精力。

②学习方案。这一方案必须是适合你的身心特点的，是“你自己的方案”，它应符合以下原则：

A. 学习内容必须适合你现在的水平。有的人基础未打好就去钻那些偏、怪、难的题，是非常不明智的。

B. 学习方式必须适应你的认知特质。

C. 巧妙地运用生物节律。

D. 调配好各科的学习时间和间隔。

E. 在学习时如何保持自信和愉快。

在今后的学习实践中应不断地调整和校正这一方案。

十、案例评析

本能课程通过采用活动体验、合作探究、交流分享、问卷调查、案例研讨等方式，启发学生了解人的认知方式差异，学会结合自身认知能力和特点发展适合自身的学习策略与学习方式，努力提高学习效果。能够将复杂的认知心理学原理结合学生心理发展的年龄特点做深入浅出的讲解和引导，教学设计目标明确、重点突出，方法运用合理，体现了学生的参与性、体验性，能够取得较好的教学效果。

第三节 主题三——积极交往

课例一：快乐交往—— 有话好好说

娄底市第四中学 谢平英

一、教学理念

现在的学生因为是父母的掌上明珠，往往以自我为中心，很少关注和讲究说话的艺术，导致常常引发一些矛盾，产生人际交往的问题，影响心情。“赠人以言，重于珠玉；伤人以言，甚于剑戟。”本节课就是力图让学生通过观看情景剧、讨论分享活动使学生认同有话好好说的重要性，在情境体验活动中探究有话好好说的方法——巧用“我向信息”，慎用“你向信息”，通过对比、实际演练、欣赏视频学会“我向信息”的沟通表达方式，提高学生的人际沟通技巧与能力，体验到交往的快乐。

二、教学目标

1. 帮助学生了解和认识人际交往和良好沟通的重要性。

2. 学会“我向信息”的沟通表达方式，提高学生的人际沟通技巧与能力。

3. 体验到使用“我向信息”的表达方式所带来的正向效果——快乐交往。

三、教学重点

学会“有话好好说”——“我向信息”的沟通表达方式。

四、教学难点

体验使用“我向信息”的表达方式所带来的正向效果——快乐交往。

五、教学方法

观看情景剧，讨论分享，情境体验，实际演练，欣赏视频。

六、教学时间

45 分钟。

七、教学对象

初中三年级学生。

八、教学准备

1. 多媒体课件；

2. 拍摄情景短剧。

九、教学过程

1. 热身活动：头肩拍拍

头头拍拍，肩肩拍拍，头拍肩拍，头肩拍拍。

2. 看一看：情景 AB 剧

(1) 情景 A 剧

导入：人际交往是我们生活当中不可缺少的一部分，在我们与他人的相处过程中，有时难以避免会出现一些误会、矛盾与冲突，那我们在澄清误会、处理冲突的时候，通常会使用什么样的语言模式去表达呢？怎样的沟通方式会更有效呢？请同学们先来看情景 A 剧。

①教师播放视频——情景 A 剧

②教师提问：情景 A 中谢东的表达方式给你什么感受？请学生分享。

③教师引导：情景 A 中谢东的表达方式不利于沟通，甚至会使关系恶化。那么，请同学们想象一下，假如你是谢东，既想澄清误会达到沟通目的，又想避免关系恶化，你会怎么对高红说呢？

④教师小结：在处理矛盾的过程中，说话语气要委婉，态度要温和，一种合适的表达方式对于建立良好的人际交往是非常重要的。在处理矛盾的过程中，以“你”开头的表达方式十之八九都会遭到挫败，因为这种表达方式更多的是将矛头指向对方，是对对方的指责与批判，会使对方产生抵抗心理，理智沟通很难达成。

那么，如果换一种表达方式，应该怎么说呢？沟通效果会如何呢？请看情景 B 剧。

（2）情景 B 剧

①教师播放视频——情景 B 剧

②教师提问：情景 B 中王明的表达方式给你什么感受？请学生分享。

③“你向信息”——“我向信息”初感受

④揭示课题——“有话好好说”

3. 比一比：“你向信息”—“我向信息”

（1）教师提供两个情境对话：

情境一：你用手机查资料时，父母误会你在用手机玩游戏，不由分说批评了你。

反应一：说了没玩游戏就没玩游戏，你们怎么总是误会我？

反应二：我刚刚是在用手机查找资料，你们没了解事情缘由就批评我，我很难过，希望你们能多听我解释，不要误会我。

情境二：与好友约定好周末去看画展，对方却临时失约了，你很生气。

反应一：你这人怎么这样啊？说好了又变卦，下次再不信你的话了。

反应二：约定好的事情你临时改变，我感到很生气，希望你下次把事情安排妥当，不要再临时变卦。

（2）小组分析：这两种反应方式给你什么样的感受？你觉得哪种沟通方式好？

（3）比一比：从语言模式、表达内容、沟通结果三个方面请学生进行比较，让学生进一步了解两种表达模式。

4. 学一学：“我向信息”表达三部曲

（1）教师总结“我向信息”表达三部曲

第一步：陈述事实或行为；

第二步：表达感受；

第三步：说出事实或行为的影响，或你希望对方怎么做。

（2）学生尝试从情景B剧中找出三部曲中的每一步，进一步熟悉“我向信息”表达模式。

5. 练一练：我会用“我向信息”来表达

（1）如果你是以下事件的当事人，你想和对方说什么？用“我向信息”来表达的话，你会怎么说跟对方说？把你要说的话写下来。请注意包括：①陈述事实或行为；②表达感受；③对自己的影响或希望对方怎么做等三个方面的内容。

事件一：午休时，室友小勇在边弹吉他边唱歌，此时你很想睡觉休息一下。（1、2组。）

事件二：这次考试你考得不理想，妈妈有点生气，每次看到你都会批评你学习没用功。（3、4组。）

事件三：老师知道你有时候会抄作业，但这次大家都觉得比较难的题目你是独立完成的，老师却认为你抄了某某同学的作业，还批评了你。（5、6组。）

（2）小组讨论：将本组商讨的认为最好的表达方式写在展示用的白纸上。

（3）小组展示，全班分享：展示的小组将白纸贴在黑板上直接读出来，或当场用情景剧的方式呈现出来。同学和老师发表自己的看法，教师予以适当点评和引导。

（4）教师小结：英特尔公司前CEO安德鲁·葛洛夫曾说过：“我们沟通得很好，并非决定于我们对事情述说得很好，而是决定于我们被了解得有多好。”“我向信息”表达方式能帮助我们更好地被他人所了解，让对方更乐意站在我们的立场进行换位思考，从而达到良好的沟通效果。

6. 主题升华——欣赏视频《因为有爱，每句话要好好说》

（1）导入：其实不只是在处理人际矛盾冲突时需要我们有话好好说，在日常人际对话中，我们所说的每一句平常话语，都可能在他人心中留下痕迹，有些可能是温暖的痕迹，有些可能是冰冷的伤痕。台湾亚传电信曾经曾经以广告公司试镜的名义招募了五组家庭做过一个真实的测验，说的就是日常话语对我们的影响，我们一起来看一下其中一个家庭的测验。

（2）播放视频《因为有爱，每句话要好好说》。

（3）总结：言语有温度，用温暖的话语，关爱自己、温暖他人，因为有爱，每句话要好好说。希望同学们在生活中多运用“我向信息”的表达方式，提高沟通技巧，收获更多人际交往的温暖，期待我们每一位同学都能成为沟通达人。

十、案例评析

本节课教学设计遵循认知建构—角色体验—情感升华的基本思路，通过看情景剧、角色体验、实际演练、欣赏视频等方式，让学生在情境体验中领悟快乐交往的必要性；通过联系学生生活实际的情景讨论及实际演练，学会“有话好好说”——“我向信息”的沟通表达方式；通过欣赏视频产生情感共鸣与升华。

课例二：快乐交往——换位思考

娄底市第四中学　谢平英

一、教学理念

很多高中生在与人交往和处理问题时，总是立足于自我的立场，考虑自己的利益和需要，很少关心他人，更别说从他人的立场来看问题，这就造成了人际沟通发生障碍和阻塞，体会不到人际交往的快乐。在尊重他人的同时，如果做到换位思考，就能促进人际沟通，快乐交往，构建和谐的人际关系。

二、教学目标

1. 明白人与人之间矛盾、分歧在所难免，要正确对待和解决矛盾，快乐交往。

2. 教会学生换位思考，考虑对方的需要和感受，以对方期待的方式对待他。

3. 生活中严格要求自己，宽容对待他人，做一个心胸宽广的人。

三、教学重点

正确对待和解决人际交往的矛盾，换位思考，体会交往的快乐。

四、教学难点

学会换位思考，理解对方，以对方期待的方式对待他。

五、教学方法

游戏活动，角色扮演，分组讨论，教师点拨。

六、教学时间

45 分钟。

七、教学对象

高一学生。

八、教学准备

编情景短剧，安排学生表演。

九、教学过程

1. 热身活动：《变形计》之大讨论

（1）你喜欢看湖南卫视的《超级女声》吗？

毫无疑问，2005 年、2006 年的夏天是属于《超级女声》的，一个个女孩为了梦想站到这一个舞台……

那么，你知道继《超级女声》之后，湖南卫视倾情打造的另一个栏目吗？

那就是《变形计》，随着《变形计》之《网变》《高三师生母女互换》的相继播出，社会反响十分强烈。

(2) 你能谈谈对“变形计”的看法吗?

第一计《网变》：魏程，城市少年，不珍惜富足的生活，辍学，昼伏夜出，不在网吧，就在去网吧的路上，不在睡觉，就在打算睡觉的床上。高占喜，青海村娃，家境贫困，希望通过读书征服城市，却面临失学危机。“变形计”给了他们互换角色的机会。

第二计《高三师生母女互换》：暑假，一群即将踏入高三的少男少女，一群面临高考压力的花季少年，有着自己都说不清的复杂心事。女儿和身为高三班主任的母亲，师生、母女互换七天。

教师小结：

①在为新栏目取名时，制片人想到了卡夫卡的《变形记》，“一天早晨，格里高尔从不安的睡梦中醒来，发现自己躺在床上变成了一只巨大的甲虫。”

制片人用“变形”来制造另类生活故事，故事最吸引人的是那些生存环境变更后的普通人的生活，虽粗糙，却真实，给人心理的满足。当然，变形计最大的真实是：生活永远无法替代。

②“变形”给人换位的机会。离开相处七天的“父母”，魏程流着泪跪地告别，他懂得了艰辛与奋斗。高占喜享受着富人的生活，也看到了天桥下躺着的人、为生计卖报的七岁孩子，他没有忘本，回家后立即读书、干农活。

母女角色互换，让母亲体验了青春期孩子的社会角色，青春期孩子也体验了母亲所处的角色，有乐趣，但更多的是压力。

2. 情境感悟：男人和女人互换

生活中，我们常觉得别人不理解我们，别人这也做得不好，那也做得不对，殊不知别人也有同感呢。有一个故事也许你听过：

一个男人厌倦了他每天出门工作而老婆却整天待在家里。他希望老婆能明白他每天是如何在外打拼的。于是他祷告：全能的主啊，我每天在外工作，而我的老婆却仅仅待在屋里。我要让她知道，我是怎么过的，求你让我和她调换一天吧。主满足了他的愿望。

第二天一早，他醒来，当然，是作为一个女人。他起床，准备早点，叫醒孩子们，为他们穿上校服，喂好早餐，然后开车送他们去学校，回到家，他挑出需干洗的衣物送到干洗店，回来的路上还顺路去了银行，然后去超市采购，回到家，放下东西，要缴清账单、结算支票本。

当他打扫了猫舍，给狗洗完澡，已是下午一点了。他匆忙地整理床铺，洗衣服，给地毯吸尘，擦洗厨房的地板。他冲到学校去接孩子们。他准备好点心和牛奶，督促孩子们做功课，然后架起烫衣板，一边忙着，一边看会儿电视。

四点半的时候，他开始削土豆，清洗蔬菜做沙拉，给猪排撒上面包屑，剥开新鲜的豆子，准备晚餐。吃完晚饭，他开始收拾厨房，叠好洗净的衣物，给孩子们洗澡，送他们上床。

晚上九点，他已经撑不住了，然而，每日例行工作还没结束。他爬上床，在那里，还有人期待着他，他必须配合，而且不能有任何抱怨。

第二天，他一醒来就跪在床边祈求：主啊，我真不知道自己是怎么想的，我怎么会傻到嫉妒我老婆成天待在家里？求你，求求你，让我们换回来吧！

主回答：我的孩子，你已经吃到苦头了，我很高兴让一切恢复原样。但是，你不得不再等上九个月，昨晚，你怀孕了……

故事虽荒诞，却告诉我们：由于人性的弱点，我们在与人交往和处理问题时，往往立足于自我的立场，考虑更多的是自己的利益和需要，很少考虑他人的需要，更别说从对方的立场看问题。

倘若你能转换一下立场，考虑对方的需要和感受，以对方期待的方式来对待他，那么，你不仅掌握了一个高明的人际交往原则，还掌握了成功的诀窍，收获的将是人际交往的快乐。

3．心理分析：换位思考四部曲

换位思考的结果是双赢，深刻的道理，往往是简单的；简单的道理，做到了就不简单，请同学表演下面的短剧，其他同学谈感悟。

情景1：东东愁眉苦脸，沮丧地走着。路上碰到了明明，他上前诉苦：“我最近好烦，数学考试又不及格，而且……”明明一边打着呵欠，一边东张西望的，一副毫不感兴趣的样子，走了。

情景2：东东更加烦恼。这时他碰到了正在做作业的洋洋。东东上前诉苦：“我最近好烦，数学考试又不及格，而且……”洋洋一脸不耐烦：“别烦，没看到我正忙着呢？走开走开！”

情景3：东东更加痛苦了，这时他又碰到了康康。东东上前诉苦求助：“我最近很烦，我的……”康康一听，急忙插嘴：“怎么啦？怎么啦？你烦什么？”东东说：“我的数学……”

康康又插嘴说：“数学作业又没交？是不会做吧？上课没认真听吧？”东东解释道：“不是的，是我的……”康康继续插嘴自说自话：“是不是考试作弊被发现了，还是你老爸把你的游戏碟给收了？……”东东看着康康一股脑地说了一大串话，自己就是插不上嘴，唉声叹气地走了，这个世界怎么就没有人能理解我呢？

（1）请看“换位思考四部曲”——

如果我是他：第一步，我需要的是……

第二步，我不希望……

第三步，我的做法是……

第四步，我是在以他期望的方式对他吗？

（2）集体的智慧

把学生分成四组，分组讨论四步骤，小组长记录讨论结果。

①第一步

设想你是求助者，谈谈你的感受，你最需要什么。第一组组长发言。

要培养设身处地的换位沟通习惯，首先要要学会倾听。

②第二步

A. 设想你是求助者，不愿意得到怎样的待遇。第二组同学自由发言。

B. 心情故事分享：

参考下面五点，想一想在自己与同学、老师、父母相处过程中的类似案例，说一说你的心情故事。

a. 当我犯错时，我不希望……

b. 当我做得不好时，我不希望……

c. 当我遭受挫折时，我不希望……

d. 当我情绪低落时，我不希望……

e. 当我总是听不懂时，我不希望……

C. 信息大参考：

当我犯了过错时，我希望别人批评我吗？不希望！我希望得到原谅。

当我做得不好时，我希望别人嘲笑我吗？不希望！我希望得到鼓励。

当我遭受挫折时，我希望别人幸灾乐祸吗？不希望！我希望得到帮助。

当我情绪低落时，我希望别人冷落我吗？不希望！我希望得到安慰。

当我总是听不懂时，我希望别人觉得我烦吗？不希望！我希望得到耐心。

③第三步

假设你是明明、洋洋、康康会怎样做？第三组同学自由发言，各抒己见。

④第四步

第四组同学发言，我是在以对方期望的方式对他吗？如果不是，我该怎么做？理解他人，就要做到用心地以对方所期望的方式来对对方，而不是根据自己的想当然和希望来对对方。

用别人对自己不好的方式来对别人，是鸡肠小肚。

用自认为好的方式来对待别人，是自作多情。

用希望别人对你的方式来对别人，是将心比心。

用别人期望的方式来对待别人，是善解人意。

为对方着想，是最朴素也是最高超的技巧。

4. 学以致用：让我做一回你

讨论下面的情境，用换位思考的方式来解决矛盾。

情境 1：一向温柔的妈妈今天下班回来，愁眉苦脸的，脾气暴躁，因为一点小事就对小明发火。小明很苦恼很委屈，于是……

情境 2：小花和小草是同桌。小花因为被妈妈骂了心情很不好，小草因为数学考了 60 分闷闷不乐。他们因为一点小矛盾吵起架来……他们又和好了。

情境 3：一向深受学生喜欢的王老师最近家里发生了一些事情，心情很不好，每晚备课到深夜，精神状态也不好。他好几次对学生发火，大家都很委屈。班长和几个同学知道了王老师的情况后……

学会换位思考应对自己多加约束，多加限制，对别人多加宽容，多加体谅，多一份包容与理解，多一点体谅与信任。

5. 歌曲欣赏：《如果我们能换一换》

换位思考就像魔法石，改变并润滑人与人之间的相处，最后，让我们欣赏《变形计》主题曲《如果我们能换一换》，让我们巧用“变形计”，营造美丽心情：

如果我们能换一换，换我们的现在
有些人也许很可爱
如果真心去改变，我们的未来
世界就会更加精彩

十、案例评析

本节课是从以下几个层面考虑、设计了这一心理辅导设计方案的：

1. 换位的必要性。从《超级女声》到《变形计》，热点话题极大地调动了学生的兴趣，而有关《变形计》的讨论和男人女人换位的故事，更给学生以情感上的触动，让他们认识到换位的必要性。

2. 如何换位？换位的结果是双赢，深刻的道理往往是简单的；而简单的道理做到了就不简单。四部曲教给学生换位的方法，避免了本我主义。

3. 课堂训练不仅强化了心理辅导的效果，也将情感转化为实际行动。

最后，回到《变形计》，在主题曲《如果我们能换一换》中结束本课，歌声已停，情仍荡漾。

第四节　主题四——生涯规划

课例一：未来之路

湖南人文科技学院　胡小兰

一、教学理念

目前初中生较少接受职业生涯规划教育，但有部分初中生一毕业就要进入职业学校，就要选择自己的专业和以后所从事的职业。在面临职业生涯重要选择的时候，相当一部分学生认识不够，准备不足。“我们自己走了不少弯路，不能让孩子再走弯路。”国内第一个将职业规划带入中学课堂的中国人民大学附中专职职业规划师、北京前方导航教育公司首席专家吴志兰呼吁，中学生亟须做好职业生涯规划。所谓中学生职业生涯规划，就是让中学生尽早认识自我，认识职业，认识教育与职业的关系，学会职业决策，从小根据自己感兴趣的职业目标，从知识、技能和综合素质方面锻炼自己的职业竞争力。选择职业方向，确定未来的生活道路，是初中时期学生生活中的一个重要任务。初中生自我意识得到了较大的发展，能在一定程度上进行适当的自我评价，他们可以综合认识和考虑自己的兴趣、能力与职业社会价值、就业机会，初步进行择业尝试和探索。在初中阶段进行职业生涯规划教育，有助于提高初中生的职业意识、探索职业兴趣，提高学生的自我决策能力以及对自己未来进行规划的意识和能力。

二、教学目标

1. 培养学生树立职业生涯规划意识。

2. 增强学生对自我的认识，并结合职业生涯规划原则，在教师的引导下尝试初步建立职业生涯规划。

三、教学重点

1. 培养学生树立职业生涯规划意识。

2. 初步建立职业生涯规划。

四、教学难点

初步建立职业生涯规划。

五、教学方法

讲述、讨论和分享、联想和想象。

六、教学时间

45 分钟。

七、教学对象

初中三年级学生。

八、教学准备

白纸、彩色笔。

九、教学过程

1. 故事导入（《马和驴子的故事》）。

在唐太宗贞观年间，有一匹马和一头驴子，它们是好朋友。贞观三年，这匹马被玄奘大师选中，出发前往印度取经。17 年后，这匹马驮着经书回到长安，重到磨坊会见驴子朋友。老马谈起这次旅途的经历，浩瀚无边的沙漠，高耸云霄的山岭，凌云的冰雪，壮阔的波澜……神话般的一切，让驴子听了大为惊异、好生羡慕！驴子惊叹到：“你有多么丰富的见闻呀！那么遥远的道路，我连想都不敢想。”“其实，”老马说：“我们走过的距离是大体相等的。当我向西域前进的时候，你一步也没停止。不同的是，我同玄奘大师有一个遥远的目标，按照始终如一的方向前进，所以我们走进了一个广阔的世界。而你被蒙住了眼睛，一生就围着磨盘打转，所以永远也走不出这个狭隘的天地。”

学生分享：这个故事带给你的感触、启发或思考是什么？

我们要像故事中的马一样，做事情一定要有一个长远的目标，并为之奋斗，对于人生来说，尤其如此，要懂得合理规划自己的职业生涯，有目标有计划地前进。

今天，我们就来关注一个话题：初中生职业生涯规划。（多媒体显示课题。）

何谓职业生涯规划？（多媒体显示。）

职业生涯规划也叫职业生涯设计，是指个人和组织相结合，在对一个人职业生涯的主客观条件进行测定、分析、总结研究的基础上，对自己的兴趣、爱好、能力、特长、经历及不足等各方面进行综合分析与权衡，结合时代特点，根据自己的职业倾向，确定其最佳的职业发展方向，并为实现这一目标做出行之有效的安排。

2. 职业生涯幻游

（1）职业生涯幻游（伴轻音乐）

放松指导语：尽可能放松，使你自己能舒服地坐在椅子上……现在，闭上眼睛并完全放松自己……舒缓你的呼吸……看看身体还有哪些地方还紧张，请放松、放松、放松……现在，我希望你想象自己经由时空旅行来到未来的二十年，二十年后的世界……二十年后的你是什么样子，你在做什么，你周围是些什么样的人……好，我们回到现在，回到学校及教室来……好了，你回来了……开始看看这周遭的一切，欢迎你旅游归来。

（2）彩绘职业人生

指导语：好了，你回来了。开始看看周围的一切，请你不要说话，用画笔或文字把刚才的旅途心境与感受描绘出来。

（3）分享

二十年后的我从事的工作（含读书）的描述（多媒体显示）：

二十年后的我居住的场所在______________。

二十年后的我居住的场所周围的环境是______________。

二十年后的我居住的场所周围的人群是 ______________。

二十年后的我从事的工作是______________。

二十年后的我从事的工作具体内容是______________。

二十年后的我从事工作的场所是______________。

二十年后的我工作的场所周围环境是______________。

二十年后的我工作的场所周边人群是______________。

请说明下列问题：

我在幻游过程中，印象最深刻的画面是__________。

我在幻游过程中，对比现在环境最大的不同是____________。

我在进行幻游后，我的感觉是______________。

我认为我未来会从事______________职业。

3. 生涯规划

(1) 讲述：你未来想从事这一职业的理由，并听听同学的意见。

选择的理由：__________。

同学的意见：__________。

(2) 讨论：在憧憬未来时，你都考虑了哪些因素？还应考虑哪些因素？

我的考虑：________。

还应考虑的因素：__________。

(3) 教师小结：

根据学生在制定职业生涯规划时考虑到的问题，教师总结出影响制定职业生涯规划的几大因素（多媒体显示）：

①当前的经济状况；

②亲人和朋友的影响；

③社会环境、竞争环境对择业决策的影响；

④个人兴趣、志向对择业决策的影响；

⑤个人能力、体格、气质、性格、价值观对择业决策的影响。

可能出现的特殊情况：有些因素学生可能没有考虑到。

对策：教师可通过一些案例来适当引导学生。

(4) 规划指导：

个人职业生涯规划设计应该遵守如下准则（多媒体显示）：择己所爱、择己所长、择己所利、择世所需。

依据此原则，通过问自己以下几个问题，职业生存规划就明确了（多媒体显示）：

①What are you?

首先问自己，你是什么样的人？这是自我分析过程。分析的内容包括个人的兴趣爱好、性格倾向、身体状况、教育背景、专长、过往经历和思维能力。这样对自己有个全面的了解。

②What do you want?

你想要什么？这是目标展望过程。包括职业目标、收入目标、学习目标、名望期望和成就感。特别要注意的是学习目标，只有不断确立学习目标，才能不被激烈的竞争淘汰，才能不断超越自我，登上更高的职业高峰。

③What can you do?

你能做什么？你的专业技能何在？最好能学以致用，发挥自己的专长，在学习过程中积累自己的专业相关知识技能。

④What can support you?

什么是你的职业支撑点？你具有哪些职业竞争能力？你的各种资源和社会关系如何？个人、家庭、学校、社会的种种关系，也许都能够影响你的职业选择。

⑤What fit you most?

什么是最适合你的？行业和职位众多，哪个才是适合你的呢？选择最好的并不是合适的，选择合适的才是最好的。

⑥What can you choose in the end?

最后，你能够选择什么？

（5）教师总结：

通过前面的过程，你就能够做出一个简单的职业生涯规划了。机会偏爱有准备的人，你做好了你的职业生涯规划，为未来的职业做出了准备，当然比没有做准备的人机会更多。

4. 小结

最后，希望大家经过这次辅导，能够更好地了解自己的职业倾向，从而在专业选择和择业过程中能够进行有意识的选择，并在工作中扬长避短，最终在未来的职业生涯中获得最大的成功。

5. 课外拓展

我的规划：（1）未来我想从事的职业；（2）实现这一目标可能的途径；（3）实现这一目标的步骤及方法。

十、案例评析

本案例用马和驴子的故事引入主题，通俗易懂又引人深思。然后又用想象的方式构建自己未来的职业生涯蓝图，学生的参与度高，每个人都会有自己的切身感受和体会。再引导学生思考职业选择的影响因素，初步建立自己的职业生涯规划，层层深入，环环相扣，设计得很好。职业生涯规划应遵守的准则，以及要自我询问的六个问题，涉及的内容很多，在课堂上老师要根据情况选取重点的来讲，如果面面俱到的话，可能无法触动学生的内心。

课例二：三百六十行

湖南人文科技学院　胡小兰

一、教学理念

每一个人都向往美好、辉煌的人生。学校的学习是未来事业的准备，一份具体的职业才是个人发挥才华、服务社会的安身立命之所。因此，一个学生逐步培养起自己善于规划人生路途、善于选择适当职业的能力，就成为事业成功的条件之一。而且社会环境与职业环境是在不断变迁的，帮助初中学生认识社会与职业，认识职业与“我”是非常必要的，也是非常重要的。

二、教学目标

1. 认识各类职业及其职业的特点，了解职业选择的各种因素。

2. 明确职业准备与择业的关系，逐步树立自己的职业理想。

三、教学重点

1. 了解各种职业的特点和影响职业选择的各种因素。

2. 逐步树立自己的职业理想。

四、教学难点

职业准备与择业的关系。

五、教学方法

讲述，讨论和分享，联想和想象。

六、教学时间

45 分钟。

七、教学对象

初中一年级学生。

八、教学准备

“家庭职业树”挂图和发给学生的画有“家庭职业树”图的纸（A4 纸大小）。

九、教学过程

1. 导入：职业万花筒

让我们一起来看看这段熟悉的情境：

早上起床，我一看闹钟，快七点了！我赶紧套上衣服，拿起桌子上的牛奶和面包，走出家门。今天是星期六，公交车不挤，我找了个位子坐下，慢慢吃着早餐。下了车，我匆匆向路边的垃圾箱投去手上的包装袋，可惜“投篮”不准，落到了“篮”外。不管了，要赶时间，反正会有人来扫的！一进教室，老师已经在黑板上写下了许多题目，看来这个上午又是“题海大战”了！

（1）请你写出在这段情境中出现的职业。

（2）除了这些职业，你还知道哪些职业？

以上内容可个人完成，也可在小组内完成，并派代表在全班交流。

（老师可通过学生的讨论和交流，着重引导学生认识和了解各行各业不同的职业和名称，特别是近年来出现的一些新兴职业。）

2. 职业模仿秀

各小组讨论准备职业模仿秀，选择一种职业，可以是一个人表演，也可以是多人表演，不能说话，尽量通过自己的肢体语言，模仿这些职业的相关动作，请其他同学来猜一猜，这是哪些职业。请该组的同学说出这种职业的特点，其他同学补充。

老师小结：的确，职业是五花八门、各种各样的，而且职业是各有特色、各有专长的。

（该游戏主要是让学生通过自己的参与和表达，了解不同职业的特点。老师要主要调动全体学生参与活动，至于是个人还是多人表演，要根据班级学生的人数和情况而决定。）

3. 活动：息息相关

（1）每个同学写出：你认为哪些职业与你的生活关系最密切？

（2）小组内交流各自所写的内容；

（3）思考：在众多的职业中，你最喜欢哪些职业（选择三个职业）？你希望将来从事什么职业？

（4）请完成下列选择：

影响到人们选择职业的因素很多，你喜欢的三个职业，是什么东西吸引了你？

①工资高

②福利好

③工作稳定

④工作环境好

⑤能充分发挥自己的才能

⑥能提供较好的受教育机会

⑦工作轻松

⑧有较高的社会地位

⑨符合字的兴趣

⑩社会贡献大

最重要的因素：（　　）（　　）

最次要的因素：（　　）（　　）

（5）有人这么说，你赞成吗？请同学分享感受。

如果从事一个职业仅仅是为了生活、为了赚钱，一个人就不会投入其全部身心力量。这个职业充其量只能称为“生计”。

如果从事的职业能够符合自己的价值观、兴趣、需要和特长，同时又符合社会发展需要，一个人就会投入自己全部的智慧和精力，甚至不惜自我牺牲。这样的职业应该就是其生命成长和发展的过程。

4. 我的家庭职业树

（1）请每个同学在“我的家庭职业树”的树叶上，贴上你家人的职业，并想一想，这颗家庭职业树对你有什么意义？

（2）老师在挂图上完成自己的“家庭职业树”。

（3）同学们画好后，老师向同学们讲述职业的家庭特点及对自己职业选择的影响。

(4) 鼓励学生进行自我分析并在全班分享。

5. 考考你

你知道下列名人的职业吗?

周恩来　张炳贵　林　肯　徐霞客　陈景润　侯宝林　鲁　班　徐悲鸿
贝多芬　贝　利　陶行知　爱迪生　徐　虎　时传祥　曹雪芹　达尔文

你们还能说出更多名人的职业吗?这些名人的职业对你有什么启示?

老师小结:三百六十行,行行出状元。要成为状元,首先要选择适合自己的职业。

(在此,老师要促使学生反思名人的职业与成名的关系,从而引导学生进入对未来学习、生活和职业的向往和期待,以积极乐观的态度去迎接明天的一切。)

人不能没有梦想,更不能没有行动。

把明天放在心中,握在手中,实现在奋斗中。你准备好了吗?

(在音乐《我的未来不是梦》中结束。)

十、案例评析

本课的内容和目标指向初中生未来生活和职业选择,教师通过运用学生个人材料、他人经验和职业现状,引导学生认识职业、了解职业,并初步确立职业理想,充满信心地走向明天的生活。选题很好,内容和目标的把握比较到位,设计符合初中年龄阶段的学生特点,并从学生熟悉的生活片段导入,帮助学生来了解职业,既亲切又新颖,既形象又能激发兴趣。总体来说,是一堂很不错的择业辅导的心理课。

职业模仿秀游戏中,教师要调动学生的参与积极性,但要注意游戏的时间不可过长。在“我的家庭树”及学生未来职业的选择活动中,老师不要对职业进行太多的评价,而应该关注自己选择职业背后的理由。

课例三:合理做好生涯规划

娄底市第三中学　李丽

一、教学理念

根据生涯发展大师舒伯的生涯发展阶段论,高中阶段属于探索阶段,该阶段的青少年,通过学校的活动、社团休闲活动等机会,对自我能力及角色、职业作了一番探索。这个阶段发展的任务是:使职业偏好逐渐具体化、特定化并实现职业偏好。高中生又处在探索阶段的试探期(15 岁至 17 岁),考虑需要、兴趣、能力及机会,作暂时的决定,并在幻想、讨论、课业及工作中加以尝试。

二、教学目标

1. 认识到高中生职业生涯规划的作用及意义。

2. 初步了解什么是生涯规划。

3. 对自己的人生进行初步规划，并在以后的生活中有意识地调整。

三、教学重点

从思想上重视生涯规划，并付诸实践。

四、教学难点

从思想上重视生涯规划，并付诸实践。

五、教学方法

讲授法，心理测试法，分享交流。

六、教学时间

45 分钟。

七、教学对象

高中一年级学生。

八、教学准备

多媒体课件。

九、教学过程

1. 高中生职业规划的必要性

（1）导入：旅游小调查

我们班喜欢旅游的同学请举手？下面我请大家设想这样一个场景，高考结束后，你和几个好朋友要进行一次旅行。旅行前你们要做些什么呢？请旅游达人回答。

首先考虑：我们要去哪里玩？能玩几天？我们有多少钱？跟团还是自由行？采用什么交通工具？当地的气候条件如何？

小结：对于旅行，同学们都有自己的计划。经常去旅游的人都会做旅游攻略，通常提前一年或半年，把当地的好吃的好玩的都弄清楚，这样旅行会更有效率。

提问：那么，人生呢？对于职业生涯，这个人生重要的旅行，我们有多少人是没有经过任何筹划就上路了！

（2）中学生需要职业规划吗？

①据了解，已经考入大学的许多大学生因为对其所报学校专业缺乏了解，导致入学后学习兴趣不高。某高校研究调查显示，超 5 成大学生认为目前就读专业不理想。

②有些大学生所学的专业就是父母选择的，父母根据他们以往的经历选择一些就业似乎稳定的专业，如财务、教育、医生，但孩子本人是属于很感性、创新能力很强的个性，根本就不喜欢父母所选择的专业和职业，但又不容易放弃。

③还有些大学生只是选择了一所大学，在专业方面就没做什么选择，其实就根本没什么规划，所以，对毕业后做什么工作、是否继续深造等都非常迷茫。

名人名言：一个了解自己天分的人未必会大获成功，而一个不了解自己才能的人必然会一事无成。美国励志学运动先驱成功的人生需要正确的规划，你今天站在哪一个位置并不重要，但是你下一步迈向哪里却很重要。方向重于位置。俗语云：人无远虑，必有近忧；凡事预则立，不预则废；成功只光顾那些有准备的人。

2. 了解职业生涯规划

生涯的字面理解就是：生，活着；涯，边际，指人的一生的发展道路；职业生涯指一个人一生工作经历中所包括的一系列活动和行为高中生职业生涯规划：让中学生尽早认识自我，认识职业，学会职业决策，从小根据自己感兴趣的职业目标，从知识，技能和综合素质方面锻炼自己的职业竞争力。

我的岛屿计划

恭喜你！你获得了一次免费度假旅游的机会，可以到以下六个岛屿中的一个去旅游，唯一的要求是你必须在这个岛上待满至少一年的时间。请不要考虑费用等其他的因素，仅凭自己的兴趣，按一、二、三的顺序挑出你最想前往的三个岛屿。（该纸将在高一各班循环利用，请不要在上面涂画。）

R 岛　自然原始的岛屿。岛上自然生态保持得很好，有各种野生动物，也有相当规模的动物园、植物园、水族馆。岛上居民以手工见长，自己种植花果蔬菜、修缮房屋、打造器物、制作工具，喜欢户外运动。

I 岛　深思冥想的岛屿。岛上人迹较少，建筑物多僻处一隅，平畴绿野，适合夜观星象。岛上有多处天文馆、科技博览馆以及图书馆等，岛上居民喜好观察、学习、沉思、追求真知，常有机会和来自各地的哲学家、科学家、心理学家等交流心得。

A 岛　美丽浪漫的岛屿。岛上充满了美术馆、音乐厅，街头雕塑和街边艺人，弥漫着浓厚的艺术文化气息。同时，当地的原住民还保留了传统的舞蹈、音乐与绘画，许多文艺界的朋友都喜欢来这里找寻灵感。

S 岛　友善亲切的岛屿。岛上居民个性温和、十分友善、乐于助人，社区均自成一个密切互动的服务网络，人们重视互助合作，重视教育，关怀他人，充满人文气息。

E 岛　显赫富庶的岛屿。岛上的居民热情豪爽，善于企业经营和贸易，能言善道。岛上的经济高度发展，处处是高级饭店、俱乐部、高尔夫球场。来往者多是企业家、经理人、政治家、律师等。

C 岛　现代化、秩序井然的岛屿。岛上建筑十分现代化，是进步的都市形态，以完善的市政管理、地政管理、金融管理见长。岛民个性冷静保守，处事有条不紊，善于组织规划，细心高效。

结果：六个岛屿代表着六种典型的职业生涯兴趣类型。美国心理学家霍兰德是著名的职业指导专家，提出了性格类型——职业匹配理论。他认为学生的性格类型、学习兴趣和将来的职业密切相关。（见表 7－1。）

表 7－1　人格类型与职业类型对应表

类型	特征	职业
选择 R 岛：实用型（Realistic）	喜欢和事物打交道（工具、机械、设备），用手、工具、机器制造或修理东西。愿意从事事务性的工作，喜欢户外活动或操作机器，而不喜欢在办公室工作。	制造业、渔业、野外生活管理业、技术贸易业、机械业、农业、技术、林业、特种工程师和军事工作等。
选择 I 岛：研究型（Investigative）	处理信息（观点、理论），喜欢探索和理解、研究那些需要分析、思考的抽象问题。喜欢独立工作。	实验室工作人员、生物学家、化学家、社会学家、工程设计师、物理学家和程序设计员等。
选择 A 岛：艺术型（Artistic）	喜欢创造，喜欢自我表达，喜欢写作、音乐、艺术和戏剧。	作家、艺术家、音乐家、诗人、漫画家、演员、戏剧导演、作曲家、乐队指挥和室内装潢人员等。
选择 S 岛：社会型（Social）	喜欢与人合作，热情关心他人的幸福，愿意帮助别人解决困难。	教师、社会工作者、牧师、心理咨询员、服务性行业人员等。
选择 E 岛：企业型（Enterprising）	喜欢领导、支配和影响别人，或为达到个人或组织的目的而善于说服别人，希望成就一番事业。	商业管理、律师、政治运动领袖、营销人员、市场或销售经理、公关人员、采购员、投资商、电视制片人和保险代理等。
选择 C 岛：事务型（Conventional）	喜欢组织和处理数据，喜欢固定、有秩序的工作或活动，希望确切知道工作的要求和标准。愿意在一个大的机构中处于从属地位。	会计师、银行出纳、簿记、行政助理、秘书、档案文书、税务专家和计算机操作员等。

3. 进行初步的职业规划

知己　　知彼　　　生涯探索

目标　　　　　　　生涯抉择

方法　　　　　　　生涯行动

（1）知己——自我探索

进行气质类型测试，性格类型测试，情商水平测试；性格与职业适应性测试，兴趣、能力、倾向测试。

兴趣是职业生涯选择的重要依据，兴趣可以提高你的工作效率，充分发挥你的才能，兴趣是保证职业稳定性和工作满意度的重要因素。

（2）知彼

职位（专业）需要哪些技能？要做什么，要学什么？通过这些方式获得：生活的阅历，父母亲朋的经历，老师同学的交流，亲身体验。

（3）目标

哈佛大学生关于目标的调查：

①长远目标尽可能伟大，不必要求详细，精确：随着成功经验的增加，人会站得更高，这样对长期目标的确立会逐渐清晰明确。

②中期目标既有激励价值，又要现实可行。

③短期目标尽可能明确，并限定时间：只有具体明确的目标才具有激励和指导价值。人的大脑只会按照具体明确的目标去行事。

④职业生涯目标要与生活目标相结合：财富，婚姻，健康，朋友。

4. 制定行动计划与措施

既然我们已经有了目标，那么，为了实现我们这个目标，我们应该做一些什么呢？

我适合的职业是什么？为了从事这个职业，我高中阶段应该做什么？这个学期应该做什么？我现在应该做什么？

在确定了职业生涯目标之后，就要制定相应的行动方案来实现它们，把目标转化为具体的方案和措施。在这一过程中高中阶段比较重要的行动方案有文理的选择、高考填报志愿专业的选择、院校的选择等。要根据自身在观念、知识、心理素质与能力等方面与自己的理想的职业目标要求的差距制定有效的计划。

5. 评估与反馈

俗话说："计划赶不上变化。"要保持高效率，制定目标不应该只此一次，有人把目标定好了，就躺下来睡觉了。定出来的目标还要时时检查规划、执行，并以发展的眼光来评估。

未来是不确定的，所以你要不断地学习充实自己，打造自己的核心竞争力，才能在未来的生活中获得更大成功。

十、案例解析

本课的重点的在于兴趣岛和目标设立，职业规划很重要，但是对于有些学生来说有点遥远或者说枯燥，所以用比较有趣的测验带大家进来，再理性分析，能够取得较好的效果。

第五节　主题五——情绪管理

课例一：认识情绪

娄底市第三中学　李丽

一、教学理念

初中生是情绪波动很大，大部分初中生都进入了青春期，情绪不稳定，十分有必要学习情绪方面的知识。良好稳定的情绪也是心理健康的标准，同时是学生更好地进行学习、生活、人际交往的一个条件。

二、教学目标

1．帮助学生了解情绪的一般概念、情绪的基本分类。

2．帮助学生表达情绪。

3．唤起学生对健康情绪的关注，让学生以健康的心态迎接挑战、迎接生活。

三、教学重点

正确地表达情绪。

四、教学难点

正确地表达情绪。

五、教学方法

讲授法，小组讨论，游戏。

六、教学时间

45 分钟。

七、教学对象

初中学生。

八、教学准备

多媒体课件、白纸、彩笔。

九、教学过程

1．游戏导入

师：同学们，我们来玩一个游戏，这个游戏的名称叫“抓手指”，心理委员上来和我一起做一下示范。请同学们伸出左手，手掌掌心向下，右手竖起食指，放在旁边同学左手手掌下，嗯，对，就是这样，等会我会喊 1、2、3、4，大家听到 4 的时候右手食指要赶快逃脱，而左手要去抓旁边同学的食指，但是如果没有说 4 而去抓就算犯规，我说清楚了吗？好，谢谢心理委员，游戏开始，12、

123、123、1234……

刚刚大家抓住别人是什么感受？（开心。）不小心被别人抓住呢？（无奈、可惜。）想抓住别人但是总是抓不住是什么感受呢？（失落、懊悔、难受。）别人在等待老师喊指令“4”时是什么感受？（焦虑、紧张。）刚刚这样一个小游戏就可以体验到不同的情绪，我们今天讲的主题正好就与情绪有关，主题就是展示PPT——“做情绪的主人”。

2. 认识情绪

师：我们来看一位著名摄影大师吉尔·格林伯格的奇思妙想（PPT 演示）。

突然拿走棒棒糖，小孩产生了各种反应，从面部表情可以明显看出，他有各种情绪。情绪是指什么呢？

（1）定义：情绪是指人对客观事物是否满足自己需要而产生的一种既短暂又强烈的生理和心理反应。（一般来说，人的需要得到满足时，就会产生愉快的情绪：快乐、喜欢、满足……反之，当一些事情不符合或不能满足人的需要时，就会引起不快的消极情绪：恐惧、痛苦、焦虑、难过……如吉尔的奇思妙想中小孩需要没被满足产生的各种反应。）

（2）四种基本情绪：喜怒哀惧

师：我们人类有四种最基本的情绪，是什么呢？嗯，对，就是喜怒哀惧，我们接下来请同学还来玩个游戏：画情绪脸谱。

（由学生上台展示喜怒哀惧四种最常见的情绪脸谱。）

师：看来大家都是情绪绘画高手。刚刚大家画出了情绪的表情行为，情绪还有生理变化（心律、血压、呼吸、内分泌、消化系统变化）和主观体验。

（3）情绪分类

请4个学生在黑板上写出自己曾经感受到的情绪，以及现在正在感受的情绪。

归纳情绪的种类，提出情绪的正负性标准：

与自己的需要相符合，则产生积极情绪，体会满足和幸福感，即愉快、欢乐、爱。

与自己的需要不相符合，则产生消极情绪，体会失败感和不安全感等情绪。

跟学生一起将列在黑板上的情绪分成积极情绪和消极情绪。

3. 表达情绪——情绪播报站

在坐标图上，将代表自己最近三天情绪的“情绪图标”画在相应的时间段上。可以用颜色，可以仿照天气预报，也可以自己创新，自由发挥。

注意：偏离坐标原点的程度代表情绪的强度。

小组讨论：

（1）每个成员把自己的“情绪播报”用语言描述出来，说明影响情绪的原因。

（2）全部发言完毕后，全组要推选一份最有特色的“情绪播报”，在全班展示。

展示时，同学们要尊重和保护别人的情绪。展示完毕后，猜一猜，你能根据“情绪播报”中的哪个图标，读出哪种情绪？

师：今天，我们通过“情绪播报站”的活动，以“写、画、说”的形式表达了自己的情绪。同学们表现得很棒！

十、案例解析

认识情绪、表达情绪也是很重要的一环，本课通过游戏、图片、讨论让大家来了解、体验情绪，为下节课做好准备。学生在制作情绪播报站时也会激发他们的灵感，同时以前的情绪有机会通过他们自己的方式呈现，对他们来说是一种疗愈。

课例二：调适情绪

娄底市第三中学　李丽

一、教学理念

初中学生情绪不稳定，容易波动，情绪极其丰富，并带有一定的隐蔽性。本次活动针对初一学生的情绪特点，在一种坦诚宽松的气氛中，使学生认识到调节情绪的重要性，掌握调节情绪的方法，这对他们的成长具有重要意义。

二、教学目标

1. 帮助学生掌握缓解消极情绪的方法。

2. 引导学生培养积极愉快的情绪，使自己有一个好心情。

三、教学重点

掌握缓解消极情绪的方法，培养积极愉快的情绪。

四、教学难点

掌握缓解消极情绪的方法，培养积极愉快的情绪。

五、教学方法

故事教学法，小组讨论。角色扮演法。

六、教学时间

45 分钟。

七、教学对象

初中学生。

八、教学准备

多媒体课件、歌曲。

九、教学过程

1. 故事导入；《成吉思汗和大鹰的故事》

师：同学们，我们希望自己经常保持愉快的情绪，但是不愉快的情绪总是难免的，那么不愉快的情绪频繁地出现或延续下去好不好呢？下面我们先来看小品表演，请同学们边看边思考两个问题：

（1）小品中的人物出现了几种消极情绪？

（2）这些消极情绪对小品中的人物产生了什么影响？

小品表演：《他落入了情绪的深渊》

学生刘涛、王波各自在看刚发下的数学考卷。刘涛自言自语：“唉，这下完了。79分，比上次下降了10分，爸爸妈妈一定会对我很失望。这道题怎么多扣我2分，老师从来没对我有过好感。”然后就趴在课桌上闷闷不乐。王波叫刘涛：“刘涛，放学了，我们一起走吧。”刘涛不理。王波上前看刘涛的考卷说：“哎呀，第三道题你不是复习过吗？怎么做错了？真可惜。”刘涛冷冷地回答：“是呀，我脑子笨，有什么可惜，有的人开心还来不及呢！”王波安慰说：“你不要太难过了，我上次测验也只有75分。”刘涛回答：“猫哭老鼠，假慈悲。”

（旁白：第二天，刘涛的考卷没有让家长签名，看见数学老师总是避开，数学课无精打采，作业也越来越不认真，还常常迟交。）

学生讨论、回答，教师归纳，并板书。

刘涛这样做不仅影响了学习潜力的发挥，影响了同学关系，形成对老师的消极态度，甚至还会使自己的性格产生扭曲。

师：“人生不如意之事，十之八九”，每个人都会在学习、生活、工作中遇到困难，遭受挫折，引起心情不愉快，这是很正常的一种情绪体验。请回忆以前遇到的不愉快的事情，想一想后来你是怎样变得高兴起来的？请大家各抒己见，帮刘涛“走出深渊，登上顶峰”。现在我们来分组讨论。

（设计意图：通过小品表演，使学生明白人容易陷入消极情绪，影响到师生关系、同学关系，使自己的人格扭曲，因而要使消极情绪及时得到缓解。小品中的人物由学生扮演，突出学生的参与性，容易吸引学生的注意力，增强学生的情绪体验。）

2. 小组讨论：头脑风暴法

（1）开展“走出深渊，登上顶峰”讨论

①每六个学生一组进行小组讨论。

②讨论要求：

A. 小组成员中选出一人执笔、一人监督，大家畅所欲言。

B. 尽可能多地说出缓解消极情绪的方法。

C. 调节情绪的方法暂时没有好坏之分。

③教师引导

每个同学至少列举一次曾使自己情绪消极的事件，着重谈谈该事件带给自己怎样的心理感受或体验，以及对自己身体、生活的影响，最后自己是用什么方法来消除这些不良情绪的。相信每个同学都会毫无保留地介绍自己的经验，这样每个人都会受益匪浅。

（设计意图：发挥团体优势，促使团体成员提出更多的见解，并学会分享他人的想法。）

（2）班级交流，分享性活动

①要求：每个小组派一名学生介绍摆脱消极情绪困扰的方法。

②教师在班级交流时适当启发引导。

A. 在刚才同学们说的诸多方法中，有哪些方法很好？有哪些方法需要改进一下？

B. 你还有哪些更好的方法？请介绍给大家。

C. 请大家比较，各小组中哪个小组的同学介绍的方法最多、最好。

③教师和全班同学口头对最佳小组表示祝贺。祝贺语：“你快乐，我开心”。

④教师归纳同学们介绍的方法。（PPT 演示。）

A. 合理宣泄：写日记、找朋友倾诉；

B. 转移注意：听音乐、运动、阅读、看电影；

C. 自我暗示：我一定能战胜困难，我是快乐的；

D. 理解宽容：老师是为我好；

E. 激励进取：努力学习，争取成功；

F. 调整目标：我目前的水平可以达到 80 分；

G. 改变认识：我并不笨，只是潜力没有发挥出来。

（设计意图：此活动在于让学生意识到别人的观点、看法对自己很重要，自己可以从中学到很多东西。）

（3）巩固练习，现场演练

师：让我们再来分析一下刚才的小品。小品中的刘涛同学有消极情绪，起因是数学测验成绩下降 了 10 分，他愤怒、烦恼、失望、痛苦，这样做不利于提高自己的学习成绩。通过我们刚才讨论的方法，现在你能对他说些什么，让他“走出情绪的深渊”？

3. 总结

经过大家的交流与总结，同学们了解了许多调节情绪的方法，找到了适合自己调节情绪的方法，如找朋友倾诉、写日记、阅读、保持乐观心态等。如果我们能把这些方法用于学习和生活中，相信我们一定能从情绪的深渊登上情绪的顶峰，获得好心情。有一句名言说：“天空虽有云，但乌云的上面，永远会有太阳在照耀。”让阳光永远照耀着我们的心灵，助我们愉快度过每一天。

（以《幸福拍手歌》结束本课。）

十、案例解析

首先，通过故事引入情绪需要管理，又通过小品表演的形式，让学生体验消极情绪。然后，让学生结合自己的情况，探讨缓解消极情绪的方法。接着，引导学生用头脑风暴法，讨论如何拥有好心情。最后，针对小品现场演练，检验并强化活动效果。这样设计在于着力营造一种人人参与、体现学生主体的思想，突出活动课的特点，融趣味性、可操作性于一体。

课例三：积极思维，健康成长

娄底市第四中学　胡志英

一、教学理念

生活中，人们的烦恼和不快，常常与自己看待事情的思维方式有关，凡事都有两面性，常用积极的思维方式看待问题，是一种难能可贵的人生态度。本课通过生动的故事和实际生活中的事例，让同学们看到积极思维方式带来的积极结果，从而化解逆境，消除烦恼，走向成功。

二、教学目标

1. 认识到凡事都有两面性，积极的想法会带来积极的结果。

2. 能够用积极的思维方式面对实际问题。

三、教学重点

认识到积极的想法会带来积极的结果。

四、教学难点

运用积极的思维去看待和解决日常生活中的实际问题。

五、教学方法

听故事，表演小品，主题活动，体验感悟，讨论交流。

六、教学时间

45 分钟。

七、教学对象

初中二年级学生。

八、教学准备

多媒体课件。

九、教学过程

1. 热身游戏

听老师的口令，同时做出与口令相反的动作。难度不断升级，速度越来越快。

游戏规则：老师发出指令，学生要做出与指令相反的动作。比如老师说“点头”时，学生要摇头；老师说“抬头”时，学生要低头；老师说“起立”时，学生要坐下，等等。

学生根据口令按要求做出相应动作，从游戏导入课题。

师：能控制我们的行为的，是我们的大脑。

2. 讲故事

（1）牛仔大王李维斯：《这真是太棒了！》

1. 听故事：从前，有一位年轻人跟随人潮去西部淘金，一条大河挡住了去路，一些人绕道走了，一些人打了退堂鼓，而更多的是怨声一片，原路返回了……这位年轻人想了很久，兴奋的跟自己说："真是太棒了，这样的事情竟然发生在我身上，给了我一次好机会！"于是，他在大河边做起了摆渡生意，就这样，他得到了人生的第一笔财富。

后来，他的钱被人敲诈了，他又身无分文，陷入困境，他又想起了那句话："真是太棒了，这样的事情竟然发生在我身上，又给了我一次机会。"他看着周围废弃的帐篷，默默地把它们收集起来并清洗干净，之后，他缝出了世界上第一条牛仔裤！他，就是举世闻名的"牛仔大王"——李维斯。

（2）分享心得：请同学们分享听完故事的感受。

（3）教师总结——凡事都有两面，想法决定结果。

3. 表演小品

小明和小宇两个学生结伴同行，迎面走来了一位同班的同学小华，小明和小宇向小华点头微笑示意，小华却好像视而不见，毫无反应地走了过去。

小明很生气，小宇却很平和，好像什么都没发生过。

（请三名同学上台表演。）

师：面对同一件事，小明和小宇的反应为什么不同？他们是怎么想的？

生1：……

生2：……

生3：……

师：小明和小宇之所以出现不同的情绪反应，是因为两人对同一事件的看法或评价不同。小明生气，可能是他认为小华对自己的招呼不做理会，是看不起自己；小宇很平和，是因为他站在小华的角度去考虑，小华不理自己可能是他心情不好，或者正在想事情没有注意到他们。

同样一个事件A，由于有了个体对于该事件的不同的认识、理解和评价，而出现了不同的情绪反应C。

事件A与情绪C并非直接相关，而是有一个非常重要的中介因素起作用，那就是B，也就是当事人本身对事件的看法、认识和评价。B才是关键。

4. 主题活动一：创设情境

活动过程：创设学生日常生活学习中的真实情境，同学们讨论后，分甲乙两方辩论，甲方用消极的思维方式看待问题，乙方用积极的思维方式看待和解决问题。

四个情境分别是：

(1) 考试成绩不理想

甲：又没考好！看来我再也赶不上了，我太笨了，天生不是读书的料……

乙：虽然这次考试成绩还是不理想，可毕竟有了一点点进步。

甲：……

乙：看看是哪些地方丢了分，哪些知识点没掌握，我再加把劲……

(2) 孩子因为妈妈喜欢唠叨、管束太严而与妈妈产生了冲突

甲：妈妈老是唠唠叨叨、啰里啰唆，整天只要我读书、写作业，玩一会都不行，真是烦死人！

乙：妈妈可能教育方式不对，可是，妈妈是为了我们好。

甲：……

乙：我们可以和妈妈好好沟通，完成作业后，让我们玩。

(3) 学生与老师之间发生了矛盾

数学课上，课堂纪律不太好，很多同学讲小话，小林更是站起来，大声喊后排的同学。数学老师批评他，还命令他站到讲台前，他感到难堪，顶撞老师，还说了脏话。数学老师是个刚毕业的年轻女教师，非常难过，后来在办公室里还哭起来。

放学后，班主任把小林留下来，问他为什么这样对待数学老师。课堂违反纪律，老师批评是对的啊，怎么能骂人呢？他说：当时很多同学都在讲小话，她为什么只针对我？老师偏心！看不起我！

甲：可能小林成绩不好，老师对差生有歧视，数学老师这样对待小林，确实不公平！

乙：很多同学讲小话，别人只是坐在位子上小声讲，而小林是站起来，大声喊后面的同学，比较这两种行为，哪一种违纪程度更严重？作为老师，自然选典型来批评。并非老师偏心。

甲：……

乙：老师批评同学，绝不是看不起同学，而是对同学的爱护。

(4) 骑行赛上自行车坏了

骑行赛上，阿龙的自行车忽然骑不动了，眼看着其他选手一个个从他身边飞驰而过，阿龙沮丧地坐在地上。

大伟的自行车也坏了，可是大伟立即检查问题出在哪儿，很快修好，骑上车往前追赶……

甲：阿龙太倒霉了！这次比赛完了！他反正比不赢了，干脆放弃算了。

乙：虽然大伟修车耽搁了一些时间，可是，只要他加油骑，还有希望得名次。

甲：……

乙：一蹶不振，那就永远不可能成功！

通过辩论，学生感受到了积极思维的作用。

5. 主题活动二

情境 1：你怎么开导别人？

一个老奶奶有两个女儿，一个开洗衣店，一个开伞店。老太太每天愁眉苦脸，晴天，担心开伞店的女儿生意不好；阴天，担心开洗衣店的女儿的衣服晒不干。

师：你怎么开导这个老奶奶？

生 1：……

生 2：……

师：老奶奶你好福气，阴雨天，你开伞店的女儿生意好，该高兴；出太阳，你女儿的衣服干得快，也该高兴。对你来说，哪一天都是好日子呀！老太太想一想，也真是这样，心情顿觉好多了。

情境 2：杯子里有半杯水，悲观的人怎么说？乐观的人会怎么说？

消极思维的人（愁眉苦脸）：唉，只有半杯水了……

积极思维的人（兴高采烈）：太好了，还有半杯水，我还可以……

6. 分享心得体会

（1）请同学们谈一谈这节活动课的收获。

（2）教师总结，送给同学们人生箴言：

我们不能左右天气，但我们可以改变心情。

我们不能选择容貌，但我们可以展现笑容。

我们不能控制别人，但我们可以把握自己。

我们改变不了事实，但我们可以改变心态。

十、案例评析

积极的思维，乐观的心态，是学生健康成长不可缺少的心理条件之一。老师采用交流讨论和问题解决的形式，创设日常学习生活情境，让学生坦诚交流、分享彼此的经验，探寻到解决问题的方法，学会如何运用积极的思维去看待事情，以乐观的心态去面对困难与挫折。这样的教学设计能够有效地激发学生主动参与探究的热情和愿望，在体验活动中成长。总之，这节课整个活动过程思路清晰、目标明确、主体突出、效果很好。

1. 根据学生的心理特点选择合适的教学材料。高一年级的学生抽象思维已经发展了，但形象思维还占了很大的比重。通过故事这种载体，不仅容易吸引学生的注意力，引起他们的兴趣，而且容易引发学生思考。

2. 学生表演小品，引发思考，让学生初步领会心理学上的情绪 ABC 认知理论。

3. 重视情境创设。通过辩论赛，学生学会了用积极的心态分析并解决问题，突破了教学难点。

（本课在2016年娄底市“心理健康教育”教学竞赛活动中获一等奖。）

课例四：自控，让你成为更好的自己

娄底市第四中学　胡志英

一、教学理念

1. 心理学关于自控力的简单阐释

自控力指善于掌握和控制自己的行为、情绪、语言和思想的能力。它贯穿意志行动的全过程，包括调节稳定情绪，克服干扰因素，抵制内外诱惑，正确合理决策。

2. 中学生普遍缺乏自控力

平时的教学实践中，同学们会与我探讨各种各样的问题。在学习方面，他们提得较多的问题是：“我希望认真听课，按时完成作业。可是，我上课忍不住讲小话，开小差，老师布置了作业，我总想先玩一会儿，等会儿再做，结果总是拖到最后……我该如何增强自控力？”他们为在学习中不能很好地管理自己、拖延学习而感到懊恼、自责、内疚。

3. 自控力课程开发的意义与目的

学生自控能力差不仅影响学习效率，更重要的是影响学生人格的成长，当他们总是控制不住自己，不能兑现自己的承诺时，就会觉得自己没有价值、没有能力，最终导致自信、自尊的丧失。针对这一状况，我设计了增强自控能力的心理教育课程，促进学生人格的健康发展。

二、教学目标

1. 让学生了解什么是自控力，认识自控力的重要性。

2. 如何加强自控力？

3. 学会自控，不受干扰，做事有韧性。

三、教学重点

自控力的重要性。

四、教学难点

怎样增强自控力。

五、教学方法

看视频，做测试，玩游戏，探究活动，亲身感悟。

六、教学时间

45分钟。

七、教学对象

初中一年级学生。

八、教学准备

1. 课前调查。

2. 多媒体课件。

九、教学过程

师：心理课是心灵的课堂，请同学们重温心灵课堂的约定：

A. 心灵课堂是心与心之间交流沟通的课堂。

敞开彼此的心扉，发自内心的，就是真实的，真实的就是美好的。

B. 心灵课堂是尊重温暖的课堂。

用心倾听，真诚理解，学会接纳，就是给予彼此最好的尊重和温暖。

1. 视频导入，揭示主题

首先，我要向同学们介绍一个经典心理学实验——棉花糖实验，也叫延迟满足实验。延迟满足，就是我们平常所说的“忍耐”，也就是说，这是一个关于自控力的实验。

现在，请同学们看视频。

香香甜甜的棉花糖，就摆在面前，小朋友们恨不得马上就吃掉。可是，如果等 15 分钟后再吃，可以多吃一颗棉花糖。每个小朋友都想得到这额外的奖励，可是，最终只有一部分小朋友吃到了两颗，他们和其余小朋友的差别在哪里？

生 1：……

生 2：……

师：对，他们之间的差别就是自控力的差别，意志力的差别。这一部分小朋友为了追求更大的目标，获得更大的享受，可以抵制眼前的诱惑，他们的自控力更强。

2. 合作探究，形成理念

（1）问一问

师：那什么是自控力？

生：……

师：同学们说得很好。自控力，简单地说，就是自我控制的能力，即一个人控制自己行为、情绪、语音和思想的能力。

（2）猜一猜

师：这个实验没有结束，心理学家跟踪调查了这些孩子长大后的情况。

自控力强的儿童，未来更容易发展出较强的社会竞争力、较高的工作和学习效率，具有较强的自信心，能更好地应付生活中的挫折、压力和困难，在追求自己的目标时，更能抵制住即刻满足的诱惑，而实现长远的、更有价值的目标。

自控力弱的孩子，则容易出现一些不良的行为习惯，如边做作业边看电视、上课时东张西望做小动作、放学后贪玩不回家、贪睡懒觉不起床等，容易性格急躁、缺乏耐心，出现心理问题的人也相对较多。进入青春期后，在社交中容易羞怯，遇到挫折容易心烦意乱，遇到压力就退缩不前或不知所措。

师：那么，同学们猜一猜，得到两颗棉花糖的孩子，和立即吃掉一颗棉花糖的孩子，成年后，他们的人生有何不同？

生：……

师：这个实验告诉我们，自控能让你成为更好的自己，拥有更好的人生。

（3）查一查

师：自控的反面是失控，失控分为几种状况——情绪失控、欲望失控、时间失控。

情绪失控型表现：不能很好地控制自己的喜怒哀乐，意气用事。比如与父母意见不合就乱发气、威胁要离家出走等；与老师、同学有摩擦，就顶嘴、吵闹、哭脸、打架……

欲望失控型表现：原先为自己定下的准则容易受到各种因素的影响。比如有些人正在学习，看到有同学在踢球，就心猿意马，也想出去踢球了。有些人规定自己每天晨跑，但一到天冷就坚持不了……

时间失控型表现：生活中，拖延症患者比比皆是。比如有些同学想把成绩赶上来，他们的口头禅永远是“从明天起，我一定要……”今天推后天，明天又推后天，就是没有行动。

一日三省吾身。请同学们反思，自己有哪些缺乏自控力的经历或者表现？

生1：……

生2：……

教师点评。

（4）议一议

师：请同学们讨论一下失控的危害。

生：……

情绪失控——会影响正常的学习生活，影响人际关系。一时冲动，甚至造成无法挽回的后果。

欲望失控——抵制不了生活中各种各样的诱惑，不仅永远也无法达成自己想要的目标，而且有可能走上邪路。

时间失控——会把大好时光白白浪费在无意义的事情上，导致任务堆积，生活被动，自尊、自信丧失。

师：失控的危害很大，就像一辆踩不住刹车的车子，后果不堪设想。同样，如果没有自控力，会让我们的生活变得一团糟。

（5）测一测

师：同学们，你们的自控力怎样呢？现在，大家来做个测试。

学生迅速答题，教师告知评分标准，学生算出总分。

同学们互相交流，然后，80分以上的同学举手，教师鼓励：同学们一定要从现在起，磨炼自己的意志，加强自控力。

3. 自我训练，加强自控

（1）玩一玩

现在我们来玩个游戏，看谁坚持不笑的时间最久？这个游戏分两轮。

①海选，人人参与。

和临近的同学两两（或三人）一组，一个作自控者，另一个做干扰者。

自控者表情严肃，干扰者想方设法逗笑对方。可以说笑话，扮鬼脸，做滑稽动作等。

游戏规则：不许肢体接触。

选出三名自控之星和三名智慧达人。

②现在进行第二轮。自控之星 PK 智慧达人。

请三名自控之星和三位智慧达人站到前台。

两两一组，面对面站着。智慧达人努力逗笑自控之星。

游戏规则：不许肢体接触。

看谁控制自己不笑的时间最长？

游戏结束，颁奖，请获奖同学发表获奖感言。

（2）学一学

师：在平时的学习和生活中，我们该怎样加强自控力？

①明确努力目标。

师：我要同学们做了课前调查，现在谁来说说。

生活在你周围的人，包括同学、老师、父母、邻居等等，你认为谁的自控力最让你佩服？你做小记者去采访他，请他谈谈为什么能自控？

如果你找不到这样的人，那就去找一找名人伟人的事迹，比如，林则徐制怒，毛泽东闹市读书，陈毅戒烟，邱少云任烈火烧身……思索探讨，促使他们这样做的动力是什么？

生：……

师：因为他们都有明确的目标，有强烈的愿望。

②调控自我意识（ABCD 法）。

其中 A 代表行为，B 代表现在，C 代表未来，D 代表改变的策略。

比如，你现在的行为表现是“做事拖延”，好处是可以先玩，不过未来等待你的都是让你头痛的难题和麻烦。

师：怎么改变呢？让我们回忆开始看过的视频，有的孩子用自言自语或唱歌的方式转移注意力；有的闭上眼睛，排除诱惑的干扰。刚刚有些获奖的同学也说了自己的体会，他们一遍又一遍地告诉自己：一定要坚持！坚持！

改变的策略：转移注意力，排除外界的干扰，保持平静的内心和坚定的信念。

③运用“苦乐原则”。

著名心理学家弗洛伊德说过：人们做任何事情，不是为了追求快乐，就是为了避开痛苦。如果我们想改变自己的行为，就必须把我们的旧行为和痛苦连在一起，而把所希望的新行为和快乐连在一起。否则任何改变都不会持久。

（3）做一做

师：现在来看课前调查的第二道题：你有什么目标？你打算怎么加强自控力？请列举具体措施。

学生分组讨论，列举具体措施，每组派代表上台来讲解加强自控力的具体措施。

4. 课堂总结，拓展提升

（1）说一说

请学生分享这节课的收获。

生：……

师：强大的自控力是在平时的学习与生活中磨炼出来的。我们要从细微处入手，有意识的对自己进行约束、自控，成为更好的自己。

（2）支支招

出示案例：李勇同学做事拖拉，经常迟到，不能按时交作业，为此经常挨批评。他很苦恼，来学校心理咨询室寻求帮助。

请你来当心理小医生，给他支支招。

（3）找一找

找一句与自控力有关的格言警句，作为座右铭，在今后的学习生活中勉励自己。

十、案例评析

本课教学设计，我翻阅了有关自控力的心理学理论，在学生中做了大量调研。课前还给学生布置了两道题，让他们开展调查。在七年级 10 个班都上了课，根据反馈情况，对课件进行了 10 次修改。

本课选择与学生实际生活联系紧密的话题，采取学生喜闻乐见的形式，活动是“心育”课的主要形式，本课活动内容安排科学合理，展示了心理学上著名的延迟满足实验，又运用了弗洛伊德的“苦乐原则”，把心理学知识有机地融入活动中。活动形式多样化，把课堂交给学生，让学生多想、多动、多说、多参与、多感悟，充分引导学生自己去思考、去总结、去想办法。我最大的感受是：学生永远比我们预想的聪明，特别在如何提高自控力这一环节，学生侃侃而谈，很多点子是我完全想不到的。学生在自主参与中自我感悟、自我教育，顺利突破了难点，较好地完成了教学目标。

本课内容很多，要在 45 分钟内完成，可能有些环节就不能充分展开。另外，游戏环节要求教师有较强的课堂驾驭能力，否则容易失控。这些方面，教师可根据实际情况加以变通和改进。

（本课在湖南省 2016 年中小学心理健康教育优质课观摩评比中获三等奖。）

第六节　主题六——健康人格

课例一：直面挫折

湖南人文科技学院　胡小兰

一、教学理念

一个小小的挫折，却让正当青春年华的孩子放弃了自己宝贵的生命。当听到一起又一起的学生危机事件时，我越来越深刻地感受到培养抗挫折能力对孩子们的重要性。的确，处于成长阶段的初中生，正不断受到生活所赐予的形形色色的挫折与磨难，也面临着未来可能的更大、更艰辛的失败和打击。如何勇敢地面对磨难，承担起失败所带来的种种令人伤心的结果，奋勇走出消极情绪体验，是他们所面对的难题，也是我们教师应密切关注的课题。本课旨在提高学生的抗挫折能力，使学生认识到在竞争激烈的社会，我们要主动迎接挫折的挑战，要能够面对挫折，战胜挫折。

二、教学目标

1. 了解挫折与人生相伴，是人们不可避免的。

2. 学会运用战胜挫折的具体方法，能承受挫折，并在挫折中奋起。

3. 培养学生承受挫折的能力。

4. 树立正确的人生目标，激发主动战胜挫折的勇气，培养不畏挫折的可贵品质。

三、教学重点

学会运用战胜挫折的具体方法，培养学生承受挫折的能力。

四、教学难点

学会运用战胜挫折的具体方法，培养学生承受挫折的能力。

五、教学方法

小组讨论、心理剧表演、自我分析。

六、教学时间

45 分钟。

七、教学对象

初中一年级学生。

八、教学准备

《我考了 50 分》的心理剧剧本（PPT 演示或打印多份），“战胜挫折、战胜自己”的心理分析表（每人一份）。

九、教学过程

1. 导入

故事（请你帮助她）：我校一名女生刘冰，活泼向上，各方面能力都不错，各科成绩也一直名列前茅。然而，一次语文课上，李老师正在板书时，刘冰的同桌张浩不停地拉扯她，刘冰忍无可忍，对张浩说："请你别吵，用心听课。"李老师顺着声音用责备的眼光盯着刘冰，并说了句："你，怎么变了？"一向自尊心很强的刘冰心里极不好受。从此以后，刘冰一看见李老师就远远地躲开了，她怕上语文课，看见语文课本就有一股莫名的火气。渐渐地，刘冰内心的挫折感越来越严重，致使语文成绩一落千丈。

讨论：刘冰怎么了？什么原因导致的？

设计意图：（1）采用学生常见的事例（许多学生可以直接代入其中），吸引学生的注意力；（2）引入课题，认识到培养抗挫能力的重要性。

刘冰因为老师误解了她，从而情绪不好，成绩下降。人们在日常生活和工作学习中，并不总是一帆风顺的，有时会碰到不如意的事，这就是我们通常所说的挫折。什么是挫折呢？挫折是人们在追求某种目标的活动中遇到干扰、障碍，遭受损失或失败时产生的一种心理状态。这种心理状态是由于人有各种需要不能满足、愿望和目标没有实现所造成的。同学们在生活和学习中经常会遇到挫折，如某同学学习很勤奋，但考试却意外不及格。某学生高兴地约同学到家玩，却遭到父母的反对等，这些都是挫折。

2. 挫折大搜索

（1）老师设置表格，引导学生谈挫折。（这是本节课的第一个高潮，让学生活跃起来是关键。）

（请同学们谈谈自己在学习、生活中印象深刻的一次挫折。）

请根据这两栏表，自由谈论。

我遇到的至今印象深刻的一次挫折：______________。

我受挫后的心情、表现：____________________。

谈论方式：可以自言自语，也可以与同桌同学交流。

（2）学生自由讨论后，举手发言。

（3）老师归纳：

①心中愿望不能实现；②父母不理解你；③与同学相处不好；④对学校和老师有意见或是家庭变故、身体残疾、学习困难、升学落榜、事业失利等。

人生可能遇到这么多挫折，可见挫折是普遍存在的，任何人都无法避免，而造成挫折的因素有自然因素、社会因素、家庭和学校因素以及个人因素，并且人们不可能完全避开这些因素，那我们青少年该怎么办？

3. 心理剧表演：面对挫折时……

设计意图：通过心理剧表演，讨论分析，感悟战胜挫折的方法，能从认知、情绪、行为三方面来正确面对挫折。

（1）学生表演心理剧——《我考了 50 分》

（旁白：在我们的日常生活中，随时都可能会遇到各种失败、厄运和困难，对待挫折的态度却因人而异。张明和李刚是同班同学，他们成绩优异，但在一次重要的考试中，两人都没有发挥出自己的实力，都只考了 50 分。）

镜头一：张明感到非常痛苦，连平时班级里最后几名的同桌也考了 60 分，他觉得他无颜面对父母、无颜面对老师、更是在同学面前无地自容。他逼迫自己更努力地学习，但他脑海里总是挥之不去同桌、老师、父母失望的眼神。他心情糟糕极了，在下一次的考试中他又失败了，只有 48 分。

镜头二：李刚也考了 50 分，对于成绩优异的他来说这次无疑是一个巨大的打击。李刚大哭一场，然后对自己说："在人的一生中，有成千上万的考试，胜败乃兵家常事，我只要吸取教训就是了！"随后更加勤奋刻苦学习，很快他得成绩又上去了，下一次他考了 80 分。

（2）分享与收获

①请分析一下，为什么遭遇相同的挫折，两个人的结果却完全不同？

通过师生共同分析讨论，得出结论，见表 7－2。

表 7－2　情绪与结果

	认知	情绪	行为	结果
张明	放大失败	压抑、痛苦	无法专心学习	失败
李刚	正确看待	合理宣泄	勤奋、努力	成功

②小组讨论，请总结出战胜挫折的好办法。

总结：战胜挫折的方法有：认知上，积极乐观地看待失败；情绪上，合理宣泄失败带来的不良情绪；行为上，勤奋、努力、肯吃亏，求助，合作；或者，冷静对待、自我疏导、请求帮助、积累经验等。（不要求标准答案，只要言之有理即可。）

4．学以致用：战胜挫折

（1）假如你是刘冰的朋友，你会怎样帮助刘冰走出困境？

（2）学生分享讨论："我应该怎么战胜挫折呢？"并请同学们帮帮忙，能否提出更好的建议。（提示：可以运用以上的方法，还可以借鉴其他方法。）

（3）学生选取一个已遇到的或曾逃避的或将来可能遇到的挫折来勇敢面对。

5．总结

挫折无处不在，挫折是我们成长的必经之路。对挫折，我们要有足够的心理准备，必须以乐观、进取、积极的心态来面对失败和挫折，要根据自身的优势来确定恰当的抱负水平，在学习和生活中不断磨炼自己，积累经验，提高自己的耐挫能力。只有从失败中走出来，在逆境中奋起的人，才能到达胜利的彼岸。

十、案例评析

抗挫折能力的培养，并不是单单的讲道理，而是要从学生的视角引导他们去感悟挫折、面对挫折、战胜挫折。我想我这堂课最成功的地方就是课堂活动设计很贴近学生的内心，抗挫折能力的培养没有单纯地停留在道德层面，而是融合了心理学知识，从挫折的性质、从知情意三个角度等引导学生正确面对，使学生不但敢直面挫折，更懂得如何去面对挫折、战胜挫折。

课堂引入故事的部分主要是希望接近学生的生活实际，但刘冰的反应可能会被认为是过分敏感所致，如能在学生近期的学习或生活中顺手采摘一个故事作为引入，效果可能更好。

课例二：消除自卑，增强自信——扬起自信的风帆

湖南人文科技学院 胡小兰

一、教学理念

自卑是一种消极的心态和不良的心理品质，如果任由它发展下去，将使个人失去希望，从而自暴自弃，导致偏执、孤僻、社交恐惧等心理障碍产生。自卑产生的原因有生理缺陷、性格障碍、认知偏差等。

与自卑相对应的是自信。自信是指相信自己有能力实现一定目的和愿望的心理状态。它是人们成长与成才过程中不可缺少的一种重要心理品质，也是自我意识中的核心成分。自信是挖掘内在潜力的最佳法宝，当人失意时，或失去前进的动力时，自我激励是一种重新找回自信的简单方法。

21 世纪对人才的要求不只限于其学识与能力的高素质，更要求其具备较好的心理素质，主动参与竞争。而当今儿童初体验对新事物的尝试与竞争，最常见的心理却是自卑与胆怯，这是因为他们对自己的实力没有正确的认识，不相信自己的能力，导致出现退缩或回避的消极行为，最终无法得到成功的体验。针对这一现象，我们迫切需要让学生正确认识自身实力，帮助学生消除胆怯、自卑，掌握树立自信心的方法，大胆尝试，敢于拼搏，勇于实现自我价值，体验成功，成为真正高素质的、适应社会的人。

因此，这节心理辅导活动课，旨在帮助中学生消除自卑，树立自信心，激发自身的潜能，奋力追求并实现自身价值。

二、教学目标

1. 让学生认识到自卑心理的危害性和树立自信心的重要性。

2. 帮助学生分析并克服自身的自卑心理。

3. 通过学习活动，让学生树立自信心，激发自身潜能。

三、教学重点

帮助学生分析并克服自身的自卑心理，树立自信心。

四、教学难点

克服自卑心理，树立自信心。

五、教学方法

分礼品游戏，讨论，小品表演，尘封自卑游戏，过自信关游戏。

六、教学时间

45 分钟。

七、教学对象

初中一年级学生。（初一新生由于对初中学习生活不适应，往往会有较多不成功的体验，容易对自己产生怀疑和否定。而在这个年龄段，具备一定的自信心将对他们今后的成长起着重要的作用。初二年级也可用。）

八、教学准备

四种礼品，每种四件；纸棒两根；白纸若干；小品排练。

九、教学过程

1．引入课题

师：同学们知道镭的发现者是谁吗？（居里夫人。）她曾两次获得诺贝尔奖，有人问居里夫人成功的秘诀是什么，居里夫人回答说："恒心和自信心，尤其是自信心。"美国的爱默生也认为："自信是成功的第一秘诀。"自信就是相信自己的能力，相信自己能够获得成功，它是成功的源泉。老师可适当表达自己对本班同学的初步印象：该班同学优秀，上课气氛活跃，发言积极，与老师配合默契等。使学生放松，活跃气氛，引入课题。

2．游戏：分礼品

（1）做游戏

老师说明游戏的规则后挑选五名同学上台进行游戏。第一次分四件礼品，五个人分，最矮的没有。屏幕显示分礼品游戏规则。老师问没有得到礼品的最矮的同学有什么感觉，得到礼品的同学送给他一句安慰的话。

每次游戏都选定一个标准，让五个人中有一个人不能得到礼品。游戏进行四次。

（2）思考与讨论

①第一次分礼品时是谁没有得到？为什么？

②那第二次、第三次、第四次分礼品时他得到了吗？又为什么呢？（条件改变了。）

③同样是这位同学参与礼品分配，为什么有时能拿到，有时不能拿到？这说明什么？你从中感悟到了什么？

（3）学生分组讨论并自由发言。

（4）老师认真倾听学生发言后，适当加以引导。（每个人都有强项也有弱项，有长处也有短处，只是这些都是相对的，在特定的条件下是可以相互转化的。这方面的弱势也许就是另一方面的强势，今天失意不等于明天也会失意。）

（5）老师讲述下列故事，要求学生认真思考，谈谈自己对这个故事的感想。

有一个男孩，在一次意外事故中失去了父母，自己也失去了左臂，孤苦的他被一位武术大师收养。大师传授武艺给他，可始终只教他一个动作，当然他也把这一动作练到了炉火纯青的程度，可他总也想不明白：师傅就这样教我，我可能连自保都成问题，怎么与他人对决呢？一次，有大规模的武术比赛，师父让他去参加比赛，他推脱不了，硬着头皮上了，心里却总在想，我一只手能打过别人吗？没想到，比赛结束，他是唯一的胜者。在他疑惑不解时，师父只告诉了他一句话："我教你的这招，别人只有一个破解方法，那就是抓住你的左臂。"

3. 小品表演：期中考试后的烦恼

（1）观看小品（小品由同学表演，事先排练）

小丽：（手拿成绩单边走边说）真倒霉，真倒霉。怎么对妈说呢？

妈：小丽，吃饭。

小丽：哦，我不饿，我不想吃！

妈：怎么啦，不舒服吗？（转身看见小丽手拿成绩单在发呆）小丽，期中考试成绩出来啦？考得怎么样？

小丽：妈。

妈：怎么啦？

小丽：退步啦！

妈：给妈看看！（拿过成绩单）

小丽：妈，我进入高中就找不到感觉，成绩一次比一次差，我越来越没信心，妈，我很怕，我看见书都怕了，我不想读书了。

妈：说什么呀你？你这样的心态怎么行呢？

（2）思考与讨论

①小丽知道了期中考试的成绩后心态怎样？你从哪些地方看出来的？

②我们应怎样帮助小丽摆脱这种心理？

③假如你的期中考试成绩退步了，你会怎么做？

（该情境贴近现实，广大同学都亲身体验过，容易引发同学间的讨论，气氛活跃。）

（3）讨论结束，送给小丽也送给大家两句话：

克服自卑是成功的希望。

树立自信心是迈向成功的必经之路。

4. 尘封"我不敢"，与自卑说再见

（1）老师引导

要求学生回忆自己已走过的读书生涯，回忆自己错失的机会。

（2）尘封“我不敢”

①给每个同学分发一张白纸。

②在白纸上列出自己不敢做的事。要求：态度要认真诚恳，独立完成，不讨论。

③老师收回学生写好的纸，放进档案袋里，贴上封条，盖上印章。

④告别“我不敢”仪式。

同学默默地说一句告别“我不敢”的话，在心灵深处与“我不敢”先生告别。

5. 过自信关游戏

（1）教师引导

尘封了“我不敢”，那留下来的应该是我敢，我能，我行，我会，我愿意，我自信……希望同学能够再自信一点。

（2）做游戏：过自信关

①游戏规则：

A. 两个守门神，守门把关。

B. 过关人的外在要求：昂首挺胸向前走，眼神正视前方，说话声音响亮有力，态度坚决。

C. 过关人的内在要求：你凭什么本事来过关？请现场表演。

D. 从守门神三米外走过去，站在守门神前面说：“报告守门神，我是×××，我凭……来过关，现在请求过关。”

E. 合格的过关，并去领奖品，不合格的打回去，并告诉他为什么不合格，让他重来。

②在《相信自己》的歌曲声中，游戏开始。

6. 建立自信的方法和步骤（PPT 演示）

（1）建立自信的方法

①挑前面的位子坐。

②练习正视别人。

③把你走路的速度加快 25%，昂首挺胸，正视前方。

④练习当众发言。

⑤咧嘴大笑，每天至少赞美别人一句。

⑥提高说话的声音。

⑦自我暗示，如：遇到突然变故要能够镇静下来，可以暗示自己镇静；想你会成功，不要想你会失败；不时提醒自己，你比你想象中的要好。

⑧培养运动的习惯，可以是跑步，跳舞，远足，篮球等，最好是晨练。

⑨万一自卑起来，要马上改变一下自己的姿势，变得像自信时候的姿势。如：做几个深呼吸，看看蔚蓝的天空，说：“我不错，我不错，我真的很不错！”

⑩树立大志。

（2）建立自信的步骤

①告诉自己：一定要实现目标。

②要做最好的准备。

③重心放在你最大的长处上。

④培养信心。

⑤从你的错误和失败中记取教训。

⑥放弃逃避的念头，方能产生信念。

7. 总结

老师总结：相信自己，你将赢得胜利，创造奇迹；相信自己，梦想在你手中，这是你的天地；相信自己，你将超越极限，超越自己；相信自己，当这一切过去，你们将是第一。成功就这么简单，从我做起，从一件小事做起，如果今天比昨天进步了，就要为自己鼓掌，为自己喝彩，为自己加油！让自己有自信，那么胜利的曙光、美丽的彩虹一定属于你！

8. 课外作业

要求学生注意在日常生活中多多培养自己的能力，学会树立自信心，以表格的形式记录自己尝试成功的点滴小事，一周后共同分享由自信和实力带来的成功的喜悦。

表7－3 自信体验表

日期	尝试做什么事	怎么鼓励自己	怎样做的	结果（个人收获）

十、案例评析

在本次活动中，老师通过循序渐进地开展辅导活动，使学生体会自信的感觉，并在行为上学会建立自信的步骤，从而达到提高自信水平的目的；布置家庭作业，要求学生在平时的学习工作生活中时刻提醒自己，注重对自己能力的培养，自信心的树立。自信心的培养并非一朝一夕的事情，需要老师和学生共同努力。老师在教学中应帮助学生树立和培养信心，并通过以下活动增强学生的自信心：

1. 把上课不敢正眼看老师的学生调到最前排，上课时，有意识地注视他们，用目光鼓励他们认真听讲，下课多接触他们；

2. 开展轮流当班干、轮流出板报活动，让学生在学习与工作中发现自己，锻炼自己，约束自己，创造一个可以让学生充分表现自己的机会，特别是要让那些缺乏自信心的同学不断获得成功的体验，让他们坚信自己能行；

3. 让学生充分了解自己的能力（优点、长处），努力发挥自己的才能，获得别人的承认和肯定；

4. 积极反馈，及时给予学生表扬和肯定，强化学生的成功体验。学生在平时注重利用积极心理暗示，比如语言、环境、动作、态度、对方观点及意识转换的自我暗示提升自信。

如果时间不够，小品表演环节可以跳过。

第八章　综合性心理健康教育课程设计案例

本章介绍的主要是来自一线基础教育学校的心理教师所开展实施的综合性心理健康教育课程设计案例，主要涉及情绪管理、考试应对、生涯规划、价值观探索等主题，相关主题相对复杂，需综合采用多种方法，结合青少年心理发展实际开展课程设计与实施，其中一些主题包括有数个系列环节的课程设计，需要授课教师具有较为丰富的教学经验与较强的课程实施的综合驾驭能力。

课例一：突破思维定式，学会创新

娄底市第三完全小学　谢爱华

一、教学理念

在我们的周围经常会听到很多年轻的父母自豪地说起自己的孩子，会为才一岁半的孩子可以认多少多少字，可以背多少多少唐诗而沾沾自喜。他（她）们丝毫没有意识到这是在扼杀孩子的情商，抹杀孩子的思维空间，将孩子纯净的心灵加上了一副沉重的枷锁。孩子来到这个世界上还没有来得及去领略这个奇妙的世界，还没有来得及去憧憬这个美好的世界，还没有来得及去用自己的方式喜欢这个多姿多彩的世界，就被父母像宠物一样地束缚了本能，被方方正正的汉字囚住了思想，被唐诗宋词蒙住了眼睛，被钢琴、小提琴、古筝等等震聩了双耳。小学阶段是孩子们思维发展的重要时期，这一时期，孩子们的想象力、观察能力和创新能力都将得到飞速的发展。然而，由于学校、家庭、社会的影响，加上孩子们的学习压力过大，创新思维和创新能力发展严重受阻。创新是一个民族进步的灵魂，是国家不断发展的动力。本综合主题针对三至六年级孩子的思维发展设计，突破思维定式，在实践活动中提高他们的观察能力，拓展学生视野，培养发散思维，开发他们的右脑，发挥的他们的想象力，锻炼孩子们的反应能力，使孩子们学会创新。为国家培养创新人才，为孩子们的成功奠定基础。

二、教学目标

1．通过一系列的游戏活动，突破思维定式，提高孩子们的观察能力，锻炼他们的反应能力；

2．通过一系列主题活动，拓展学生视野，充分发挥他们的想象力，培养发散思维；

3．通过一系列的实践活动，让孩子们学会创新，学习创新者勇于钻研、乐于奉献、敢于创新的精神。

三、教学重点

培养学生的创新思维。

四、教学难点

突破思维定式，学会观察，学会创新。

五、教学方法

故事分享、游戏体验、讨论交流、动手实验。

六、教学时间

40—80 分钟。

七、教学对象

小学三至六年级的学生。

八、教学准备

回形针 2 盒，一次杯子 2 个，水若干，玻璃杯 1 个，白纸若干，大头针若干，教师 PPT。

九、教学过程

1．热身游戏《乌鸦和乌龟》，融洽师生关系，激发学生兴趣（3—5 分钟）

（1）游戏规则：先站起来，小组四人围成一个圈，每个人把左手的食指竖起来，右手掌心向下，把你的食指放在旁边同学的掌心下，然后认真听我讲故事，当我讲到“乌龟”的时候你就要迅速地把自己的食指抽回来，同时快速地抓住右手掌心下的食指，讲到其他的时候不要抓。

（2）讲故事《乌龟和乌鸦》

森林里住着乌鸦、乌龟和巫婆。在一个乌云密布的日子，乌鸦去乌龟家玩，到了乌龟家，看见巫婆和乌龟在吵架？乌鸦问：你们为什么吵架。巫婆说：它无理取闹。乌龟说：巫婆说我跑得慢。最后在乌鸦的劝解下，乌龟和巫婆又和好了。之后，乌鸦、乌龟、巫婆一起在乌龟家开心地吃晚饭。

抓住了一次的举手……抓住了两次的举手……抓住了三次的举手……你们都是反应很快的孩子，真不错。今天，我需要大家积极开动你们的脑筋，注意倾听，跟老师一起来完成我们今天的学习任务，开启我们的游戏学习之旅。

2．游戏导入，了解思维定式

游戏 1：连续数 20 遍老鼠，再说 20 遍鼠老，然后再问猫怕什么？（鼠老）

游戏 2：出示一个手指，让对方快速回答，这是几？再出示一根手指，让对方快速回答，这是几？然后伸出三个指头，问：1 +1 等于几？（3）

师：刚刚大家发现了什么？为什么会出现这样的问题？（这就是思维定式。）

3．思维训练，培养孩子们的想象力，训练孩子们的发散思维和勇于创新的精神

(1) 故事《一场不可思议的官司》

在美国有一位母亲，一天早晨，意外地发现，她的三岁的女儿对她说：妈妈，我认识这个O，它念做“欧”，是26个字母之一。孩子是对着盒子上的一个单词OPEN的第一个字母说的，母亲很惊讶，于是问孩子：你是跟谁学的？孩子说，是幼儿园的阿姨教的。然后母亲就去了幼儿园，确定是幼儿园阿姨教给孩子，这个O是念做“欧”。接下来，母亲决定起诉幼儿园，理由是，幼儿园剥夺了孩子的想象力，索赔1000万美元。一开始，所有的人，包括她的丈夫、律师都不看好这场官司。在法庭上，23个陪审员也都觉得她的要求太过分了，小题大做。这位母亲在最后判决下来之前，对所有的陪审员讲了一个故事：在东方的一个公园里，她曾经看到两只在天鹅，一只被关在一个大大的池塘里，但是它的一个翅膀被剪掉了，由于无法平衡，所以它永远也飞不起来，在另外一个小池塘里，另外一只天鹅，它的翅膀完好无损，但是它也飞不了，因为池塘太小，没有足够的起飞需要的滑翔距离。这位母亲在感叹东方人智慧的同时，却为两只天鹅感到悲哀。她继续说，我的孩子以前见到O，会说它是一个鸡蛋，是一个鹅卵石，是一个小孔，是个小球，是个果实，是个冰雹。但是，现在她只会说它是个字母，叫“欧”，我的孩子的想象力的翅膀被剪断了，她飞不起来。而不幸的是她还被囚禁在26个字母的小池塘里，没有滑翔的距离，加上被剪断的翅膀，她没有丝毫的可能飞到幸福自由的蓝天上了。故事讲完了，法庭上23个陪审员都裁定原告胜诉。

曾经有位哲人说过：“想象力比知识更重要。”丰富的想象力使我们的生活日新月异，飞速发展的社会更需要我们的创新精神。今天这堂课，请小朋友和老师一起，分享创新的快乐！

(1) 出示回形针，问：回形针有哪些用途？你可以说出多少种？

(2) 8的一半是什么？

(3) 联想训练：粉笔和原子弹；鸭子和潜水艇……

(4) 探索图8-1中脚印的信息。

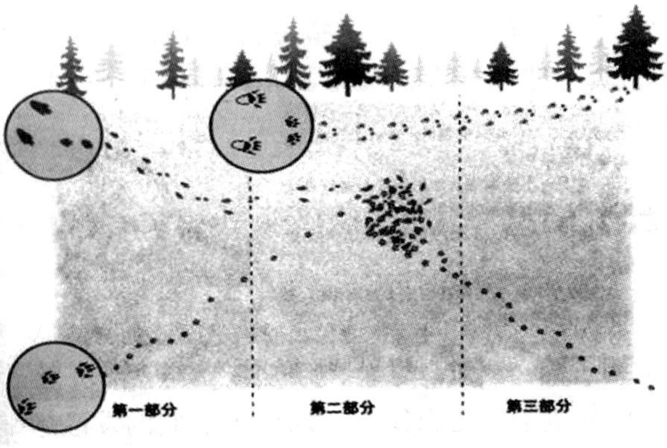

图8-1

（2）故事《海水为什么是蓝色的?》

1921 年，印度科学家拉曼取道地中海乘船回国。甲板上一对印度母子的对话引起了拉曼的注意。

“妈妈，这个大海叫什么名字?”

“地中海!”

“为什么叫地中海?”

“因为它夹在欧亚大陆和非洲大陆之间。”

“那它为什么是蓝色的?”

年轻的母亲一时语塞，求助的目光正好遇上了在一旁倾听的拉曼。

“海水所以呈蓝色，是因为它反射了天空的颜色。”

英国物理学家瑞利用太阳光被大气分子散射的理论解释过天空的颜色，并由此推断，海水的蓝色是反射了天空的颜色所致。拉曼总对自己的解释心存疑惑。一名训练有素的科学家严谨求实的精神，让拉曼立即着手研究海水为什么是蓝的，发现瑞利的解释实验证据不足，令人难以信服。他从光线散射与水分子相互作用入手，运用爱因斯坦等人的涨落理论。获得光线散射现象的充分数据，证明出水分子对光线的散射使海水显出蓝色的机理，进而又在固体、液体和气体中，分别发现了一种普遍存在的光散射效应，被人们统称为“拉曼效应”。

1930 年，拉曼获诺贝尔物理学奖。

学生讨论：从这个故事中，我们有哪些收获?

4. 挑战不可能，突破思维定式，培养孩子们的创新思维能力

（1）实验——堆起来的水

设置情境：在一个装满水的一次性杯子里，我们再加水，直到杯子里的水溢出来为止。

师：在这个装满水的杯子里能放入多少根回形针而水不溢出来?

生 1：不能放了。

生 2：5 根。

生 3：20 根。

生 4：50 根。

……

师生一起做演示实验：往装满水的杯子里放回形针。一边放，一边指导学生观察，你们发现了什么?（可以放入近 200 根回形针，而且水堆起来了。实验原理：水的表面张力。）

学生挑战实验：让回形针浮在水面上。（实验原理：水面的水分子形成一层“皮肤”，水面的水分子不但相互吸引而且还被水面上的水分子吸引，水面的水分子的吸引力就是水的表面张力。小心地把回形针水平地放在水面上，使回形针受到最大的水面张力支撑，回形针就会浮在水面上。）

（2）挑战不可能——纸托水

演示实验：将水杯装满水，然后将纸平盖住杯口，一只手按住纸，另一只手抓住杯底，把杯子迅速倒转过来。看看水纸能不能托住水。（纸托住了水。实验原理：杯中的水与空气接触，没有大气的压力。纸的下面与空气接触，受到空气对它的压力，而空气的压力大于水的重力，所以水没有流出来。）

学生挑战：在纸面上用大头针戳几个小洞做纸托水的实验。

5. 异想天开，学会创新

（1）故事《玩具狗与太空绳》

马顿是美国宇航局的一名技师，他接受了一项任务：尽快研制出一种能软又能硬的绳子。原来，宇航员在太空作业时，常要离开飞船，这就需要在身上系一根绳子，以便与飞船保持联系。作业完毕后，宇航员要通过绳子返回船舱。但是，在太空中处于失重状态的人和绳子随意地飘浮着。因此，宇航员要想抓住绳子，如同想抓住一条被风吹动的轻纱，成了十分困难的事情。如果有一种能软能硬的绳子，在宇航员工作时，让绳子变软，那他行动起来会方便自如。等工作完毕时再让绳子变硬，那宇航员又能很容易地拽紧绳子返回舱中。为了造出这种绳子，马顿日思夜想。一天，在回家的路上，马顿偶然瞥了一眼商店的玩具橱窗，一只“汪汪”叫的小狗突然让他想起了自己童年时玩过的一只串珠小狗。那狗的腿和尾巴是用细绳串上珠子做成的，把绳子放松，狗便软塌塌地卧着；把绳子拉紧，小狗立刻就站起来了。“唔，用珠子串成的绳子不就能软能硬吗?”没想到这只曾给他童年带来乐趣的玩具小狗，又帮他解决了一个难题。马顿用珠子和短管交替穿在尼龙绳上，一根放松时柔软、拉紧后变硬的绳子便制成了。用这种绳子来连接飞船和宇航员，真是既安全又方便。人们亲切地称它为“宇宙救命绳”。

（2）头脑风暴

每人写一样物品名称，放到盒子里，然后抽取其中两张纸条把他们联系起来。

6. 全课总结

同学们，这堂课你们表现很出色，老师欣喜地看到你们具备了创新人才的素质，你们不仅有丰富的想象力，还有勇于探索的创新精神。老师为你们骄傲。神奇的大自然正等待你们去探索，宇宙的奥秘等待你们去揭开，老师坚信，通过努力，你们中间也许会出现第二个爱迪生，第二个阿基米德，你们相信吗？让我们在美妙的歌声中结束这堂课吧！（老师放歌曲《天地之间》，学生边唱边跳。）

十、案例分析

本案例从学生的思维特点出发，步步深入，在学生动手动脑的同时，培养学生的想象能力和发散思维，突破学生的思维定式，展开联想，在实践中培养学生的创新能力，符合小学生的心理特点。当然，作为一个主题，最好能开展一系列的活动，在培养学生发散思维的同时，让学生掌握方法，培养学生的创新能力，让学生在活动中在成就感，培养学生的自信心。

课例二：清理消极情绪

娄底市第一中学　刘寒晓

一、教学理念

生活中人们难免由于各种原因导致自己的需要不能够得到期望的满足，从而产生各种诸如焦虑、恐惧、烦闷、愤懑、自卑、嫉妒、抑郁等不良情绪，如果不能得到及时有效的消解，就有可能对工作、生活、学习等方面产生不良影响。本课程拟通过综合运用故事、合作探究与交流、情绪 ABCDE 法等方法，启发引导学生正确认识消极情绪的产生与合理应对，增强对消极情绪的“免疫力”。

二、教学目标

1. 认识和体验消极情绪的产生原因；

2. 能够学会应用情绪 ABCDE 法合理应对消极情绪。

三、教学重点

正确对待消极情绪，合理应对消极情绪。

四、教学难点

情绪 ABCDE 法。

五、教学方法

故事法、合作探究与交流、情绪 ABCDE 法、体验感悟。

六、教学时间

90 分钟。

七、教学对象

初中二年级学生。

八、教学准备

多媒体课件、相关教学故事、表格等教学材料。

九、教学过程

1. 动心·故事汇

（1）荒岛上的鞋子推销员：两个鞋子推销员到了一个荒岛上，发现荒岛上的人都不穿鞋。A 感到非常兴奋，因为他认为这个岛上的人还没有鞋子穿，成功推销的希望极大。B 感到非常失望，因为他认为这个岛的人都不愿穿鞋，要成功推销是没有希望的。

（2）玫瑰花：A 的看法：“这个世界真是太美好了，在这丑陋、有刺的茎上，竟能长出这么美丽的花朵”。B 的看法：“这个世界太悲惨了，一朵漂亮、美丽的花朵，竟然长在有刺的茎上”。

（3）半杯水：两个人都十分口渴，当他们见到半杯水时产生了不同的情绪反应。A：“还好，还有半杯水——满足。”B：“怎么只剩下半杯水了——不满!”

2. 抒心·活动吧

【各抒己见】三个小故事中，A和B的想法有什么不同？分别会引起什么情绪感受？这种情绪将给他的生活带来什么影响？

【情境表演】他落入了情绪的深渊：看着发下的物理考卷。A：“唉，这下完了，75分，比上次低了10分，爸爸妈妈一定会对我很失望……这道题怎么多扣了我2分？老师从来没对我有过好感。”然后就趴在课桌上闷闷不乐。B叫A：“放学了，我们一起走吧。”A不理。B上前看A的考卷说：“啊呀，第三道题你不是复习过了吗？怎么做错了，真可惜。”A冷冷地回答：“是呀，本人脑子笨呗，有啥可惜，有的人开心还来不及呢？”B安慰说：“你不要难过了，我上次测验也只有75分。”A回答：“猫哭耗子，假慈悲。”

（旁白：第二天，A的考卷没有更正，看见物理老师总是避开，物理课没精打采。后来，作业也越来越不认真，还常常迟到。）

【合作探究】以小组为单位讨论以上情境中人物的想法、消极情绪及相对应的行为，并在全班进行分享。

想法决定情绪，情绪影响行为。消极情绪往往会使一个人的行为发生种种不良的偏差。结果不仅阻碍了学习潜力的发挥，影响了与同学的关系，形成了对师长的消极态度，甚至还会使一个人的性格发生扭曲。

【尝试练习】请写出近来令自己郁闷、生气、伤心、紧张、受挫或自卑的事件（A）、当时的想法（B）与情绪（C），或导致的行为结果（至少三件事）。

表8-1 情绪与结果

	事件（A）	想法（B）	情绪（C）
例	最近一次考试没考好	我真没用，不是读书的料	焦虑不安、自卑
（1）			
（2）			
（3）			

这些事件和想法是否引起了你的情绪困扰？如果原来的想法引起了你的情绪困扰，请尝试对原有想法的不合理成分进行驳斥（D），建立新的理性的想法和适当的情绪（E）。

表 8－2　情绪控制

	事件（A）	驳斥（D）	新想法、情绪（E）
例	最近一次考试没考好	一次失败不代表一个人永远失败，这次发挥不好也不代表我笨、没用	没考好是因为没有认真复习，我要对学习有信心
(1)			
(2)			
(3)			

先在小组内交流分享，每个小组选出 1—2 个有代表性的在全班分享。

“怎么想”会使我们产生不同的情绪。情绪其实操控在我们自己手中，记住：“换个想法，快乐自然来。”引导学生想出更多清理消极情绪的办法。

【我的方法】播放音乐《内心和平曲》，学生静心回忆并写下自己在调节消极情绪时的方法。

表 8－3　情绪调节体验

情绪调节术	宣泄	运动	转移	放松	言语	人际	认知
我的体验							

小体验：同学们回想一下近期的烦恼事件，注意把它们吹进气球，直到气球被吹爆为止。

3. 育心·智慧库

能控制好自己情绪的人，比能拿下一座城池的将军更伟大。——拿破仑

(1) 致命杀手“生气水”

美国一些心理学家做了一项实验，他们把正在生气的人的血液中所含物质注射到小老鼠身上，并观察其反应。初期，这些小老鼠表现呆滞，整天不思饮食。几天后，它们就默默地死掉了。美国生理学家爱尔玛为了研究情绪状态对健康的影响，设计了一个很简单的实验：他把一支支玻璃管插在正好是 0℃ 的冰水混合物容器里，然后分别注入人们在不同情况下的“气水”，即用人们在悲痛、悔恨、生气时呼出的水汽和他们在心平气和时呼出的水汽作对比实验。结果表明，当一个人心平气和时呼出的水汽冷凝成水后，水是澄清透明、无杂质的；悲痛时呼出的水汽冷凝后则有白色沉淀；悔恨时呼出的水汽沉淀物为乳白色；而生气时呼出的“生气水”沉淀物为紫色。他把“生气水”注射到大白鼠身上，几十分钟后，大白鼠就死了。由此可见，生气对健康的危害非同一般。有分析表明：人生气 10 分钟会耗费大量精力，其程度不亚于参加一次 3000 米的赛跑；而且生气时的生理反应也十分剧烈，分泌物比其他任何情绪状态下的分泌物都复杂，且更

具毒性。因此，动辄生气的人很难健康长寿（很多人都是给气死的）。

（2）五招清理消极情绪

第一招：动——多运动多活动。慢跑、骑自行车、游泳、跳舞等都能增强自信心，改善情绪，有提高活力的作用。每周坚持体育运动3—4次，每次历时20分钟即可收效。

第二招：娱——多参加娱乐活动，多放声大笑。心由境生，欢快的环境必然产生快乐的心境。

第三招：说——把心中的不满说出来。可以找亲人、朋友倾诉，也可以向陌生人诉说，还可以自言自语。

第四招：听——音乐是医治忧郁的良药。可以先听使人忧郁的曲子，3—4小节之后逐渐改变乐曲，直到找到与你所需要的情绪相似的曲调，不要一开始就找欢快的曲调。

第五招：吃——吃高蛋白质食物。贝壳类、鱼、鸡、瘦肉等高蛋白质食物，可以使人振奋起来，食用少量即有效果。

4. 乐心·成长坊

（1）笑能拯救生命

加利福尼亚大学的诺曼教授，40多岁时患上了胶原病，医生说，这种病康复的可能性是五百分之一。他按照医生的嘱咐，经常看滑稽有趣的文娱体育节目，有的节目使他捧腹大笑，有的节目使他从心底发出微笑。他除了看有趣的节目，平时还有意识地和家人开开玩笑。一年后医生对他进行血沉检查，发现指标开始好转了。两年以后，他身上的胶原病竟然自然消失了。为此，他撰写了一本书——《五百分之一的奇迹》，书中提出："……如果消极情绪能引起肉体的消极化学反应的话，那么，积极向上的情绪就可以引起积极的化学反应……爱、希望、信仰、笑、信赖、对生的渴望等等，也具有医疗价值。"中外许多心理学家、运动学家认为，一般性的笑，能使隔膜、咽喉、腹部、心脏、两肺，甚至连肝脏都能获得一次短暂的运动。捧腹大笑，它还能牵动脸部、手臂和两腿肌肉的运动。笑过之后，脉搏的跳动会低于正常的频率，骨骼肌也会变得非常松弛。（摘自徐端海：《不高兴了你怨谁》，作家出版社，2003年版。）

（2）今天我要学会控制情绪——（美）奥格·曼狄诺

> 潮起潮落，冬去春来，夏末秋至，日出日落，月圆月缺，雁来雁往，花飞花谢，草长瓜熟，自然界万物都在循回往复的变化中，我也不例外，情绪会时好时坏。
>
> 我怎样才能控制情绪，让每天充满幸福和欢乐？
>
> 我要学会这个千古秘诀：弱者任思绪控制行为，强者让行为控制思绪。

每天醒来当我被悲伤、自怜、失败的情绪包围时，我就这样与之对抗：

沮丧时，我引吭高歌。

悲伤时，我开怀大笑。

病痛时，我加倍工作。

恐惧时，我勇往直前。

自卑时，我换上新装。

不安时，我提高嗓音。

穷困潦倒时，我想象未来的富有。

力不从心时，我回想过去的成功。

自轻自贱时，我想象自己的目标。

总之，今天我要学会控制自己的情绪。

5．课外实践

（1）请尝试用情绪调节 ABCDE 法清理自己的消极情绪。

（2）辨别下列句子中的想法是否合理：

①我受不了她那爱表现的样子。

②同桌将我的本子弄脏了，真气人，这是不得了的事，明天我怎么办？

③父母不答应我和同学远足旅行，实在太过分了。

④这次考试没有保住全班第一的位置太让我伤心、生气了，我必须保持第一名。

十、案例评析

本课程能够通过综合运用故事、合作探究与交流、情绪 ABCDE 法等方法，启发引导学生正确认识消极情绪的产生与合理应对，增强对消极情绪的“免疫力”，能够将复杂的情绪问题和相关理论结合学生心理发展的年龄特点做深入浅出的讲解和引导，能够取得较好的教学效果。

课例三：缓解考试焦虑——保持平常心

娄底市第四中学　胡志英

一、教学理念

1．耶克斯－多德森定律

心理学的研究表明，各种活动都存在一个最佳的动机水平。动机不足或过分强烈，都会使工作效率下降。动机的最佳水平随任务性质的不同而不同。在比较容易的任务中，工作效率随动机的提高而上升；在难度较大的任务中，较低的动机有利于任务的完成。这就是心理学中著名的耶克斯－多德森定律。

动机强度与工作效率之间的关系不是线性关系，而是 U 形曲线。中等强度的动机最有利于任务的完成。也就是说，动机强度处于中等水平时，工作效率最高，一旦动机强度超过了这个水平，对行为反而会产生一定的阻碍作用，如学习的动机太强，急于求成，会产生焦虑和紧张，干扰记忆和思维活动的顺利进行，使学习效率降低。考试焦虑现象主要就是由动机过强造成的。

2. 学生中普遍存在“考试焦虑”问题

每当遇到考试，就感到紧张恐惧，影响到考试水平的正常发挥，导致考试失败的情况，心理学上称之为“考试焦虑”。

考试焦虑经常表现在三个方面：一是心理上的担忧、紧张、恐惧、思维紊乱、注意力集中性差、记忆力减退、情绪抑郁、容易发怒、缺乏信心等。二是在行为上表现为坐立不安、胡乱答题、过早离开考场、脑子一片空白、无法答题。三是在生理上表现为肌肉紧张、呼吸急促、心跳加快、头晕、多汗、恶心、大小便频率增加、睡眠不好、食欲减退、肠胃不适等。

一般来讲，导致考试焦虑的主要原因是：家长和老师对学生期望过高，使学生的心理压力过大；学生自己对自己没有信心；学生平时学习过度，身体疲劳，加上紧张，影响了大脑的工作；考场气氛凝重；学生考试前准备不够充分等。

3. 缓解“考试焦虑”系列课程的开发

中学生的生理基本成熟，心理发展迅速，具有一定的主动性，开始思考，却还没有系统的思考，形成完整的世界观。自我探索、自我解决问题能力需进一步提高。

“考试焦虑”影响学生学业水平的正常发挥，特别面临中考、高考这种重要考试时，“考试焦虑”程度更深，造成的后果也更为严重。针对学生中普遍存在“考试焦虑”的状况，我设计了“考试保持平常心”“漫步考场若等闲”“冲刺高考”等系列课程，面对考试，像对待平时的学习一样，保持一颗平常心。

二、教学目标

1. 在认知上，让学生对焦虑有概括性了解，正确认识焦虑，同时熟悉减轻焦虑的方法。

2. 在情感上，通过对焦虑情绪的体验、学习，减轻对考试的恐惧、焦虑。

3. 在行为上，学生通过学习，掌握方法，并能根据自身情况，运用所掌握的方法减轻焦虑程度。

三、教学重点

正确认识焦虑，学习减轻焦虑的方法。

四、教学难点

摆正心态，以平常心对待考试。

五、教学方法

看视频，做测试，放松训练，感悟体验，找出自身考试焦虑的原因，学会应对。

六、教学时间

45 分钟。

七、教学对象

初中三年级学生。

八、教学准备

多媒体课件。

九、教学过程：

1. 看视频短片，引入课题

“完了，完了，我觉得这么难的题，她看起来好像都会。”王芳做着卷子，遇上一道题不得其解，听着同桌答卷时那沙沙的声音，心里一下子就慌了，感觉手心开始出汗、头晕、心跳加速，注意力也不能集中起来。

王芳一直以来学习非常勤奋，可是每逢考试就非常紧张，发挥失常。越是考不好，就越害怕考试，后来考前拉肚子感冒更是常事，考试成绩越来越差。

学生讨论，自己有没有类似王芳这样的经历和感受？

2. 做测试，了解自己考试焦虑的程度

（1）本测试共有 33 道题，每道题有四个备选答案（A. 很符合；B. 比较符合；C. 较不符合；D. 很不符合），请根据自己近两个星期的实际情况，给每道题目选出相应的答案，每题只选一个答案。题目见第 238 页至第 239 页。

所得分数越高，说明你的焦虑程度越高。分数在 75 分以上，你可能有“考试焦虑症”。如果你无法降低自己的焦虑度，建议找专业的心理老师或咨询师进行辅导。

（2）学生得出分数，回想自己焦虑体验。

师：通常，过度焦虑会带来恐惧、混乱和士气低落，但毫无焦虑感则会降低你的作业成绩。焦虑就像一根橡皮筋，如果拉得太紧，它会断掉，如果拉得不够紧，它的张力又得不到最大限度的发挥，因此，我们要做的不是杜绝焦虑，而是在极度恐惧和消极对待之间寻求适宜的平衡点。

3. 心理调整

师：有一个简单易学的方法——放松法，可以帮助我们应对考试焦虑。

肌肉渐进放松是一种身体肌肉群交替紧张和放松的技巧。这个过程可以从头到脚或从脚到头做起，可达到生理和心理的深层放松。每个肌肉群先紧张 5 秒，然后放松 10—15 秒，再紧张 5 秒，放松 10—15 秒。下面我们一起来做：

（1）选择一个舒服的姿势，这个姿势使放松者有轻松、舒服感，有坐式、卧式。

（2）要在安静的环境中进行练习，光线不要太亮，尽量减少无关的刺激，以保证放松训练的顺利进行。

（3）放松的顺序：手臂部—头部—躯干部—腿部。

（4）放松的方法：肌肉紧张—保持紧张—解除紧张—肌肉松弛。

全班同学和老师一起做。

师：放松是一种技巧，需要多练习。

4. 拓展延伸

学生回家练习“放松法”，练习时播放催眠音乐或催眠语音。

附：测试题

1. 在重要考试的前几天，我就坐立不安了。
2. 临近考试时，我就拉肚子了。
3. 一想到考试即将来临，身体就会发僵。
4. 在考试前，我总感到苦恼。
5. 在考试前，我感到烦躁，脾气变坏。
6. 在紧张的复习期间，常会想：“这次考试要是得到个低分数怎么办？”
7. 越临近考试，我的注意力越难集中。
8. 一想到马上就要考试了，参加任何文娱活动都感到没劲。
9. 在考试前，我总预感到这次考试将要考差。
10. 在考试前，我常做关于考试的梦。
11. 到了考试那天，我就不安起来。
12. 当听到开始考试的铃声响了我的心马上紧张地跳起来。
13. 遇到重要的考试，我的脑子就变得比平时迟钝。
14. 考试题目越多、越难，我越感到不安。
15. 在考试中，我的手会变得冰凉。
16. 在考试时，我感到十分紧张。
17. 一遇到很难的考试，我就担心自己会不及格。
18. 在紧张的考试中，我却会想些与考试无关的事情，注意力集中不起来。
19. 在考试时，我连平时记得滚瓜烂熟的知识都回忆不起来了。
20. 在考试中，我会沉浸在空想之中，一时忘了自己是在考试。
21. 考试中，我想上厕所的次数比平时多些。
22. 考试中，即使不热，我也会浑身出汗。
23. 考试中，我会紧张得手发僵，写字不流畅。
24. 考试中，我经常会看错题目。
25. 在进行重要考试时，我的头就会痛起来。
26. 发现剩下的时间来不及做完全部考题，我就急得手足无措、浑身大汗。
27. 如果我考了个低分数，家长或老师会严厉地指责我。
28. 在考试后，发现自己懂得的题没有答对时，就十分生自己的气。
29. 有几次在重要的考试之后，我腹泻了。

30．我对考试十分厌烦。

31．只要考试不计成绩，我就会喜欢进行考试。

32．考试不应当在这样的紧张状态下进行。

33．不进行考试，我能学到更多的知识。

计分规则：选 A 得 3 分；选 B 得 2 分；选 C 得 1 分；选 D 得 0 分。把各项得分加总即得总分。

结果参考：

0—24 分：镇定。你总是以较为轻松的方式对待考试，只有在特别重要的考试前你才会有些激动。但是如果得分少于 10 分，则说明你对考试不在乎，学习积极性较低。

25—49 分：适度焦虑。你面对考试时有些激动，有时会有点紧张和不安。这时你的脑细胞被充分调动起来了，这种程度的焦虑有助于考试的超常发挥。只是不要让焦虑持续太久。

50—74 分：中度焦虑。你面对考试比较紧张，这种焦虑如不及时调整，会导致你无法静心复习，考试时还会影响你的正常发挥。

75—99 分：过度焦虑。你可能有“考试焦虑症”。一到考试你就会莫名其妙地恐惧，甚至会有生理反应，如头痛、失眠等。

课例四：缓解考试焦虑——漫步考场若等闲

娄底市第四中学　胡志英

一、教学理念（见课例三）

二、教学目标（见课例三）

三、教学重点

考试焦虑的原因分析以及调控措施。

四、教学难点

结合实际，从内部因素分析原因，并且采用适当的方法进行调控。

五、教学方法

看视频，做测试，放松训练，感悟体验，找出自身考试焦虑的原因，学会应对。

六、教学时间

45 分钟。

七、教学对象

高中一年级学生。

八、教学准备

多媒体课件。

九、教学过程

1. 复习旧课，回顾上学期我们所学习的关于考试焦虑方面的知识。

2. 游戏热身，导入新课。

老师带领全班同学，语速平缓，引导学生："现在，所有同学闭上眼睛，做个深呼吸，接下来按我的指示来想象，不要想老虎，不要想黄颜色的老虎，不要想黄颜色的头上有王字的老虎。"

停顿后，请同学们慢慢睁开眼睛。

大家头脑里想的是什么？想一想，为什么？

____

____

小组讨论：这反映了什么样的心理现象？如何把此种心理现象应用于日常情绪的调节中？

____

____

3. 讲授新课。

（1）关于考试焦虑的原因：

①内部因素

A. 复习不充分：据调查，80%的学生考试焦虑是由于复习准备不充分引起的，因此考前进行充分的复习是很有必要的。

B. 自我期望值：从期望价值理论分析，行为取决于期望和价值，任何一个行为都取决于实现目标的可能性和目标的重要性的认识。

C. 性格因素：外向的人，重视外在世界，爱社交，易不安和兴奋。内向的人重视主观世界，易出现负面情绪。相对来说，内向的人比外向的人更易焦虑。

D. 身体健康因素：身体不健康的人在担心自己身体状况的同时，总想让自己在某一方面超过别人，比别人优秀，因此，他们更致力于学习方面的努力，加大自己的压力，增强了考试焦虑。

E. 性别因素：女性本身的焦虑特质就比男性高，常常因为不能很好地进行自我调控，其焦虑程度比男性偏高。

②外部因素

A. 社会因素：社会对学历的高要求，无形中加重了学生的压力。

B. 家庭因素：家长对孩子的要求与管教过严，期望水平过高，或强迫式的学习，都会让孩子对学习反感，产生压力，形成考试焦虑。

C. 学校因素："考考考，教师的法宝；分分分，学生的命根。"这一现象仍较普遍。

（2）主题活动：如何调控焦虑？

5—7 人一组。用相同的纸张，每个同学匿名写下自己考试中的焦虑。写完后放到一起，然后每个两学从中抽出一个，念给大家听，并请同学谈一下自己的看法和建议。

总结一下：大家考试焦虑的主要表现有哪些？

____

____

讨论一下，如果你自己或者身边的同学出现了类似的考试焦虑，并且无法应对时，可以求助的途径有哪些？你在该活动中有哪些体验和感悟？

____

____

刚刚同学们分享了自己的感受、经验和方法，下面老师来总结：

①正确地进行自我评价和自我分析，准确了解自己，树立合理的奋斗目标。

师：进入高中，大家的目标就是考上大学。同学们，特别是你们的家长，都希望你们考一所理想的大学。其实，这所理想的大学，以你们目前的学业成绩，是很难考上的，在心理上自然而然地产生恐惧感。另外一部分人虽然没有明确地定下目标，但总幻想有奇迹的出现，这也增加了思想负担。

树立合理的奋斗目标是解除心理顾虑的第一步。目标是建立在能力基础上的，应对自己的水平、在班级中的名次、各科成绩的优劣作客观的分析，根据这个分析去定目标，就多了一分现实，少了一分幻想，考试起来就踏实得多。

②以心理状态积极、健康的人为榜样。“榜样的力量是无穷的”，这话有一定道理。

暗暗向自己的榜样学习，把他变成激励者、组织者、行为的评定者，平时与他多交流，体会遇险不惊、沉着机智等良好心理状态。

③有意克制不良心理活动，使之向良好心理活动转化。有些同学的心理状态是波浪式的，时好时坏，自己也深为苦恼。当恐惧、烦躁等不良心理出现时，考生就应该克制，或通过转移注意力把它转化。

④增加愉快的情绪体验，在学习生活中寻找乐趣。学习的某些失败肯定存在，失意也很正常。在考试复习中，更是充满酸甜苦辣。考生不要把心思全放在分数上，应尽量增加生活情趣，让自己有更多的愉快情绪体验。在“沉闷”的课堂发现新鲜事，在“枯燥”的复习中找到成就感和乐趣。

⑤宣泄不良情绪。复习考试的种种烦闷、苦恼、痛苦，要适时发泄。可以请老师、家长和朋友帮助，憋在心里难受，说出来就会感觉轻松很多。

如果不习惯向别人倾诉，那一定要找到发泄途径。比如，听音乐、参加剧烈的体育运动等等。

4. 从容进考场。

(1) 故事《瓦伦达心态》

瓦伦达是美国一个著名的高空走钢索的表演者，他在一次重要的表演中，不幸失足身亡。他的妻子事后说："我知道这一次一定会出事，因为他上场前总是不停地说，这次太重要了，不能失败；而以前每次成功的表演，他总想着走钢丝这件事本身，而不去管这件事可能带来的一切。"心理学家把这种为了达到一种目的总是患得患失的心态命名为"瓦伦达心态"。

学生讨论，老师总结。

（2）应试技巧

①休息好，才能发挥好。

考试前一晚的睡眠很重要。

考前睡眠：7—8小时，晚上不得超过10点。

方法是"先睡心，后睡眼"。

②积极暗示法。

进考场前，对自己进行心理暗示：我一定能考好。

③考试答题的基本要领：

容易的题慢慢做，保证全对。

中档题可以上手，很多科都按步计分，做一步给一步分，中档题能做一步就做一步。

难题，认真看认真思考，确实不会再放弃。很多不会的题，先思考分值高的。

卷面一定要整洁，尤其是作文，整洁则给阅卷老师的印象好，印象好则给分高。

④宁神安心，调整放松。

将注意力集中在试卷上。用右手拇指按摩左手内关穴，将右手二、三、四指并拢，将食指边压在左手腕横纹上，这时右手无名指和左手手腕交叉点的中点，就是内关穴，顺时针按摩36圈，按摩要缓慢有节奏，这个方法治疗心慌心乱心烦最有效。

感到紧张，就用放松法，口中默念"头顶放松""脖子放松"，将全身各个部位从头到脚依次放松。

课例五：缓解考试焦虑——迎战高考

娄底市第四中学　胡志英

一、教学理念（见课例三）

二、教学目标

1. 认知目标：通过本次心理辅导课，学生能够在考前一个月对高考有一个全新的认识，减小考前压力。

2. 能力目标：（1）通过本次心理辅导，学生能够树立信心，从心理上备战高考。（2）通过本次心理辅导课，学生能够明确自己的目标，有目的地复习。

（3）通过本次心理辅导，学生能够获得一些行之有效的记忆和学习方法。

3. 情感目标：快乐轻松自信地度过最后一个月复习期。

三、教学重点

让学生能够正确认识高考，缓解紧张情绪。

明确自己的目标，有目的地复习，有目的地考试。

四、教学难点

离高考还有一个月的时间，学生复习进入倦怠状态，心里很想要复习看书，但因为高考临近，时常看不进去书，出现“高原现象”。教学生运用自我暗示等方法，树立信心，缓解考试压力。

五、教学方法

讲授和讨论。

六、教学时间

45 分钟。

七、教学对象

高中三年级学生。

八、教学准备

多媒体课件。

九、教学过程

1. 暖身

将全班分成十个人一组，每组同学站成面对面的内外两圈，相对的两个同学之间互相讲述自己对高考的看法和理解。

这一对说完之后，外圈同学向右移动一步，与另一位内圈同学交流，依此类推，直到这一组的同学都互相交流到。

2. 分享

请同学说说自己在暖身活动中的收获，即得到的不同同学对于高考的看法；

说说哪种看法比较好，为什么好；

教师总结概括较正确的高考观，即高考只是我们人生中一次特殊的经历，它不是所有，也不是唯一。同时高考也是为了让我们明白自己更适合读哪一类学校，成为哪一类人才。

3. 感受他人

做小记者，采访周围同学的高考目标，以及他们的一些较为得力的记忆学习方法。采访内容：

（1）你在高考的复习过程中有什么比较好的方法可以跟大家分享一下吗？

（2）你给自己定的高考目标是什么？

（3）现在重新审视，你觉得原定的目标是不是适合自己？有没有新的打算？

学生交流讨论后，教师总结：“高原现象”的存在及其调节误区——“强行支持”和“趁机放弃”，提出正确的调节方法——“休息”（包括消极休息，如睡个觉等；积极休息，如变换对象式休息）和“突破困难期”，两者结合，可以达到“困顿之时巧坚持，高原过后有奇峰”的状态。

（4）教师引导全班同学做一个最简单易行的呼吸放松。

4. 积极暗示

（1）做一个小游戏：一分钟可以鼓掌多少次？

一分钟可以鼓掌这么多次，同学们没想到吧？有时候，我们有多大的能力是自己都无法估计到的。

（2）罗森塔尔效应

1968 年，美国心理学家罗森塔尔及其助手进行了一次所谓“预测未来与发展”的著名实验：在一番虚张声势的测量之后，实验者随意地勾画出一些人的名字，神秘地告诉老师，他们是“天才”。十一个月后，他们发现这些“天才”的智力发展水平超过平均值，且个个精神活泼，积极上进，与教师的关系也比其他学生更密切了——这就是著名的“罗森塔尔效应”的来源。

罗森塔尔效应表明，积极的自我暗示能产生意想不到的效果，充分激发我们的潜能。

5. 总结延伸

每天早晨起床，对着镜子，面带微笑，积极暗示自己：

我很棒！

我又进步了！

我一定行！……

十、案例评析

课例三到课例五这三堂课属于“缓解考试焦虑”系列课程。此系列课程应用了耶克斯－多德森定律、瓦伦达心态、罗森塔尔效应等著名的心理学原理，引导学生找到自身产生考试焦虑的原因，正确面对考试焦虑，并教会了他们排解不良情绪（包括考试焦虑）的一些途径和方法。因为学生的考试焦虑有很大一部分来自家长，在此期间，我们还开展了家长讲座。

这三堂课都穿插了游戏、活动等，通过游戏调动和融洽课堂气氛消除学生的紧张感，创设和谐愉快的课堂氛围。任何一个问题的提出，都让学生自己说，自己比较，经过讨论，自己解决，建设开放而有活力的课堂，让学生真正成为课堂的主人。学生之间交流、分享，增进同学之间的沟通和感情，让学生能够真正明确自己的目标，找到适合自己的方向，并在相互督促、激励中不断努力。指导学生进行放松训练，运用积极暗示法，使学生能够利用简单易行的方法树立信心，缓解压力，充满信心地迎接中考、高考。

课例六：生涯规划——给梦想一个航道

娄底市第四中学　胡志英

一、教学理念

1. 生涯认知发展理论

克内菲尔坎姆和斯列皮兹于20世纪70年代提出了认知发展的生涯模式，将认知发展心理学上的发展阶段观念应用于生涯辅导中。他们认为，学生的生涯认知也是有一个循环渐进的发展阶段的，学生的生涯认知发展水平会影响他们整个生涯发展的方式。而舒伯则将生涯发展分为五个阶段，其中12—22岁的青少年正处于探索阶段。我们的中学生处于初步探索阶段，他们需要根据自己的兴趣、爱好进行尝试。此阶段发展任务的完成水准直接关系到后一阶段的发展。正是由于认识到青少年在中学阶段生涯认知发展的重要性，我们构想了关于生涯发展的系列课程。

2. 学生生涯发展规划知识和实践的缺失

通过对我校中学生有关生涯发展的谈话和调查发现，当被问及高中阶段的目标时，大多数学生把自己的目标定位在高考分数线上："我要争取冲刺名校""我至少要上个本科"，而当被进一步问及对于自己未来的计划和想法时，许多同学的答案是这样："未来太远，还没想那么多""以后的事情还没想过""先考上大学再说"，甚至高三年级正在填志愿的学生在面临生涯选择时依然处于迷茫中："我不知道自己想做什么，选什么专业"。由此可见，中学生对于生涯发展规划知识和实践的缺失，导致了学业和生活中的迷茫。

3. 生涯发展系列课程的开发

高中阶段的学生心理发展到达一个稍微成熟和理性的阶段，在这个阶段他们迫切地寻找和定位自我的意义和价值，对未来亦憧憬亦徘徊，而中国目前的教育制度依然存在着"唯成绩独尊"的一元化成功观，在高考上线，上名校的追逐中忽略了对内心的探索。

在教学实践中，我设计了"给梦想一个航道""生涯发展早规划"等系列生涯课程。梦想的唤起，是学生生涯规划的原动力。不拘泥于传统，不压抑于权威，听从内心，奇迹总是来自于"敢想＋敢做"！这也是本堂课的立足点。

二、教学目标

1. 帮助学生认识到梦想值得每一个人拥有，它能让我们的学习、生活有方向，是我们内心的原动力

2. 帮助学生听从内心，打破现实的压力，不仅要拥有梦想，更要懂得用自信和坚定去呵护它

三、教学重点

让学生从材料中有所思，结合自身的实际有所悟，体会梦想对于学习和生活的重要意义。探索内心，拥有梦想。一切努力的行动不是为了急功近利的目标，

而是根植于内心对梦想的追求，进而能够更自信地面对自己的高中生活。

四、教学难点

有梦想，努力就有方向、有目标，就会在困难中学会坚持，在挫折中勇往直前。

五、教学方法

做游戏，看视频，听故事，主题沙龙，激发热情、激励梦想情怀。

六、教学时间

45 分钟。

七、教学对象

高中一年级学生。

八、教学准备

多媒体课件；彩纸 1 张，彩笔 1 支；每组双面胶若干 ；信封 6 个；约翰 · 戈达德的人生目标 127 个，贴于教室四周或展板上。

九、教学过程

1. 热身游戏，趣味揭题

师：今天的心理课即将开始，同学们一定迫不及待地想知道我们今天要交流的话题是什么，答案就在你们自己那里，拿到信封的同学，请起立。

（拿到信封的同学起立。）

师：（对拿到信封的同学）请描述你对信封里的话题的理解，写在彩色纸条上，写得大一点，让最后一排的同学也能看得清楚。注意！只能用一句话，并且只能描述这个话题或者这个事物的内在特征，其他同学注意了，开动脑筋，猜猜他描述的究竟是什么？准备好了，挑战开始！

（学生上讲台把写好的纸条贴在黑板上。）

生 1：……

生 2：……

生 3：……

生 4：……

生 5：……

生 6：……

师：每个同学都在猜想，究竟是什么呢？大家脑袋里有各种答案。6 个同学的谜语都贴完了，我们今天的答案也该显现了。那么，是什么呢？

（各小组讨论回答。）

通过猜谜底的游戏吸引同学们的注意力，来自同龄人对梦想的描述更加贴合高中生的实际，抽到信封的同学们给出对于梦想的定义，如：

“小时候拥有，随着年龄的增长却丢失了它”“大到国家民族，小到家庭个人都需要它”“它在现实面前很脆弱”“拥有它的人很幸福”等，充分展现了当代高中生对梦想的看法，有利于我们发掘他们的内心特点。

2. 心灵初探，发现自我

师：哇，看来同学们真是心有灵犀一点通呢，请大声告诉我主题是什么？

生：梦想。

师：是的，答得非常好。梦想，它常在我们嘴边念起，耳畔响起。可是，老师特别想问一下同学们：你们最近思考自己的梦想是什么时候呢？是否记得大概时间？（演示 PPT。）

生：……

对于高中生来说，部分学生拥有梦想，正在为梦想而努力着，他们的生活是充实的；而另一部分学生则因为成绩的不理想，或者因为家长老师的压力放弃了自己的梦想，茫然地学习和生活着，他们更需要我们的关注和引导，用梦想做支撑，奋力前行，看到明天的希望。对感到失落的同学，可采用示弱的方法，引起心灵上的共鸣。

师：当我看到这个问题的时候，心里咯噔了一下，我多久没思考过自己的梦想了？还记得儿时的我也曾立志要带父母旅行，憧憬着会说好多种语言……而今，这些美好的梦想呢？似乎我已经将它们遗忘很久了。梦想，它们究竟丢失在哪里？为什么它就在岁月的脚步里渐行渐远了？

3. 心灵碰撞，感悟梦想

（1）导入材料 1：视频《为梦想疯狂 101 次》

衔接语：如果没有丢失梦想，今天的我又会是怎样的呢？那么拥有梦想的人们又怎样地生活着呢？我们来欣赏一个视频，看看梦想对于他们，究竟有着怎样的意义？请同学们仔细观看，记住让你印象最深刻的画面或者语言。

视频集合了大量的励志电影剪辑《中国合伙人》《黑天鹅》《致青春》《成为简·奥斯丁》《当幸福来敲门》《少林足球》《阿甘正传》《肖申克的救赎》《少年派的奇幻漂流》等经典的励志镜头及对话，展现了人们对梦想的理解和坚持，引发同学们的思考。

（2）小组讨论与分享

师：影片结束了，它给我们带来的或许是震撼，或许是思考，让我们来听听大家的声音。在刚才关于梦想的视频中，给你留下最深印象的是哪一部分？为什么？

生：……

（3）导入材料 2：《约翰·戈达德的故事》

师：同学们各抒己见，讲得非常精彩，大家谈到了很多自己对梦想的感悟。曾经也有一个和我们一般年纪的少年，在 15 岁的一天，他开始思考自己的梦想，思绪似乎止不住地蔓延开来，他边想边记录。满怀雄心壮志的他在“My Life List”（我的人生目标）里洋洋洒洒地写下了自己人生的 127 个目标。同学们，想不想看下这个少年所写下的梦想呢？

生：……

师：请同学们看看四周的展板。是的，这就是那个少年。他开启了古往今来最伟大的探险家和目标实现者的传奇生涯，他的名字叫 John Goddard（约翰·戈达德）。请同学们站起来走上前仔细地看一看。

（学生起立仔细查看《约翰·戈达德的梦想清单》。）

（课前就准备好展板《约翰·戈达德的梦想清单》，摆放在教室四周，隐蔽内容，当需要时再呈现，让同学们上前欣赏。）

（4）小组讨论与分享

师：刚才同学们在欣赏梦想清单的时候，我听到了有同学发出了惊叹。这位叫作约翰·戈达德的美国老人，在他 15 岁时列出了一生的梦想，探访马可·波罗和亚历山大一世走过的道路；环球旅行；徒步穿越尼罗河；登上珠峰、乞力马扎罗山……在经历 18 次死里逃生和难以想象的艰苦后，截止采访时他已经完成了其中 106 个目标！我相信，听完他的故事，你们一定有自己的想法，你是怎样看待约翰和他的梦想清单的呢？请和你的小组成员讨论。

生：……

师：是的，约翰让我们看到了梦想给人生带来的意义，生活因为有梦想，才有传奇，才有无懈可击的强大力量！都说"少年壮志不言愁"，15 岁的约翰·戈达德能想的，我们也能想，因为想得到才能做得到！

4. 心灵起航，梦想扬帆

（1）主题活动一：梦想清单

师：传奇不一定每个人都拥有，可是梦想却是我们作为个人拥有的至高无上的权利，它值得每个人拥有，我们要大胆地行使我们的权利，更要让梦想成为生活的明灯，无论经历多少黑暗曲折，也要让它照亮前行的路，或许经过这一路的追寻，我们便缔造了传奇。

同学们，让我们拿起手中的笔，书写自己的梦想清单，迈出我们精彩人生的第一步。请同学们打开桌上的梦想清单，追寻内心的方向。

（学生书写自己的梦想清单。）

（2）主题活动二：梦想接力

师：同学们写得非常投入、精彩，人的一生在梦想的点缀下熠熠生辉，在不同的年龄段有不同的梦想，有的梦想随着年龄的增长发生变化，甚至消失，有的梦想却会伴随一生。梦想，它可能触手可碰，可能遥不可及，可是每一个积极的梦想都应该被尊重，被珍惜！接下来，将进入我们的梦想秀，让我们打开心扉，向全世界大声地宣布我们伟大的梦想吧！在此过程中，如果涉及你不愿分享的梦想，同学们可以选择保留。

（学生话筒传递，分享自己美丽的梦想。）

师：听到了吗？这些来自心底最美的梦想，让它们像我们生命中的空气、阳光、雨露般常伴左右吧，带着它们实现人生的价值和意义。同学们，请将你们的清单贴在教室周围，因为它们和约翰·戈达德的梦想一样珍贵和伟大！

5. 课堂总结

看看此时的我们，是否和40分钟前的自己有所不同了？如果你认为自己发生了变化，请举手示意。

师：让我们倾听下几个同学的内心变化吧。

生：……

师：是的，拥有梦想会让整个人内心充满力量，拥有了少年派的敢于与命运抗衡的勇气，拥有了黑暗舞者对明天的希望，我们是不是应该为拥有梦想的自己鼓掌？（学生鼓掌。）

或许今天的时间还不够你去抒发自己对生活的梦想，所以希望大家下课以后，再留给自己充裕的时间思考，写下属于你自己的梦想清单。写完了清单，我们还要用实际行动去将它们变成现实。今天的课到此结束，谢谢大家的积极参与！

十、案例评析

本堂心理课以高中生生涯规划为主题，以唤起学生的梦想为起点，结合高一学生的特点，通过“猜词游戏”的形式，由部分学生给提示，部分学生猜主题，趣味性地引入主题，同时也能适当地呈现学生在上本堂心理课前关于“梦想”的初始内心状态。励志视频《为梦想疯狂 101 次》让学生热血沸腾，倾听约翰·戈达德的故事，进一步升华对梦想的认识，通过自我开放、分享，此时学生对人生充满了美好的憧憬，激情洋溢地写下自己的梦想清单。

课例七：生涯规划——规划要趁早

娄底市第四中学　胡志英

一、教学理念

舒伯生涯理论将人一生的生涯历程划分为五个阶段：成长阶段（1—14 岁，儿童期）—探索阶段（15—24 岁，青春期）—建立阶段（25—44 岁，成人期）—维持阶段（45—64 岁，中年期）—退出阶段（65 岁以上，老年期）。

生涯不仅仅是职业生涯，它既包括人生的成长阶段，也包括人生的衰退阶段。职业、家庭和社会角色交互影响，构成了每个人独一无二的生涯彩虹。

高中生处于探索期的早期，及早进行生涯发展规划，可以让同学们在高考填报志愿时不至于一片茫然，能顺利选择自己感兴趣的专业，对于未来的职业发展和人生幸福都有重要的意义。

二、教学目标

1. 了解什么是生涯，什么是生涯规划。

2. 中学阶段如何进行职业规划。

三、教学重点

了解生涯彩虹图，懂得及早进行生涯发展规划的重要性。

四、教学难点

初步学会进行职业规划。

五、教学方法

模拟招聘会，催眠冥想，听故事，主题活动，理性思考。

六、教学时间

45 分钟。

七、教学对象

高中二年级学生。

八、教学准备

多媒体课件。

九、教学过程

1. 导入主题

师：庄子曰，吾生也有涯，而知也无涯。今天我们这节课讲人的生涯。

什么是生涯?

生涯就是人生的边界，即人的生命历程。

生涯大师舒伯（萨柏）下的定义是：生涯是生活中各种事件的演进方向和历程。

师：同学们还记得上个学期那节关于梦想的心理课吗?

梦想其实就是你想要一个什么样的生涯。你想选择何种职业、想要过什么样的生活。

2. 生涯

(1) 生涯彩虹图

根据舒伯生涯发展的五阶段彩虹模型，生涯的每个阶段都与前后阶段有着密切的联系，每个阶段都有各自的发展任务和目标，它们共同决定未来生涯发展的趋向。

表 8-4　不同生涯阶段的任务与目标

生涯阶段	年龄	主要任务	发展目标
成长阶段 0—14 岁	幻想期 （10 岁前）	在参与各种社会活动中，形成对职业的初步认识，开始树立职业理想。	形成自我意识
	兴趣期 （11—12 岁）	对职业的概念有初步的理解和朴素的评价。以兴趣为中心来选择未来想要从事的职业。	
	能力期 （13—14 岁）	开始考虑自身条件与喜爱的职业是否相匹配，并有意识地进行职业能力培养。	
探索阶段 （15—24 岁）	试验期 （15—17 岁）	综合认识和考虑自己的职业兴趣、职业能力、职业社会价值、就业机会等各种因素，开始进行择业尝试，对学业与职业规划形成自己的看法。	认真探索各种可能的职业选择
	过渡期 （18—21 岁）	开始关注就业市场，关注就业信息，有目的地进行专门的职业培训	
	尝试期 （22—24 岁）	选定职业领域，开始职业定位	
建立阶段 （25—44 岁）	尝试期 （25—30 岁）	在具体工作中体会当前所选职业是否适合自己，必要时做出相应的调整。	进行积极的职业准备，找到合适的职业并全身心地投入自己选定的职业，以获得职业和职位的长足稳定发展。
	稳定期 （31—44 岁）	形成坚定的职业目标，制定明确的职业规划并付诸行动，实现职业和职位的稳定发展。	
维持阶段	45—64 岁	做好本职工作，巩固本职工作，并为退休做好计划。	
衰退阶段	减速期 （65—70 岁）	调整心态，迎接因年龄而来的工作性质、内容的变化，生理和心理变化等，安享晚年。	
	71 岁以上		

（2）职业生涯

师：什么是职业生涯？

一个人一生的职业经历，即人一生职业职位的变迁及职业理想的实现过程。

师：职业是人们谋生的手段，更是实现梦想的舞台。

《中华人民共和国职业分类大典》将我国职业分为 8 个大类，66 个中类，413 个小类，1838 个细类。细类为最小类别，即职业。

行业：教育　　信息技术　　餐饮　……

职业：教师　　平面设计师　　厨师　……

3. 职业规划

（1）活动一：模拟招聘会

①分组讨论，每个人写下自己喜欢的职业、原因和自己具备的优势：

工程师　心理咨询师　主持人　建筑师　记者　演员　教师　科学家

程序员　金融分析师　企业家　画　家　社区工作者　医生　运动员

自由职业者

师：同学们对最后一个职业很感兴趣，这是一个新兴职业。让我们来了解一下什么是自由职业者。

当今社会，科技的发展日新月异，使得新兴职业不断涌现，也使得很多新的工作方式成为可能。其中，“自由职业者”便是年轻人追逐的职业之一。

“自由职业者”，英文是“Self - employed”，根据《韦氏大词典》的定义，自由职业者是独立工作、不隶属于任何组织的人，是不向任何雇主做长期承诺而从事某种职业的人。在中国，自由职业者主要包括三类人：第一类是小本生意人，如个体零售店、小吃店、冲印店、装修公司老板；第二类是没有底薪的推销员，如寿险顾问、地产经纪、广告中介；第三类是专业人士，如摄影师、作家、演员、歌手、专利代理人、理发师、摄影图片制作师、多媒体设计师、产品造型设计师、家庭医生、翻译家等。

现在流行的 SOHO 是自由职业中的一部分。SOHO 是 Small - office 和 Home - office 的缩写，特指那些在家办公的自由职业者，包括作家、撰稿人、画家、美编、网站设计人员等。

由于自由职业者所从事的工作性质以及个人职业、专业水准不同，其收入差异非常大。那些高收入的自由职业者都是具备了特殊的专业才能，并且有良好的职业声望的人。

在工作成就、社会地位、个人生活保障、生活状态等方面，自由职业人都要完全靠自己，在很多情况下，他们比传统职业工作者要承受更大的工作、物质、精神等方面的压力。而且由于工作、收入、消费的不确定性，自由职业者不得不为自己的将来早作打算，加之无法享受到社会与组织提供的保障和福利，要在医疗、意外和养老方面投入必要的保险资金并注意储蓄和理财。

所以，不是什么人都能成为自由职业者。那些一无所有、一无所长的待业或失业人员是不能称作自由职业者的。

②模拟面试，选两名同学与老师共同担任面试官。

给出两到三个职位，每个小组派一个代表参加竞聘，2 分钟自我介绍，展示自己应聘这个职位的理由和优势。

回答面试官的问题。

面试官向优胜者发放聘书。

（2）活动二：冥想

①选择一个最舒服、最放松的姿势坐好，深呼吸。闭上双眼，开始跟着老师的指导语，放飞你的梦想，想象 30 岁的自己的生活与工作。

准备好了吗？现在我们乘坐一架时光机，飞向未来，人生大道慢慢在我们眼前展开。我们考上了大学，选择了逐渐喜欢的专业，经过四年的努力学习，你以优异的成绩毕业。

我是继续深造，还是找到了自己喜爱的工作？

时光机继续往前飞，转眼间我们到了 30 岁……

我的职业与所属行业：______________

我的职位：______________

我工作的城市：______________

我的工作内容：______________

我是独立完成工作还是与谁合作？______________

我的办公环境：______________

我对社会的贡献：______________

我的薪酬福利：______________

我的交通工具：______________

我住在哪里？______________（城市？郊区？农村？小岛？山里？）

我的家庭成员：______________

我的社交圈：______________

我在哪里度假？______________

②现在，请慢慢睁开你的眼睛，回到当下的生活。

拿出笔，仔细回味你刚刚梦想中的场景，写出自己 30 岁时的工作与生活。

4．课堂小结

师：要实现梦想，从事自己喜欢的职业，必须有“三定”——定向、定心、定位，要做到：

（1）认识自我

（2）明确目标

（3）充分准备（专业知识，综合素养，健康的体魄，顽强的意志）

（4）团队互助

此后的心理课将围绕以上主题分别进行讲述。

十、案例评析

马斯洛说过："我们每个人内心都有一个声音，试图指出我们生命依循的方向，如果我们因为软弱、眼前的利益，或为了其他原因不去倾听，我们就会悲惨而空虚。"通过生涯发展系列课程，让同学们展望未来，立足现在，确定目标与方向，梦想渗透到学生的生活、学习中时，成为一个持久的助推器，帮助学生在困难中学会坚持，在挫折中勇往直前。

本节课承上启下，介绍了舒伯的生涯发展理论，通过模拟招聘会，让学生认识到自身具备的优势及努力的目标。冥想活动，激发学生对未来的美好憧憬和职业探索的兴趣。此后的心理课程，学生还将接触到霍兰德的职业兴趣理论，开展兴趣量表测评，在充分了解自己的兴趣、能力、性格、特长和社会需要的基础上，确立自己的职业志向，培养职业道德意识，做好升学就业的准备，培养担当意识和社会责任感。这也是教育部《中小学心理健康教育指导纲要》中提出的教学内容。

处于青春期的中学生面临升学压力，每天的功课繁重，他们是忙碌的，忙碌中又充满了迷茫。向左走？向右走？有的时候，我们确实需要停下来，审视内心，发现什么是自己真正想要的，究竟想成为一个什么样的人，拥有怎样的人生。这样，我们才能拥有生活的方向，才能活出真实的自我，才有奔向目标的激情与动力。到最后，才能拥有属于自己的幸福人生。

生涯发展系列课程，即为达成这一终极目标铺路。

课例八：青春四中，梦想飞扬——初三毕业班团体心理辅导活动方案

娄底市第四中学　谢平英　李永福

一、教学理念

随着2017年中考的临近，很多九年级学生存在不同程度的情绪问题，或担忧、焦虑、烦躁、失眠，或厌学、逃学、自暴自弃等等，严重影响最后关键时段的学习效果，对九年级学生进行中考前的心理辅导与调适，十分必要。本次团体辅导在让学生初步认识心理学的基础上，通过破冰、转换（游戏）、工作、结束四个环节，解决学生迎考中的负面情绪问题，增强学习动力，激发斗志，积极迎考。

二、教学目标

1. 通过心理教师介绍说明，学生能初步认识心理现象。

2. 通过团体心理辅导，能增强学生学习动力，激发斗志，积极迎考。

三、教学重点

增强学生学习动力，激发斗志，积极迎考。

四、教学难点

增强学习动力，激发斗志，从现在开始，积极迎考。

五、教学方法

讲解法、游戏体验、对比法、诵读法等。

六、教学时间

45 分钟。

七、教学对象

初中三年级学生。

八、教学准备

课件。

九、教学过程

1. 破冰——介绍心理健康课并制定团体契约

（1）制定团体契约——《约法三章》

今天，我们将一起度过一段美妙的团体心理辅导时光，我觉得很幸运。这节课不同于你们之前的课，是一堂特殊的课。这堂课特殊之处在于，规矩是我们共同制定的。让我们一起来“约法三章”。

（2）释疑

什么是心理？心理是指人对客观物质世界的主观反应，心理现象包括心理过程和人格，人的心理活动都有一个发生、发展、消失的过程。

心理学家只研究变态？人们也常常把心理学家和精神病学家混在一起。精神病学的工作对象是心理失常的人，即所谓变态的人，主要从事精神疾病和心理问题的治疗。心理学家的大多数心理学研究都是针对正常人的，如儿童情绪的发展、性别差异、智力、老年人心理和跨文化的比较等都是心理学研究的内容。

（3）解读心理问题

心理问题从轻到重分三等：心理困惑（人人有）—心理问题（部分人有）—心理疾病（极少数人有）。

（4）分析初中生心埋困惑

中考冲刺阶段，我们生活是这样的：

早晨起床时，我们总是这个状态，好不容易挣扎起来，却又……

之后匆匆忙忙洗漱好，买好早餐，就奔向教室上自习……

上课的时候，一开始总是神采奕奕，之后往往是……

到了放假的时候，想溜出去跟同学好好玩一下，总是会被揪回来……

我们一天一天的，就这样一直坚持着、努力着，跨越艰难险阻！

2. 转换环节

游戏：荒岛救援

师：既然学习这么苦，那今天我们就来轻松一下。我们来玩一个游戏，请问有谁想参加？每组只能派一个人。（选好人后，宣布游戏名字叫“荒岛救援”。）

每组还需要一位跑步最快的运输员。这个环节，需要一名助手。

师：这些同学被困在了荒岛上，需要其他同学来提供物资解救他们。我来念他们需要的物资，其他同学负责提供运输物资给运输员，然后由运输员送给被困在岛上的人员。每次运送时间为一分钟。一分钟内完成的加 1 分，未完成的不加分。

(可要求三本语文书、五个书包、两根橡皮筋。)

总结：感谢有同学们、老师们的鼎力相助，我们才能顺利在荒岛上存活下来。其实，人生中的许多时刻不也正像刚才我们进行的游戏一样吗？独自一人的努力，很孤单很痛苦很难支撑下去，但是有朋友、同学、老师、家人的支持与鼓励，我们才能度过这些艰难的时候。当我们需要帮助的时候，别忘了，我们还有朋友、同学、老师、家人。

3. 工作环节

师：让我们回到课堂开始不久的那个问题：让我们生活得这么苦的原因是什么?

让我们一起来探寻读书的意义。

(1) 读书的意义（音频）

龙应台对她的孩子说："孩子，我要求你读书用功，不是因为我要你跟别人比成绩，而是因为，我希望你将来会拥有选择的权利，选择有意义、有时间的工作，而不是被迫谋生。当你的工作在你心中有意义，你就有成就感。当你的工作给你时间，不剥夺你的生活，你就有尊严。成就感和尊严，给你快乐。"

读书决定今后你在同龄人中的位置。

你成功的速度要赶得上父母老去的速度。

读书不是唯一出路，不读书少了很多出路！

为 10 年后达到中上生活水平而学习！

读书多少决定了你能够为国家和社会做出多大的贡献！

(2) 努力从现在开始

①人的潜力（一分钟）

一分钟虽短，能干的事情却很多。我们试着一分钟连续击掌，你认为你能击多少下?

(学生练习，分享感受。)

②前进与后退差别巨大

$$1.01^{365}=37.8$$

$$0.99^{365}=0.03$$

所有通向成功的方法都不会很新奇，因为没有捷径。关键在于你能否坚持。别忘了，你觉得为时已晚的时候，恰恰是最早的时候。

3. 路够黑，光才亮（视频）

不要总让自己过得那么舒服，舒服意味着你原地踏步，舒服意味着你没有进步。你要知道，做最艰难的事，往往才是你进步最大的时候，因为路够黑，光才亮。

师生共读：

努力——

无论做什么事情，只要肯努力拼搏，是没有不成功的！

奋斗——

没有一种不通过忍受、努力和奋斗就可以征服的命运！

永不放弃——

永不放弃有两个原则：第一个原则是“永不放弃”，第二个原则是“当你想放弃时，回头看第一个原则”！

齐读：

加油！我是最棒的！

加油！我是最棒的！！

加油！我是最棒的！！！

4. 结束环节

娄底四中优秀毕业生代表——

黄耀达：高 1 班，C919 大型客机 10101 架机首飞成功的电气研究员。

谢嘉星：初 39 班，从清华大学毕业，现在美国留学。

梁　熠：初 56 班，从厦门大学毕业，又在华南师范大学取得硕士学位。

陈嘉哲：初 78 班，考上清华大学 。

周　聪：高 46 班，湖南大学硕博连读 。

朱　豪：高 106 班，2016 年考上中山大学。

……

十、案例评析

本次团体辅导分热身（破冰）、转换、工作、结束四个环节，破冰环节主要让学生明确上课的约定后，初步了解心理学，接受心理团体辅导活动。转换环节通过设计“荒岛救援”的游戏，让学生感受到“前进路上不孤单”，身边的老师、同学、父母等等都在支持着我们，一起应对中考。工作环节先探寻读书的意义，激励学生努力从现在开始；再观看“路够黑，光才亮”的视频，师生共读誓词，激发昂扬斗志。结束环节通过分享四中学长学姐的优秀事迹，树立起心中的榜样，让青春在晶莹的汗水中飞扬。整个设计符合学生的认知规律和年龄特点，效果比较好。不足之处：学生分享不够。

课例九：大拍卖——价值观探索

湖南人文科技学院　胡小兰

一、教学理念

人的价值观，在哲学上属于世界观、人生观范畴；在心理学上，则可以看作是一个人社会态度的重要组成部分。价值观是指个人对客观事物（包括人、物、事）及对自己的行为结果的意义、作用、效果和重要性的总体评价，是对什么是好的、是应该的总的看法。价值观对人们自身行为的定向和调节起着非常重要的作用。价值观决定人的自我认识，它直接影响和决定一个人的理想、信念、生活目标和追求。中学阶段是身心发展的关键期，也是价值观初步形成的阶段。本活动主要采用角色扮演和价值澄清两种心理辅导方法，帮助学生了解并辨析自己的价值观。

角色扮演是一种通过行为模仿或行为替代来影响个体心理过程的方法。简单地说，就是让学生以一种类似表演的方式，展现相应的行为特点和内心感受，进而增进学生认识，减轻或消除学生心理与行为方面的问题，促进学生的成长和发展。“魔术店”是角色扮演的一种方法，它是一种类似商店内买卖的方法，如让老师扮演店主，店里贩卖各种东西，学生扮演买主，通过拍卖的方式，帮助学生了解有关爱情、友情、健康、金钱等多方面的价值观念。在拍卖过程中，学生个人的价值观念会直接影响他在拍卖时的选择，学生从取舍中可以了解自己的价值观和人生态度，这样有助于学生对自己价值观念的思考和澄清。

“价值澄清”是美国的大学教授路易斯·拉斯等人在对传统价值观教育进行研究分析的基础上提出来的。价值澄清的目的不是灌输给学生一套事先安排的严谨的价值观，而是通过一定的过程，让学生反省自己的生活，对自己的行为负起责任，从而澄清自己的价值观。这种方法很适合在集体的情境中使用。学生可以在共同的价值辨析讨论中，经过一系列心理互动的过程来达到主动学习、自我评估、自我改进的目的。

二、教学目标

1. 通过拍卖会的角色扮演活动，让学生了解、思考、辨析自己的价值观。
2. 了解每个人的价值观有所不同，进而尊重不同的价值观。

三、教学重点

了解、思考、辨析自己的价值观。

四、教学难点

尊重不同的价值观。

五、教学方法

角色扮演法、价值拍卖会、小组讨论。

六、教学时间

45 分钟。

七、教学对象

高中一年级学生。

八、教学准备

1. 足够的道具钱和拍卖槌。

2. 准备拍卖会上需要的号码牌，按学生人数来做。

3. 将拍卖的东西事先写在硬板纸上（最好是不同颜色的），以增加拍卖的趣味性及方便拍卖进行。

九、教学过程

1. 导入

“危急时刻”：现在我们一起来想象一下，如果你家将要被洪水淹没，情况危急，剩下的时间只够你冲进去取三样东西，你会选择哪三样？先后顺序是怎样的？为什么选择这三样？它们对你有什么价值或意义？

给学生五分钟的时间让他们想一想，并写在纸上。然后学生四人一小组，在小组内交流，告诉其他人你为什么如此选择。（也可以不进行小组讨论，直接请同学在班上进行分享。）

老师：在危急时刻，大家都要带走自己认为最重要的东西，也就是那时你认为最有价值的东西，比如存折、贵重首饰、衣服等等。那我们今天要说的这个主题呢，就是我的价值观。这个价值并不是说一个具体物品值多少钱，而是指它在你心目中占了多大分量。价值观是指个人对客观事物（包括人、物、事）及对自己的行为结果的意义、作用、效果和重要性的总体评价，是对什么是好的、是应该的总的看法。每个人的价值观都会有所不同，通过下面的活动，可以让大家进一步了解自己和别人的价值观。这个游戏叫作“价值大拍卖”。

2. 角色扮演：价值大拍卖

（1）确定拍卖项目

学生四人一组讨论要拍卖的项目。可用提问引导学生思考：人一生中最重要的东西有哪些？什么东西是许多人一直在追求的？把各组的讨论结果写到黑板上，总结出大家公认的生命中重要的项目，并确定每样东西的底价。列出类似于下面的底价表（该表只是一个示范，具体项目及价格由学生讨论后确定，其定价以每个人有 5000 元为参照标准，5000 元相当于穷其一生的时间和精力）。拍卖的项目必须少于学生的人数，以增加拍卖的紧张气氛，从而促进学生的思考。

表 8－5 拍卖底价表

1. 爱情	500 元	6. 威望	500 元	11. 长命百岁	1000 元
2. 友情	500 元	7. 自由	1000 元	12. 诚实	500 元
3. 健康	1000 元	8. 爱心	500 元	13. 美餐	500 元
4. 美貌	500 元	9. 财富	500 元	14. 分辨是非的能力	500 元
5. 礼貌	500 元	10. 欢乐	500 元	15. 大学毕业证书	500 元

（2）宣布游戏规则

每个学生有5000元（道具钱），5000元相当于穷其一生的时间和精力。他们可以随意竞买上表中的东西。每样东西都有底价，每次出价以500元为单位增加，价高者得到东西，有出价5000元的，立即成交。

（3）拍卖会

欢迎来到我的"魔法店"，里面可能有你想得到的东西，如健康、快乐、金钱等等，但是你必须支付一定的费用。接下来我们一起来进行这个拍卖游戏。

每个学生有一个自己的号码牌（学号），每个项目逐一拍卖以后，将成交价格和最后得主号码写在相应位置。（介绍拍卖游戏的方法和拍卖的东西。）

由教师主持拍卖，按游戏规则进行，直到所有拍卖的东西卖完为止。

（4）讨论分享

请认真考虑买回来的东西，讨论以下问题：

①你买到了什么？为什么买它？除了它，你本来还想买什么？为什么最终做了现在的这个选择？现在为此后悔吗？

②在拍卖过程中，你的心情如何？

③有没有同学什么都没有买？为什么没买？现在是否知道自己最想要什么？怎样才能得到它？

（5）老师总结

老师总结拍卖活动，引发学生对其生活价值的思考。

3. 我的价值观

老师分发给每个学生一张白纸，请他们写出个人生命中最珍贵的五件事物。这些事物可以是人物，也可以是事件；可以是过去的，也可以是未来的；可以是具体的，也可以是抽象的。同学们在书写时不必排序。

接着，老师告诉同学们，现在面临一个特殊环境，各人不再全部拥有这五件珍贵的东西，必须舍弃其中一件。各人思考并做出决定，大家交流舍弃的感受。依此类推，学生在老师的要求下逐次放弃，只剩下一件为止。每放弃一次都要以分享交流告终。（也可以最后只剩一项时再做分享。）

4. 总结

在今天的这堂课中，同学们尝试规划自己的人生，思考对自己来说最重要的是什么，这就是我们的价值观。价值观是个人自由选择的结果，而价值观一旦确立，就能左右个人的生活，对他的日常行为产生举足轻重的影响。如果一个人认为某种东西有价值，就会非常乐意付出自己的时间、精力、金钱乃至生命，去尝试、实践它，去完成或拥有它，百折不挠，锲而不舍。

今天我们探索了自己的价值观，大家都有自己的体验和感受，希望能够引发大家的思考，在现实生活中，应该怎么做。一系列的思索，留给大家课后慢慢回味。

十、案例评析

价值观是比较抽象的概念，本课采用角色扮演的方式，鼓励学生尽量参与和投入，从而获取最真实的体验，化抽象为具体。危急时刻和大拍卖活动都是模拟一定的情境，是虚幻的，要让学生有深刻的思考和体验就必须让学生发挥想象力，进入设置的情境，这不仅需要老师的引导和鼓励，还必须在活动之前建立安全可信赖的团体氛围。拍卖活动后的讨论很重要，可引发学生对自身价值的了解、思考和辨析，不过这也是本课的难点，即如何让学生进行深入的自我探索。

这样的价值观教育没有说教的痕迹，只有鼓励、启发和引导，学生从中逐渐学会对自己的选择和行为进行思考和评价，从而逐步建立积极的价值观。

主要参考文献

陈家麟著:《学校心理健康教育——原理与操作》，北京：教育科学出版社，2002 年版。

曹静梅主编:《心理健康教育 C 证教程》，广州：广东省语言音像电子出版社，2007 年版 。

曹梅静，王玲主编：《中小学心理健康教育课程设计》，广州：广东高等教育出版社，2004 年版。

蒋薇美:《中学生心理课・综合编》，北京：中国轻工业出版社，2015 年版。

刘维良编著：《学校心理健康教育实施与管理》，重庆：重庆大学陈博士，2006 年版。

刘万伦，戴敏燕，杨莉著：《中学心理健康教育校本课程开发的理论与实践》，北京：科学出版社，2016 年版。

王玲主编:《心理健康教育 B 证教程》，广州：广东省语言音像电子出版社，2007 年版 。

王书荃主编:《学校心理健康教育概论》，北京：华夏出版社，2006 年版。

吴发科主编，罗品超副主编：《心理健康教案集锦》，广州：广东省语言音像电子出版社，2007 年版 。

吴增强，蒋薇美：《心理健康教育课程设计》，北京：中国轻工业出版社，2007 年版。

夏海鹰著:《心理健康教育课程问题探讨》，北京：中国人事出版社，2004 年版。

杨震，王守良，段姗姗编著:《中小学心理健康教育的理论与实践》，合肥：合肥工业大学出版社，2004 年版。

姚本先，伍新春编著：《学生心理健康教育》，北京：中国轻工业出版社，2008 年版。

姚本先主编:《学校心理健康教育——理论研究与实践探索的整合》，合肥：安徽大学出版社，2008 年版。

俞国良著:《现代心理健康教育——心理卫生问题对社会的影响及解决对策》，北京：人民教育出版社，2007 年版。

张明编著：《小学生心理健康教育（心理教师用书）》，北京：中国轻工业出版社，2008年版。

郑雪，陈少华，张兴贵，曾毅著：《小学生心理健康教育》，广州：暨南大学出版社，2006年版。